(C

REMARQUES

SUR

LA LANGUE

FRANÇOISE.

Par M. l'Abbé D'OLIVET.

A PARIS;

Chez BARBOU, Imprimeur-Libraire, rue
& vis-à vis la Grille des Mathurins.

M DCC LXXI.

A MESSIEURS

DE

L'ACADÉMIE

FRANÇOISE.

JE me crois, MESSIEURS, dans une de nos assemblées ordinaires, où rien de ce qu'on appelle cérémonie, n'est connu. Ainsi ne craignez pas de moi le ton d'épître dédicatoire. Je ne veux que vous rendre compte de trois Opuscules, qu'on réunit dans ce volume, parce qu'ils tendent à un même but, qui est le principal objet de l'Académie.

I. On y retrouve d'abord ma

A ij

Prosodie Françoise. Vous n'avez pas oublié que nous avons eu parmi nous un très-bel esprit, dont les talents réels, & dans plus d'un genre, brilloient avec tout l'éclat nécessaire pour lui attirer une foule de partisans. Qui croiroit qu'il eût pu se persuader, & le persuader à d'autres, que l'harmonie dans le discours n'étoit qu'une chimere? Homme aimable, & du commerce le plus doux, il se laissoit contredire tant que nous voulions. Mais enfin, après la mort de M. de la Motte, nous crûmes voir que sa doctrine faisoit du progrès. On crut, dis-je, le voir dans les Pièces envoyées l'année suivante à l'Académie pour disputer le Prix; en sorte que tous ceux qui en furent les juges, conclûrent qu'il étoit temps, & plus que temps, de réveiller le souvenir de la prosodie, & de l'harmonie. J'entrai volontiers dans leurs vues , & je publiai mes réflexions fur ce fujet , mais fans laiffer entrevoir à quelle occafion j'avois pris la plume.

II. Quand nous eûmes fini la révifion de notre Dictionnaire , pour donner l'édition qui parut en 1740, il fut réfolu que nous travaillerions en commun à une efpèce de Code grammatical , où fe trouveroient les notions & les principes qu'un Dictionnaire ne peut débrouiller , ni répéter à chaque mot.

Tout cela étoit bien au long dans la Grammaire de M. l'Abbé Regnier , & il nous auroit fuffi de l'abréger , fi ce favant Auteur ne fuivoit pas d'un peu trop près les traces de nos vieux Grammairiens, dont les plus anciens écrivîrent fous François I. On diroit qu'alors ils fongeoient moins à enfeigner leur art, qu'à le rendre difficile.

Pourquoi calquer leurs Grammaires sur les Grecques & les Latines, qui ont si peu de rapport avec le François ? Pourquoi tant de termes adaptés de gré ou de force à une Langue vivante, dont le génie est si différent? Car, quoique d'habiles Critiques aient jugé que notre phrase approchoit fort de la Grecque ; & quoiqu'en effet cela soit ainsi par comparaison à la phrase Latine, dont nous nous écartons presque en tout ; il faut pourtant convenir, si l'on veut être de bonne foi, que cette prétendue conformité du François avec le Grec ne s'étend pas loin.

Mais, dira-t-on, le François étant visiblement tiré du Latin, comment le génie de ces deux Langues n'est-il donc pas le même? Distinguons, Messieurs, entre le fond & le génie d'une Langue. Par le fond, j'entends tous les mots qui la compofent. Par le génie, j'entends les tours qu'elle m'oblige de prendre pour être intelligible, correct, élégant. Or il n'eft pas douteux que le fond de notre François ne vienne principalement du Latin, puifque le Latin lui feul nous a fourni une plus grande quantité de mots, que toutes les autres Langues enfemble. Mais pour le génie, cela ne prouve rien. De fréquents gallicifmes déshonorent les vers Latins de l'éloquent *Balzac* : & de fréquents latinifmes font des taches dans la profe Françoife du docte *Huet*. Regardons le Latin comme un fuperbe édifice détruit par le temps, mais dont les pierres artiftement retaillées, & autrement placées, ont fervi à conftruire un nouvel édifice, qui, pour n'être pas fur le même plan, n'en eft pas moins commode, ni moins régulier, ni moins beau.

Quoi qu'il en foit, l'Académie confidérant que tout le jeu de notre Langue, fi j'ofe ainfi parler, fe renferme dans trois fortes de mots, les uns qui fe déclinent, d'autres qui fe conjuguent, & d'autres enfin qui ne fe déclinent, ni ne fe conjuguent; ces trois objets fûrent partagés entre les trois Académiciens que l'on fuppofoit avoir le plus de loifir, ou le plus de bonne volonté. Mais ce projet, que devint-il? Ceux qui connoiffent les Compagnies, & fur-tout une Compagnie aufli libre que la nôtre, ne feront pas cette queftion. Je dirai feulement que M. l'Abbé Gédoyn, qui s'étoit chargé du *Verbe*, nous renvoyoit toujours de mois en mois, n'ayant pu encore, nous difoit-il, parvenir à fe contenter lui-même. Pour M. l'Abbé de Rothelin, chargé des *Particules*, je fuis certain qu'il y travailloit férieusement, & que ses recherches, qui devoient embrasser nos Galli-cismes, étoient fort avancées, lors-qu'une maladie lente & doulou-reuse nous l'enleva. Quant au der-nier, il paya son tribut, & donna les *Essais de Grammaire*, qu'on vous remet ici sous les yeux.

III. Vous aviez fait, Messieurs, des Remarques sur l'*Athalie* de Racine ; & votre exemple m'ins-pira le courage d'aller plus avant. Oui, le courage : car nous ne nous dissimulons pas à nous-mêmes qu'il en faut pour braver l'opinion pres-que générale, qui n'attache qu'une idée de petitesse à ce genre d'étude. Mais l'envie de vous plaire donne des forces. J'allois essayer sur Des-préaux ce que j'avois fait sur Ra-cine, lorsque M. le Cardinal de Fleury me proposa une occupa-tion, qui étoit bien plus de mon goût. On desira pour l'éducation

de M. le Dauphin une édition com‑
plète de Cicéron, le texte revu
avec foin, & un choix des notes
éparfes dans les vaftes commentai‑
res, qui ont été multipliés depuis
trois fiecles. Je m'y engageai, fans
me douter que ce magafin de no‑‑
tes, tout immenfe qu'il eft, dût
me laifler encore des vides à rem‑
plir. J'avois, dans ma jeuneffe, tra‑
duit quelques ouvrages de Cicéron,
& j'entrepris de le commenter dans
un âge plus mûr. Ainfi les plus
agréables & les plus utiles moments
de ma vie, je les ai paffés avec
vous, Meffieurs, ou avec le plus
éloquent des Orateurs, le plus fage
des Philofophes. *Adolefcentiam.*
aluit, feneftutem obleftat.

Voilà du Latin que j'emprunte
de lui, & qui fera caufe que je re‑
viendrai fur mes pas. Tout à l'heure
je foutenois que la langue Fran‑
çoife a fon génie particulier; &

qu'il feroit auffi dangereux qu'inutile de le chercher ailleurs. Mais, fi
l'on alloit tirer de-là quelque conféquence contre les Langues favan-
tes, une fi folle erreur auroit bientôt entraîné la ruine des beaux arts.
Veut-on favoir là-deffus le fentiment de l'Académie ? Qu'on ouvre
le Recœuil intitulé : *Poëtarum ex
Academia Gallica, qui Latiné, aut
Græcé fcripferunt, Carmina.* Je m'en
avouerois l'éditeur, fi je n'avois
pas eu la témérité d'y mettre auffi
quelque chofe du mien. A cela près,
on y verra que l'Académie, toujours émule de la belle Antiquité,
comptoit parmi ceux de fes membres qui ont exifté fous le regne
de Louis XV, jufqu'à cinq ou fix
imitateurs de Virgile & d'Horace,
fans même y comprendre le Cardinal de Polignac, dont l'Anti-Lu-
crèce s'attirera les regards de nos
derniers neveux.

Que me reste-t-il, Messieurs,
qu'à vous représenter que ce qui
s'écrit sur notre Langue, ne peut
mériter la confiance du Public, à
moins que votre Tribunal ne l'ait
confirmé. Aussi ce volume n'est-il
qu'un simple canevas, qui attend
vos bons offices. Vous me voyez
depuis plus de quarante ans la même
me assiduité, la même ardeur à partager vos travaux. Puis-je me flatter qu'un jour l'examen de ces Remarques vous dérobera quelques
instants? Ajoûtez, retranchez, cor-
rigez. Je prévois que vous aurez
souvent à dire, *il s'est trompé.* Mais
dites quelquefois, je vous en sup-
plie, *il nous aimoit, il nous respectoit.*

30 Mars 1762.

PROSODIE
FRANÇOISE.

Da veniam scriptis, quorum non gloria nobis
Causa, sed utilitas officiumque, fuit.

OVIDIUS, ex PONTO, III, 9.

PROSODIE
FRANÇOISE.

Je réduis ce Traité à cinq Articles, dont le premier sera employé à éclaircir des questions préliminaires. Dans le second, je parlerai des Accents. Dans le troisième, de l'Aspiration. Dans le quatrieme, de la Quantité. Et dans le dernier, je ferai voir à quoi peut servir la connoissance de notre Prosodie.

Je n'ai à offrir qu'un foible essai. Puisse-t-il quelque jour donner lieu d'approfondir un Art, qui feroit naître de nouvelles beautés, & comme une nouvelle Langue, dans celle que nous croyons savoir.

ARTICLE PREMIER.
Questions préliminaires.

On peut ici proposer trois questions, sur lesquelles, avant que d'aller plus loin,

il eſt à propos de ſatisfaire ceux qui pourroient, ou n'avoir pas étudié la matiere
dont il s'agit, ou avoir des préjugés contraires à la vérité.

I. Qu'eſt-ce que Proſodie ?

II. A-t-on connu autrefois notre Proſodie, & juſques à quel point ?

III. Pourquoi notre Proſodie, ſi elle a
été fort connue autrefois, l'eſt-elle aujourd'hui ſi peu ?

I.

Par ce mot, *Proſodie*, on entend la
maniere de prononcer chaque ſyllabe
réguliérement, c'eſt-à-dire, ſuivant ce
qu'exige chaque ſyllabe, priſe à part,
& conſidérée dans ſes trois propriétés,
qui ſont, l'Accent, l'Aſpiration, & la
Quantité.

Premiérement, il eſt certain que toutes les ſyllabes ne pouvant être prononcées ſur le même ton, il y a par conſéquent diverſes inflexions de voix, les unes
pour élever le ton, les autres pour le
baiſſer : & c'eſt ce que les Grammairiens
nomment *Accents*.

Quelques ſyllabes, en ſecond lieu,
ont cela de particulier qu'elles ſe prononcent de la gorge : & c'eſt là ce que
l'on nomme *Aſpiration*.

Troisiémement, on met plus ou moins de temps à prononcer chaque syllabe, en sorte que les unes sont censées longues, & les autres breves : & c'est ce qu'on appelle *Quantité*.

Voilà donc trois définitions bien distinctes, & qui font voir que dans la prononciation de chaque syllabe, la voix peut se modifier tout à la fois de trois différentes manieres, dont je donnerai une plus ample explication, lorsque je viendrai à traiter de chacune en particulier.

Or il me paroît que ces trois principes, qui constituent la Prosodie, appartiennent à toutes les langues. Car enfin, quel fléau pour l'oreille, qu'une constante & invariable monotonie ? Il n'y en a pas même d'exemple, ni dans le cri des animaux, ni dans quelque bruit que ce puisse être, pour peu qu'il soit continu.

Mais les principes de la Prosodie sont-ils fixes ? Sont-ils arbitraires ? Voilà ce que chacun doit examiner dans sa Langue. S'ils sont arbitraires, dispensons-nous de pousser plus loin nos recherches. S'ils sont fixes, il est honteux de les ignorer.

Pour moi, généralement parlant, je suis porté à les croire arbitraires dans deux fortes de Langues : dans celles qui font encore trop récentes, & dans celles qui n'ont cours que parmi un peuple grof- fier. Mais, par la même raifon, je les crois fixes dans les langues, qui ont une certaine ancienneté, & qui font dans la bouche d'une nation polie.

Toutes les langues, vraifemblablement, ont été rudes & informes dans leur ori- gine. Mais les hommes ayant un goût naturel pour l'ordre, ils s'entendent tous, fans y penfer, & même fans le favoir, à écarter, ou du moins à diminuer ce qui le bleffe. J'appelle ordre, dans la quef- tion préfente, les rapports que les fons doivent avoir les uns avec les autres, & leur conformité avec les organes, foit de celui qui parle, foit de celui qui entend.

Vouloir ici examiner qu'eft-ce qui fait cette conformité, & en quoi confiftent ces rapports, ce feroit nous engager dans une difpute obfcure, d'où la Phyfique a peine à fe tirer. Heureufement les leçons de la nature font moins difficiles, & plus certaines. Ce n'eft point par la voie du raifonnement, c'eft par l'habitude qu'elle inftruit. Il eft vrai que cette maniere d'en- feigner nous paroît, à nous qui vivons fi peu, d'une prodigieufe lenteur. Mais c'eft

la feule capable de reuffir dans les arts ,
qui ont pour bafe le fentiment : & de ce
nombre eft l'art de donner à une langue
ce qui lui eft néceffaire , non pour fub-
venir à nos befoins feulement , mais pour
flatter notre goût.

Je fuppofe donc un pays , où il n'y
eut jamais de particulier , qui fût Mathématicien ; & je dis qu'il y aura cependant un efprit métaphyfique & géomé-
trique , répandu dans le Public. Ainfi le
Public , guidé par cette efpèce d'inftinct ,
y fera peu à peu , & jufqu'à un certain
point , toutes ces mêmes obfervations ,
dont l'affemblage compofe un Art , lorfqu'elles viennent à être rédigées , & combinées pas des hommes favants. On pourroit aifément montrer que cela eft vrai
de la Mufique , qui n'eft à proprement
parler qu'une extenfion de la Profodie.

Ajoûtons que ces fortes de connoiffances qui fe doivent , non au raifonnement ,
mais à l'habitude , dépendent abfolument
des organes : & qu'ainfi lorfqu'un climat
produit des hommes bien organifés , le
progrès de ces connoiffances y eft non-
feulement plus grand , mais encore plus
rapide ; au-lieu qu'en d'autres pays , où
les organes font , pour ainfi parler , d'une

trempe différente, les fiecles depuis un temps infini fe fuccedent les uns aux autres, fans que les habitants de ces pays-là faffent rien pour les arts, qui n'intéreffent que le fentiment.

On fait à quel point de perfection des Grecs avoient porté leur Profodie. On fait auffi, du moins en ce qui regarde les longues & les breves, quelle étoit celle de la langue Latine. Pour ce qui eft de l'Accent, l'exemple des Chinois nous fait voir de quelle délicateffe l'oreille eft capable, puifque chez eux le même mot, n'étant que d'une fyllabe, peut avoir jufqu'à onze fens très-différents, felon la différence de la prononciation. Mais évitons tout détail fur la Profodie des autres peuples ; il ne s'agit que de la nôtre.

II.

Pour favoir depuis quand, & jufqu'à quel point la Profodie a été connue parmi nous, il feroit inutile de remonter au-delà de François I. Les favants hommes & les beaux efprits, dont il fit l'ornement de fa Cour, donnerent à notre langue *un caractere* (1) *d'élégance & de doctrine,*

(1) *Entretiens d'Arifte & d'Eugene.* Quattrième édition de Cramoify, page 149.

qu'elle n'avoit point auparavant. Ce grand
Roi, qui a été, non pas le restaurateur,
mais le pere des beaux Arts en France,
transmit son goût aux héritiers de sa Couronne. Jamais la Poésie ne fut si fort en
honneur que sous Charles IX. En un mot,
l'Histoire nous prouve que les fonde-
ments, sur lesquels nos bons écrivains ont
bâti sous le regne de Louis XIV, furent
tracés, & même posés en partie, dès le
siecle précédent. Ainsi c'est dans les mo-
numents de ce temps-là, qu'il faut chercher les premiers vestiges de notre Prosodie : & nous y trouverons plus de lumieres sur ce sujet, qu'il ne s'en trouve,
peut-être, dans toutes les Grammaires,
& dans toutes les Rhétoriques imprimées
de nos jours.

On a vu que la Prosodie renferme les
Accents, l'Aspiration, & la Quantité. A
l'égard des Accents, il n'est pas possible
de savoir quels ils étoient autrefois, puisque l'accent *imprimé* n'est point l'accent
prosodique, comme je l'expliquerai ci-
après. Quant à l'Aspiration, il y a lieu
de croire qu'elle a toujours été la même.
Reste enfin la Quantité, qui est le point
capital de la Prosodie, & sur lequel nos
Anciens paroissent avoir été plus déci-

dés, que nous ne le fommes aujour-
d'hui.

Jodelle, l'un des Poëtes qui compo-
foient la Pléiade fameufe fous Henri II,
mit à la tête des Poéfies d'Olivier de
Magny, imprimées en 1553, un Diftique mefuré par dactyles & par fpondées,
à la maniere des Grecs & des Latins. Ce
n'eft pas encore ici le lieu d'examiner fi
cette forte de verfification étoit conforme
au génie de notre langue ; j'y reviendrai
fur la fin de ce Traité : il me fuffit, quant
à préfent, d'en pouvoir conclure qu'elle
fuppofe notre quantité bien connue dès-
lors, & bien établie.

Pafquier, dans fes Recherches, nous
apprend qu'en l'année 1555, le Comte
d'Alcinois (c'eft-à-dire, Nicolas Deni-
fot, qui déguifoit ainfi fon nom) fit des
vers Hendécafyllabes à la louange d'un
Poëme , dont lui Pafquier étoit auteur.
Pafquier ajoûte qu'en 1556, à la priere
de Ramus, *perfonnage de finguliere recom-*
mandation, mais auffi grandement défireux
de nouveautés, il fit en ce genre un effai
de *plus longue haleine* que les deux précédents, qui étoient ce Diftique de Jodelle, & ces Hendécafyllabes du Comte

d'Alcinois. Pafquier (2) rapporte enfuite fon effai, qu'il croit quelque chofe de merveilleux, & qui confifte dans une élégie de vingt-huit vers.

Jufqu'alors ce nouveau genre de verfification avoit peu réuffi, puifqu'à peine deux ou trois Poëtes avoient ofé s'y exercer, comme en paffant. On étoit de tout temps accoutumé à la Rime : c'eft un fon qui frappe les oreilles les plus groffieres ; au-lieu que la cadence qui réfulte des breves & des longues, ne peut frapper qu'une oreille délicate. Auffi ne tarda-t-on pas à tâcher de réunir ces deux fortes d'agréments, la Quantité & la Rime. Pafquier attribue l'invention des vers mefurés & rimés tout enfemble, à Marc-Claude de Butet, dont les Poéfies parûrent en 1561. Mais comme je n'entreprends pas ci l'Hiftoire de nos vers mefurés, je puis impunément fupprimer beaucoup d'autres noms femblables, oubliés depuis long-temps ; & c'eft affez de favoir que cette nouveauté donna lieu à un établiffement littéraire, dont le fouvenir mérite bien d'être confervé. Je parle d'une *Académie, qui fut établie fur*

(3) Recherches, liv. VII, chap. 12.

la fin de l'année 1570, pour travailler (3) *à l'avancement du langage François, & à remettre fus, tant la façon de la Poéfie, que la mefure & réglement de la Mufique anciennement ufitée par les Grecs & Romains.* Jean Antoine de Baïf, Poëte, & Joachim Thibault de Courville, Muficien, furent les promoteurs de cet établiffement. Par les Lettres-patentes que le Roi leur accorda, ils ont pouvoir de fe choifir des Affociés, fix defquels joüiront des *privileges, franchifes, & libertés, dont joüiffent,* dit Charles IX, *nos autres Domeftiques : & à ce que ladite Académie foit fuivie & honorée des plus Grands, nous avons libéralement accepté & acceptons le furnom de Protecteur & premier Auditeur d'icelle.* Voilà, ou je fuis bien trompé, la premiere Académie, qui ait été inftituée pour notre Langue uniquement, & fans embraffer d'autres fciences. Henri III n'eut pas moins de goût que Charles IX, pour les exercices de cette Compagnie naiffante ; ainfi qu'on le peut

(3) Voyez les *Lettres-patentes*, rapportées tout au long, avec les Statuts de cette Académie, dans l'Hiftoire de l'Univerfité de Paris, Tom. VI, page 714.

voir

voir dans les (4) *Antiquités de Paris.*
Mais elle fut bientôt dérangée par les
Guerres civilés : & la mort de Baïf, arrivée en 1591 ; acheva de mettre en déroute fa petite fociété d'Académiciens.

Pafferat, Defportes, Rapin, & Scé-
vole de Sainte-Marthe, ne laifferent pas
de continuer à faire des vers mefurés.
Perfonne, que je fache, n'en a fait depuis. C'eft dommage qu'aucun d'eux n'ait
enfeigné la théorie des Accents, & de la
Quantité. Henri (5) Eftienne, le plus célebre Grammairien du feizieme fiecle,
n'en a parlé que fuperficiellement. Théodore de Bèze, dans fon Traité (6) *de la
bonne Prononciation du François*, eft le
feul auteur de ma connoiffance, qui ait
un peu approfondi cette matiere. Son
principal défaut, mais défaut qu'on a rarement occafion de reprocher à ceux qui fe
mêlent d'écrire, c'eft d'être trop court.
Il a voulu, dans quatre ou cinq pages ;

(4) *Hiftoire & Recherches des Antiquités de
la Ville de Paris*, par Sauval, Tom. II, pag.
493, &c.
(5) On peut voir fa *Précellence du langage
François*, pag. 12, & fes *Hypomnefes de Gallica
lingua*, pag. 6, &c.
(6) *De Francicæ linguæ refta pronuntiatione
Tractatus.* Genevæ, 1584.

B

renfermer ce qui demandoit néceſſairement un plus long détail.

J'en étois là de mes recherches, lorſqu'il m'eſt tombé entre les mains un (7)
petit volume du fameux d'Aubigné, où,
dans une Préface qu'il met à la tête de
quelques Pſaumes traduits en vers meſurés, il dit que cette maniere de vers n'a
point été inventée par Jodelle, ou par
Baïf, comme on le prétend : mais qu'il
ſe ſouvient d'avoir vu l'Iliade & l'Odyſſée
traduites en vers hexametres par un nommé *Mouſſet*, & imprimées avant que ni
Baïf ni Jodelle fuſſent au monde. Que
penſer, après cela, de Paſquier, auteur
contemporain, qui nous vante le Diſtique
fait en 1553, comme le premier eſſai de
cette poéſie ? Que penſer de Ramus,
qui, dans ſa Grammaire publiée en 1562,
dit que pour rendre les regles de la Proſodie familieres aux François, il faut ſou-
haiter que nous ayons des Poëtes, qui
meſurent leurs ſyllabes à la maniere des
Anciens ? Ramus, dix ans après, dans
une nouvelle édition de cette même
Grammaire, charmé de voir ſes vœux
accomplis, ſe récrie avec une ſorte d'en-

(7) *Petites œuvres meſlées du Sieur* (Théodore
Agrippa) *d'Aubigné.* Genève, 1630.

thoufiafme fur deux pieces qui venoient de paroître, l'une en vers élégiaques, l'autre en vers faphiques. Pouvoit-il donc ignorer une Traduction entiere de l'Iliade & de l'Odyſſée ? Mais peu nous importe de ſavoir la vraie époque des vers meſurés. Quoi qu'il en ſoit, nous voyons évidemment que nos ancêtres ont cru avoir des principes fixes ſur la Proſodie ; & c'eſt à nous, par conſéquent, à examiner ce qui nous en reſte.

I I I.

Puiſque notre Proſodie fut autrefois ſi connue, pourquoi l'eſt-elle aujourd'hui ſi peu ? Pour pluſieurs raiſons, dont la premiere eſt fondée ſur le peu de beſoin qu'on croit en avoir.

Rien n'étoit plus néceſſaire, ni en même temps plus facile aux Grecs & aux Romains, que de ſavoir exactement leur Proſodie ; car elle faiſoit, non pas un ſimple agrément, mais l'eſſence même de leur verſification : & comme la lecture des Poëtes étoit un des principaux objets de leur éducation, ils apprenoient méthodiquement, & dès l'enfance, à bien prononcer. Un Romain, un Athénien de la lie du peuple auroit ſifflé un Acteur,

B ij

qui eût allongé , ou accourci une syllabe
mal à propos. Mais, si toute vérité étoit
bonne à dire , nous avouerions qu'il n'est
point rare qu'un François vieillisse sans
avoir , ni appris, ni soupçonné qu'il y
ait des syllabes plus ou moins longues
les unes que les autres. Pour les Grecs &
les Romains, la Prosodie étoit d'une obli-
gation étroite. Pour nous, si l'on veut,
elle ne sera qu'une délicatesse , qu'une
beauté accessoire , soit dans notre prononciation , soit dans nos écrits. Je n'en
demande pas davantage , & partant de ce
principe, qu'on doit cependant étendre
plus loin, je dis que nous faisons mal de
négliger notre Prosodie , puisque la parole étant l'organe de la pensée , on est
louable de s'appliquer à la rendre plus
insinuante, plus propre à persuader, plus
capable de peindre ce que nous pensons.

Une seconde raison , qui fait que notre
Prosodie est si peu connue , c'est que
ceux qui seroient le plus en état d'en
approfondir les regles, sont précisément
ceux qui apportent à cette étude le plus
de préjugés. Un homme savant possede
le Grec & le Latin : il admire la beauté
de ces deux langues , & avec raison :
mais de croire que notre Prosodie , si elle

ne reſſemble pas en tout à la leur, eſt donc nulle, c'eſt une erreur. Toutes les langues ont leur génie particulier : & plus une langue aura été perſectionnée, c'eſt-à-dire, accommodée aux uſages & au goût du peuple qui la parle, moins il lui reſtera de reſſemblance avec la langue, qu'on ſuppoſe *matrice*, du moins par rapport à elle. Une regle générale dans le Latin, & qui ne ſouffre point d'exception, c'eſt que toute ſyllabe, qui finit par une conſonne ſuivie d'une autre, eſt longue : mais en François, au contraire, le redoublement de la conſonne, preſque toujours, avertit que la ſyllabe eſt breve. Pour les voyelles, c'eſt une regle aſſez générale dans le Latin, que toutes les fois qu'il y en a deux de ſuite, la premiere abrége la ſyllabe où elle ſe trouve : mais toutes les fois, au contraire, que notre ε muet finit un mot, où il eſt à la ſuite d'une autre voyelle, il allonge la pénultieme. Tout ceci deviendra plus clair par les exemples que je rapporterai un peu plus bas. Je le répete, il faut qu'un Savant, pour étudier notre Proſodie, ſe départe de ſes préjugés. Quinault, à ce qu'on dit, ne ſavoit que ſa langue maternelle : & ſes vers, pourtant, étoient meilleurs

B iij

à mettre en chant, que ceux des Poëtes qui favoient du Grec & du Latin.

Une troifieme & derniere raifon, qui fait que la connoiffance de notre Profodie fe perd de plus en plus, ce font les changements introduits dans l'orthographe depuis foixante ans. On a fupprimé la plupart des lettres, qui ne fe faifoient pas fentir dans la prononciation. Mais, fi nous entrons dans quelque détail, nous verrons que bien loin de nuire à la prononciation, elles fervoient à la fixer. On écrivoit, *il plaift*, *il paift*, pour faire fentir qu'on doit appuyer fur cette fyllabe, au lieu qu'on ne fait que gliffer fur celle-ci, *il fait*, *il fait*. On écrivoit par la même raifon, *flufte*, *croufte*, pour les diftinguer de *culbute*, *déroute*. On redoubloit (8) la voyelle, pour allonger la fyllabe. Au contraire, pour l'abréger, on redoubloit la confonne. Je pourrois, par cent & cent exemples, montrer qu'en matiere d'orthographe nos peres n'avoient rien fait fans de bonnes raifons : & ce

(8) *Aage*, *roole*, *baailler*, *raaler*. On en a même ufé ainfi dans les adverbes, dont la pénultieme doit être appuyée : *expreffeement*, *feparéement*. Voyez les *Hypomnefes* d'Henri Eftienne, pag. 18.

qui le prouve bien, c'eſt que ſouvent, ils ont ſecoué le joug de l'étymologie ; comme dans *couronne* , *perſonne*, où ils redoublent la lettre *N* , de peur qu'on ne faſſe la pénultieme longue en François, ainſi qu'en Latin.

Peut-être y avoit-il des inconvénients dans l'ancienne orthographe : mais à la bouleverſer , comme on voudroit faire aujourd'hui , il y en auroit encore de plus grands. A la bonne heure , par exemple, qu'on ſupprime les lettres muettes, qui marquoient qu'une ſyllabe eſt longue , comme dans *reſte*, dans *paſte ;* car on peut me faire entendre la même choſe par un accent, *tête*, *pâte*. Mais, quoique l'un des *T* ſoit muet dans *tette*, dans *patte*, c'eſt une néceſſité de continuer à écrire ainſi , parce qu'en pareil cas il n'y a point d'autre ſigne que le redoublement de la conſonne , qui puiſſe marquer la briéveté de la ſyllabe.

Quand je parle de l'ancienne orthographe, il ne faut pas croire que je renvoie à des temps bien éloignés. Je parle de celle que l'Académie Françoiſe adopta d'abord, & qui a été ſuivie dans les deux premieres éditions de ſon Dictionnaire. On a voulu, dans la troiſieme , tenir un juſte milieu :

ne s'obstinant point à vouloir conserver des lettres, dont on peut se passer, & que le Public a tout-à-fait rejetées ; mais fuyant avec soin tous ces ridicules excès, où se portent l'ignorance des Imprimeurs, & la témérité de quelques Auteurs. Plus l'orthographe est menacée d'innovation, plus il devient essenciel de fixer, s'il se peut, la Prosodie.

ARTICLE SECOND.

Des Accents.

Voyons d'abord ce que c'est qu'*Accent*, & nous répondrons ensuite à une objection, qui se fait contre l'accent François.

I.

On attache différentes idées à ce mot *Accent*. Mais, en l'accompagnant d'une épithete, on sauvera l'équivoque. Ainsi distinguons l'accent *profodique*, l'accent *oratoire*, l'accent *musical*, l'accent *provincial*, l'accent *imprimé*.

Par l'accent *profodique*, on entend ; comme je l'ai dit ci-dessus, une inflexion de la voix, qui s'éleve, ou qui s'abaisse. Quelquefois aussi, & l'on éleve d'abord

& l'on rabaiſſe enſuite la voix , ſur une même ſyllabe. Voilà ce qui forme trois accents , que les Grammairiens appellent l'*Aigu* , le *Grave* , & le *Circonflexe* ; l'Aigu , qui éleve la voix ; le Grave , qui l'abaiſſe ; & le Circonflexe , qui, étant compoſé de tous les deux , ſert à l'élever d'abord , & à la rabaiſſer enſuite , ſur une même ſyllabe. Voilà , dis-je , ce qu'enſeignent d'une maniere uniforme , & ſans autre éclairciſſement , ceux qui ont traité de la Proſodie des Grecs. Mais une ſyllabe n'étant qu'une voyelle , ou ſeule , ou jointe à d'autres lettres articulées par une ſimple émiſſion de voix ; quelques Grammairiens modernes ont demandé comment il étoit poſſible de hauſſer & de baiſſer ſucceſſivement le ton ſur une même ſyllabe ? Apparemment les Grecs n'y trouvoient nulle difficulté : mais le célebre (9) Sanctius , à qui l'on peut bien s'en rapporter , prétend que l'accent *circonflexe* n'a point ſubſiſté dans la langue Latine ; & je doute qu'il puiſſe être d'uſage dans la nôtre , ſi ce n'eſt dans quelques ſyllabes où domine une diphtongue.

Il y a , en ſecond lieu , un accent *oratoire* , c'eſt-à-dire , une inflexion de voix ,

(9) *Minervæ, lib. I , cap. 3.*

qui réfulte , non pas de la fyllabe maté-
rielle que nous prononçons , mais du fens
qu'elle fert à former dans la phrafe où
elle fe trouve. On interroge , on répond ,
on raconte , on fait un reproche , on
querelle, on fe plaint : il y a pour tout
cela des tons différents ; & la voix hu-
maine eft fi flexible , qu'elle prend natu-
rellement , & fans effort , toutes les for-
mes propres à caractérifer la penfée , ou
le fentiment. Car non feulement elle
s'éleve , ou s'abaiffe ; mais elle fe fortifie ,
ou s'affoiblit ; elle fe durcit , ou s'amollit ;
elle s'enfle , ou fe rétrécit ; elle va même
jufqu'à s'aigrir. Toutes les paffions , en
un mot, ont leur accent : & les degrés
de chaque paffion pouvant être fubdivifés
à l'infini , de-là il s'enfuit que l'accent
oratoire eft fufceptible d'une infinité de
nuances , qui ne coûtent rien à la nature ,
& que l'oreille faifit , mais que l'art ne
fauroit démêler.

A l'égard de l'accent *mufical* , il confifte , ainfi que les précédents , à élever
la voix , ou à la baiffer ; mais avec cette
différence effencielle , qu'il en fubordonne
l'abaiffement , ou l'élévation , à des intervalles certains , & qui font tellement
mefurés , que s'en départir le moins du

monde, c'est enfreindre les loix de la Musique.

On entend assez ce que c'est que l'accent *provincial.* Accent, pris en ce sens, embrasse tout ce qui a rapport à la prononciation : & par conséquent, outre les diverses inflexions de la voix, il embrasse la Quantité. Ainsi l'accent Gascon, outre qu'il éleve la voix où il ne faut pas, abrége beaucoup de syllabes longues : & l'accent Normand, outre qu'il baisse souvent la voix où il ne faut pas, allonge beaucoup de syllabes breves. Pour les fautes qui regardent la Quantité, j'espere qu'un homme de province trouvera quelque secours dans le quatrieme article de ce Traité. Pour la maniere de gouverner sa voix, en quoi consiste proprement l'accent, elle ne s'enseigne point par écrit. On peut envoyer un Opéra en Canada, & il sera chanté à Québec, note pour note, sur le même ton qu'à Paris. Mais on ne sauroit envoyer une phrase de conversation à Montpellier, ou à Bordeaux, & faire qu'elle y soit prononcée, syllabe pour syllabe, comme à la Cour. Aussi est-ce une ancienne maxime, *Que pour bien parler François, il ne faut point avoir d'accent.* Par-là, sans doute, on

B vj

n'a pas voulu nous faire entendre qu'il falloit être monotone. On a feulement voulu dire qu'il ne faut point avoir l'accent de telle ou de telle province ; car chaque province a le fien.

Quant à l'accent *imprimé* , perfonne n'ignore que ce font de petites lignes tracées fur une voyelle. Pour marquer l'*aigu* , on tire la ligne de la droite à la gauche, comme dans *bonté*. Pour le *grave*, on la tire de la gauche à la droite, comme dans *progrès*. Pour le *circonflexe* , en réuniffant ces deux lignes, on en fait la figure d'un *v* renverfé , comme dans *tôt*. Mais, quoique ces fignes foient précifément les mêmes que ceux qui marquoient l'accent *profodique* des Grecs, ne croyons pas qu'en François ils aient la même deftination. Je m'explique. Toutes les fois qu'une fyllabe Grecque eft marquée d'un accent aigu , cela nous apprend que cette fyllabe, relativement à celles qui la précédent & qui la fuivent, doit être élevée. Toutes les fois au contraire, qu'une fyllabe Françoife eft marquée d'un accent aigu, comme dans *bonté*, cela ne m'apprend rien autre chofe fi ce n'eft que l'*e*, qui fe trouve dans cette fyllabe, eft fermé, & doit fe prononcer autrement que

fi c'étoit un *e* ouvert ou un *e* muet.
Pour ce qui eft de l'accent grave, il ne
nous fert pareillement, que pour défigner l'*e* ouvert comme dans *progrès*,
& pour différencier certains mots, qui
s'écrivent & fe prononcent de même,
mais fans avoir le même fens : par exemple, dans la prépofition *a*, & dans les
adverbes *là*, & *où*, afin qu'on les diftingue d'*a*, venant du verbe *avoir* ; de *la*,
article ; & d'*ou*, conjonction. Plus fouvent encore l'accent circonflexe ne fert
qu'à marquer la fuppreffion d'une lettre,
qui étoit autrefois employée pour rendre
la fyllabe longue : comme dans *bête*, *tôt*,
aimât, qui s'écrivoient autrefois, *befte*,
toft, *aimaft*. Ainfi en confervant le nom
& la forme des accents écrits dans le
Grec, nous en avons prefque dénaturé
la valeur & l'emploi.

Revenons donc à l'accent *profodique*,
puifqu'on voit maintenant, à ne pouvoir
s'y méprendre, que toutes les difficultés
roulent fur celui-là feul. Avons-nous des
fyllabes, & quelles font-elles, qui, con-
fidérées à part, & fans aucune relation
à ce que la phrafe entiere fignifie, demandent d'être élevées, ou baiffées dans
une prononciation ordinaire & naturelle ?

Voilà , le plus clairement qu'il m'eſt poſſible , l'état de la queſtion.

Théodore de Bèze , le ſeul (1) de nos
François , qui paroiſſe l'avoir examinée,
la décide hardiment. *Toute* (2) *ſyllabe
longue* , dit-il , *demande l'accent aigu , &
toute ſyllabe breve , l'accent grave.* Mais
cette prétendue Regle , à la prendre ſans
reſtriction , eſt viſiblement fauſſe. Pour
y trouver du vrai , il faut la réduire à
ceci : Que pour l'ordinaire ſi nous hauſ-
ſons la voix , c'eſt ſur une ſyllabe longue;
& ſi nous la baiſſons , c'eſt ſur une breve.

Au ſentiment de Bèze , on peut oppo-
ſer celui (3) d'Eraſme. Car quoiqu'Eraſme

(1) Quand j'ai écrit ceci, je n'avois pas encore vu la ſavante Lettre que M. l'Abbé Bat-
teux m'a fait l'honneur de m'adreſſer , & qui
eſt imprimée dans ſes *Principes de Littérature* ,
tout à la fin du Tome V.

(2) *Illud autem certò dixerim , ſic concurrere in
Francica lingua tonum acutum cum tempore longo,
ut nulla ſyllaba producatur , quæ itidem non
attollatur : nec attollatur ulla , quæ non itidem
acuatur : ac proinde fit eadem ſyllaba acuta quæ
producta , & eadem gravis quæ correpta.* pag. 74.

(3) *De recta græci latinique ſermonis pronuntiatione Dialogus.* Edition de Lyon , 1531.

Pag. 79. *Accentus igitur incertus eſt index
ſpatii ſyllabici.* Et pag. 81. *Unde nos ſumus uſque
adeò ἄμετι , ut omnes acutas ſyllabas ſonemus
productiore morâ , graves omnes corripiamus ?*

n'ait en vue que la prononciation du grec & du latin, cependant son principe, *Qu'entre Accent & Quantité il n'y a nulle relation, nulle dépendance essencielle,* ne regarderoit-il pas toutes les langues en général ?

Qu'un habile Muficien prenne une page de François, peu importe de quel livre. Qu'il la faffe lire à haute voix, & bien diftinctement, par cinq ou fix femmes, dont l'accent foit pur. Qu'elles lifent chacune en différents temps, en différents lieux, & l'une à l'infu de l'autre, fans qu'elles fachent ce qu'on veut d'elles. Que ce Muficien ait l'art de nous bien marquer fur quelles fyllabes elles auront hauffé, ou baiffé le ton. Alors, fi l'uniformité s'y rencontre, non feulement nous ferons perfuadés, comme peut-être nous le fommes déja, que nous avons des fyllabes, qui, prifes matériellement, demandent qu'on éleve la voix, ou qu'on la baiffe ; mais de plus, nous reconnoîtrons par le mélange des éléments, voyelles & confonnes, quelle eft la caufe phyfique, qui fait que l'organe varie ainfi fes inflexions.

Jamais pareille épreuve ne s'eft faite, ni ne pourra réuffir. Non qu'il n'y ait dans toute lecture, dans tout difcours ;

beaucoup de tons que l'on peut noter ;
parce qu'au moyen des intervalles fort
fenfibles, ils deviennent commenfurables.
Mais combien d'autres, qu'il ne fera pas
poffible de faifir , & de graduer ? Je dis,
graduer : car, fi nous avons des longues
plus ou moins longues , & des breves
plus ou moins breves , nous avons également des inflexions de voix tantôt plus
fortes, tantôt moins.

Tout détail plus ample fur notre accent
fe montre à moi comme un labyrinthe,
où je craindrois de me perdre ; & par la
même raifon je dois me taire fur les
accents *nationaux*. Telle eft, à cet égard,
l'illufion de l'habitude, que perfonne n'eft
mécontent du fien. On fait plus, on trouve
dans tout autre accent quelque chofe qui
déplaît. Une nation (4) fe croit la feule
qui fache prononcer , qui fache chanter : & fi nous avons quelquefois cenfuré
l'accent de nos voifins , ceux-ci ufent de
repréfailles.

Parmi les reproches qu'ils nous font,
j'en choifis un, qui fe répete volontiers

(4) *Angli concinendo jubilare , Hifpani fletus
promere , ululatus Germani , Itali caprizare ,
Galli foli cantare.* Le P. Merfenne, dans fes
Quæftiones in Genefim , pag. 1610.

depuis quelques années, & qui mérite un examen plus que superficiel.

I I.

On prétend que (5) *notre langue eſt la ſeule qui ait des mots terminés par des* E *muets, & que ces* E *qui ne ſont pas prononcés dans la déclamation ordinaire, le ſont dans la déclamation notée, & le ſont d'une maniere uniforme,* gloi-reu, victoi-reu, barbari-eu, ſuri-eu. *Voilà,* dit-on, *ce qui rend la plupart de nos airs, & notre récitatif inſupportable à quiconque n'y eſt pas accoutumé.*

Que l'Auteur célebre, dont je cite les paroles, nous permette d'examiner ces deux points. 1°. Eſt-il bien vrai que notre langue ſoit la ſeule qui ait des mots terminés par le ſon réſultant de notre E muet? 2°. Eſt-il bien vrai que ce ſon, dans la Muſique, doive être celui d'*eu?*

Poſons d'abord un principe, qui n'eſt pas conteſté : Que dans aucune langue, ni vivante, ni morte, il n'eſt poſſible de prononcer une conſonne ſans le ſecours d'une voyelle, ou écrite, ou ſous-entendue; & qu'au défaut de toute autre voyelle,

(5) *Voltaire*, Article des Muſiciens, dans ſon Siécle de Louis XIV.

c'eſt ce que nous appelons l'*E* muet, écrit ou non écrit, qui nous ſert à prononcer une conſonne, quand cette conſonne eſt finale, comme dans *David*, ou immédiatement ſuivie d'une autre, comme dans *arbre*. On prononce néceſſairement comme ſi l'orthographe de ces mots étoit *Davi-de*, & *are-be-re*. Une femme, il n'y a pas long-temps, m'écrivoit que le Régiment de ſon fils alloit à *Seteraceboure*, pour dire, à *Straſbourg*. Où l'uſage ne reconnoît que deux ſyllabes, ſon oreille en trouvoit ſix, & la plume obéiſſoit à l'oreille.

Or de ce principe concluons que ſi notre langue a quelque choſe de ſingulier, & qui n'appartienne qu'à elle, c'eſt que ce ſon foible, ſans lequel on ne peut prononcer une conſonne iſolée, ou finale, nous le marquons ſouvent par la lettre *E*, qui perd alors ſa valeur naturelle, & qui, pour ainſi dire, demeure muette ; au-lieu que les autres langues, pour faire retentir leurs conſonnes, ſe paſſent d'un pareil ſecours. Ainſi l'oculaire peut nous être particulier, mais l'auriculaire eſt le même pour tous. Quand on nous parlera du *luxe*, ou d'un *Ruſſe*, mots françois, l'oreille les diſtinguera-t-elle de *lux*, & de *rus*, mots latins ?

Mais nous-mêmes, pour faire retentir nos confonnes ifolées, ou finales, nous ne les accompagnons pas toujours de notre *E* muet. Car nous écrivons *David*, & avide, un *bal*, & une balle; un *afpic*, & une pique, le *fommeil*, & il fommeille; *mortel*, & mortelle; *caduc*, & caduque; un *froc*, & il croque, &c. Jamais un aveugle de naiffance ne foupçonneroit qu'il y eût une orthographe différente pour ces dernieres fyllabes, dont la définence eft abfolument la même.

Auffi les Étrangers ont-ils peine à diftinguer quand la confonne finale a befoin, ou non, d'être accompagnée d'un *E* muet. On peut en juger par les vers fuivans:

(6) *La Nuit compagne du Repos,*
De fon crêp *couvrant la lumiere,*
Avoit jeté fur ma paupiere
Les plus léthargiques pavots.

Vous y voyez *crêp*, au lieu de *crêpe*, qui qui eft le feul ufité. Affurément, fi ces vers font du Poëte à qui le Public les attribue, cela prouve que la fupériorité du génie & des lumieres, à quelque degré qu'elle foit portée, ne fupplée point à la

(6) *Lettre à Voltaire*, parmi les Œuvres du Philofophe de Sans-fouci.

connoiſſance de ces petits riens, qui tiennent uniquement à l'uſage. Il n'y a, en effet, que l'uſage, & l'uſage actuel, qui puiſſe nous apprendre que dans ce mot *crêpe*, la conſonne finale n'eſt prononcée qu'à l'aide d'un *e*, quoiqu'elle s'en paſſe dans *cep*, dans *Alep*, dans *cap*, dans *hanap*, &c.

Ronſard, dans ſon Art Poétique, nous fait voir que l'uſage de ſon temps accordoit bien d'autres licences qui concernent l'*e* muet. On étoit maître alors, non-ſeulement de le ſupprimer où il étoit de trop, mais encore de l'introduire où la meſure du vers le demandoit. Tantôt les verſificateurs mettoient *Hercul'*, *Ulyſ'*, *hom'*, *el'*, *jou'*, pour *Hercule*, *Ulyſſe*, *homme*, *elle*, *joue*, &c. Tantôt, au lieu *d'eſprit*, *larcin*, *ſoupçon*, *guerdon*, ils mettoient *eſperit*, *larrecin*, *ſoupeçon*, *guerredon*, pour en faire des triſſyllabes : & *d'orphelin*, au contraire, ils en faiſoient *orflin*.

Par là, du moins, nous concevons que notre *e* muet, n'eſt pas tant une lettre qu'un ſigne proſodique, lequel ſigne auroit pu être telle autre figure qu'on auroit voulu, comme en effet nous venons de voir que les contemporains de Ronſard y employoient une apoſtrophe.

Mais, dira-t-on , pourquoi *David* &
avide , *froc* , & *croque* , ne riment-ils pas?
Parce que nos Poëtes , jaloux de l'oculaire, n'ont voulu (7) compter pour rimes
féminines que celles où l'E muet feroit
écrit.

Voici ma feconde queftion, & la plus
importante. Eft-il vrai que dans le chant
on doive prononcer *gloi-reu* , *victoi-reu* ,
&c. Il s'agit, non du fait, mais du droit.

J'ai cherché à m'éclaircir là-deffus avec
des Maîtres de l'art, & il m'a paru qu'en
général , fi le Grammairien fait peu de
Mufique , le Muficien fait encore moins
de Grammaire. Quoi qu'il en foit, j'éle-
verai des doutes qu'un plus habile réfou-
dra. Tout confifte, fi je ne me trompe,
dans la nature du fon que l'E muet produit. Je le définis, une pure émiffion de
voix, qui ne fe fait entendre qu'à peine ;
qui ne peut jamais commencer une fyllabe; qui, dans quelque endroit qu'elle fe

_____

(7) Pure convention. Car , felon l'oreille , il
y aura quatorze fyllabes dans

N'eft point le fruit tardif d'une lente vieilleffe,

puifque la finale *dif* , n'eft pas moins fonore
que celle de *griffe* , diffyllabe. Mais la convention étant fi ancienne, il n'eft plus temps de
réclamer.

trouve, n'a jamais le fon diftinct & plein des voyelles proprement dites ; & qui même ne peut jamais fe rencontrer devant aucune de celles-ci, fans être tout-à-fait élidée. Au contraire, le fon *eu*, tel qu'on l'entend deux fois dans *heureux*, eft auffi diftinct & auffi plein, il a même force & même confiftance que le fon des voyelles proprement dites : & delà vient qu'il eft compté par nos meilleurs Grammairiens au nombre des vraies voyelles françoifes.

Que fi l'on chante *gloi-reu*, cette définence acquiert tous les droits des voyelles, modulation, tremblement, tenue, port de voix : & par conféquent on pourra fredonner fur la derniere de *gloi-reu?* Oui fans doute, fi l'on fe permet de prononcer ainfi.

Allons plus loin. Puifque l'*E* muet écrit, ou non écrit, ne fait qu'une différence oculaire, voyons de conféquence en conféquence, où ceci nous conduira. Voici des paroles à mettre en chant.

Efprits, qui portez le tonnerre,
Impétueux tyrans des airs,
Qui faites le péril des mers,
Et les ravages de la terre,
Vents, &c. Ode du P. de la Rue;

J'avoue que mon oreille n'en fait point
affez pour diftinguer le fon de ces quatre
rimes. Je n'entends qu'*erre* par-tout, en
fuppofant qu'on ne fera pas mal-à-propos,
& contre l'ufage, fonner les *s*, d'*airs* &
de *mers*, où elles ne font que fignes du
pluriel. Ainfi la même raifon, s'il y en
avoit une, qui fait chanter *gloi-reu*, fera
chanter *tonne-reu*: & l'oreille qui goûtera
tonne-reu, demandera *me-reu*, *ai-reu*.

Allons encore plus loin. Si cela fe pra-
tique dans le françois, pourquoi n'en
fera-t-il pas de même dans toutes les langues, dont les finales font retentiffantes?
Attendons-nous donc à entendre chanter,
Patè-reu, *noftè-reu*, *qui-effeu*, &c. On
croira que je plaifante; mais non, je ne
veux que raifonner conféquemment.

Quoiqu'il foit inutile, & peut-être
ridicule, de chercher l'origine de cette
prononciation, *gloi-reu*, ailleurs que dans
la bouche de nos villageois; j'ai cependant eu la curiofité de favoir fi nos vieux
livres n'en difoient rien: & j'ai appris
qu'un Muficien, qui écrivoit en 1668, fe
glorifie (8) de l'avoir introduite dans le

_____

(8) *Remarques curieufes fur l'Art de bien chan-*
ter, &c. Par B. D. B. Page 266. Je ne vois rien
de fi général, que de mal prononcer l'*e* muet,

chant françois. On le croira, si l'on veut:
Au moins est-il certain qu'au Théâtre ce
n'est pas chose rare qu'un Acteur, & sur-
tout une Actrice, dont les talents sont ad-
mirés, fasse adopter un mauvais accent,
une prononciation irréguliere, d'où naissent insensiblement des traditions locales,
qui se perpétuent, si personne n'est attentif
à les combattre.

J'en demeure là, sans toucher aux différents services que l'*E* muet nous rend dans
l'écriture. Je n'en voulois qu'à cette absur-
dité, dont notre Musique est la victime.

ARTICLE TROISIEME.

De l'Aspiration.

ASPIRER, c'est, suivant le Dictionnaire
de l'Académie, prononcer de la gorge,
en sorte que la prononciation soit forte-
ment marquée. Toutes les langues peuvent, à cet égard, avoir leurs usages par-
ticuliers : mais puisque l'aspiration est si
fréquente dans le Grec, & sur-tout dans
le dialecte Attique, croirons-nous qu'alors

à moins que d'observer soigneusement le remede
que je crois avoir trouvé, qui est de le prononcer
à peu près comme la voyelle composée *eu.*

ce fût un effort violent du gofier & de la poitrine, tel qu'aujourd'hui nous l'entendons dans la bouche des Florentins & des Allemands? Quoi qu'il en foit, la langue Françoife qui n'aime & ne cherche rien tant que la douceur, n'attribue nul autre effet à l'afpiration, que celui de communiquer à la voyelle afpirée les propriétés de la confonne; & c'eft là tout ce qu'opere la lettre *H*, par où fe diftingue la voyelle afpirée.

Prononçons *abeille*, & *haquenée*. Quant au fon naturel de l'*A*, il eft le même dans ces deux mots. Toute la différence confifte en ce que l'*A* n'eft pas afpiré dans le premier, & qu'il l'eft dans le fecond. Par conféquent, le fecond ayant les propriétés d'une confonne, il arrive de là que fi c'eft une voyelle qui finiffe le mot précédent, elle ne s'élide point; & que fi c'eft une confonne, cette confonne n'eft point fonore. Ainfi, quoiqu'on prononce *u-n-a-beille*, *de-z-abeilles*, on dira fans élifion, *une haquenée;* & fans liaifon, *des haquenées.*

Rien ne feroit plus fimple, plus aifé à concevoir, fi l'*H* étoit toujours dans notre écriture, le figne de l'afpiration. Mais nos peres l'ont reçue comme figne d'étymologie dans une infinité de mots,

C

où elle demeure absolument muette. *Honneur* & *honte* commencent par le même caractere, purement étymologique dans l'un, mais profodique dans l'autre. Plufieurs de nos Grammairiens auroient voulu établir des Regles là-deffus : mais leurs prétendues Regles font, & difficiles à retenir, & fujettes à trop d'exceptions. Il fera plus court, & plus fûr de rapporter une lifte exacte des mots qui s'afpirent, au commencement, au milieu, ou à la fin. C'est ce que je vais faire d'abord. Je parlerai enfuite des mots douteux, & de ceux où fe trouve l'équivalent d'une afpiration, quoiqu'elle n'y foit pas marquée.

I.

Voici les mots où le Dictionnaire de l'Académie (*troifième édition*) avertit que l'*H* initiale doit être afpirée. Je me borne à ceux-là, quoiqu'il fût aifé d'y en ajouter, mais dont la plupart font des mots techniques, qui n'entroient pas dans le plan de l'Académie.

Ha !	*haillon.*	*halbrené,*
habler.	*haine.*	*hâle.*
hache.	*haïr.*	*halener.*
hagard.	*haire.*	*haler.*
haie.	*halage.*	*haleter,*
haie !	*halbran.*	*halle.*

hallebarde.
hallebreda.
hallecret.
hallier.
halte.
hameau.
hampe.
hanap.
hanche.
hangar.
hanneton.
hanter.
happelourde.
happer.
haquenée.
haquet.
harangue.
haras.
harasser.
harceler.
hardes.
hardi.
hareng.
hargneux.
haricot.
haridelle.
harnois.
haro.
harpailler.
harpe.
harper.
harpie.
harpon.
hart.
hasard.

hase.
hâter.
haubert.
have.
havir.
havre.
havresac.
hausser.
haut.
hé !
héaume.
hem !
hennir.
héraut.
hère.
hérisser.
hérisson.
hernie.
héron
héros.
herse.
hêtre.
heurter.
hibou.
hic.
hideux.
hie.
hiérarchie.
ho !
hobereau.
hoc.
hoca.
hoche.
hochepot.
hocher.

hochet.
hola !
homard.
hongre.
honnir.
honte.
hoquet.
hoqueton.
horion.
hors.
hotte.
houblon.
houe.
houille.
houlette.
houlle.
houppe.
houppelande.
hourvari.
housard.
housé.
houseaux.
houspiller.
houspillon.
houssaie.
housse.
housser.
houssine.
houx.
hoyau.
huche.
hucher.
huer.
huit.
hulotte.

humer.	*huppe.*	*hurler.*
hune.	*hure.*	*hutte.*

Tous les mots dérivés des précédents & qui commencent par *H*, conservent leur aspiration initiale, excepté ceux de *Héros*, qui sont *héroïne*, *héroïsme*, *héroïde*, *héroïque*, *héroïquement*, où l'*H* n'étant que signe étymologique, demeure absolument muette,

I I.

Au milieu des mots qui sont composés de quelqu'un des précédents, comme *déharnacher*, *enhardir*, *rehausser*, l'*H* s'y conserve aspirée comme elle l'étoit au commencement du mot primitif. Il n'y a d'exception que pour *exhausser*, *exhaussement*, où l'*H* redevient muette.

Quand il s'en trouve une au milieu des mots simples & non dérivés des précédents, elle n'y est que l'équivalent du *tréma* pour séparer les deux voyelles, & pour empêcher que ces deux voyelles ne se présentent à l'œuil, comme si c'étoit une diphtongue : car dans le passage de la pénultième à la finale, on prononce *trahir*, *envahir*, de même que *jouir*, *haïr* ; & le son de l'*H* y étant imperceptible, cette lettre muette ne tire à conséquence, ni pour la versification, ni pour l'harmonie.

III.

A la fin des mots, l'*H* n'eſt aſpirée que dans ces trois interjections, *ah ! eh ! oh !* ſuivant la Grammaire de M. l'Abbé *Regnier*, la plus ample & la plus ſavante que nous ayons.

IV.

Quant aux mots douteux, c'eſt-à-dire, ſur leſquels on pourroit croire l'Uſage partagé, les voici, avec de courts éclairciſſements.

Henri. On doit l'aſpirer dans un diſcours oratoire, & dans la Poéſie ſoutenue : mais hors de là, ce ſeroit une affectation.

Héſiter. Quoique nos auteurs les plus exacts aient toujours aſpiré l'*H* dans *héſiter*, cependant la négligence de la converſation a tellement prévalu, que ce n'eſt plus une faute d'écrire, *j'héſite, je n'héſite pas,* avec éliſion.

Hideux. Voici ce qui ſe lit dans les Obſervations de l'Académie ſur Vaugelas, pag. 221. *Le mot* Hideux *aſpiré a fait peine à quelques-uns dans la converſation, & ils aimeroient mieux dire,* l'hideuſe image que vous nous avez tracée, *que la* hideuſe image. *Ce dernier,* ajoute-t-on,

C iij

eſt cependant le plus ſûr. Puiſque c'eſt le plus ſûr, il n'y a donc pas à balancer ſur le choix.

Hollande. On doit toujours aſpirer *Hollande, & Hollandois,* ſi ce n'eſt dans ces phraſes, *toile d'Hollande, fromage d'Hollande,* qui ont paſſé du peuple dans le langage commun.

Hongrie. On dit de même, & par une ſemblable raiſon, *de l'eau de la Reine d'Hongrie, du point d'Hongrie,* quoique l'aſpiration y ſoit néceſſaire en toute autre occaſion.

Onze. Remarquez, comme en avertit le Dictionnaire de l'Académie, » qu'en- » core que ce mot, & celui d'*onzieme*; » commencent par une voyelle, cepen- » dant il arrive quelquefois, & ſur-tout » quand il eſt queſtion de dates, qu'on » prononce, & qu'on écrit ſans éliſion, » l'article ou la prépoſition qui les précede. » *De onze enfants qu'ils étoient, il en eſt* » *mort dix. De vingt, il n'en eſt reſté que* » *onze. La onzieme année.*

Oui, particule affirmative, ſe prononce quelquefois comme s'il y avoit une *H* aſpirée. Quoiqu'on diſe, *Je crois qu'oui,* cependant on dit, le *oui,* & *le non;* un *oui;* tous vos *oui* ne me perſuadent pas.

& alors cette particule eſt priſe ſubſtan-
tivement.

V.

Pour ne rien oublier de ce qui a rapport à l'aſpiration, il me reſte à parler
de l'effet que font certaines terminaiſons
ſourdes ou *naſales*, lorſqu'elles ſe trouvent devant un mot qui commence par
une voyelle, comme dans ce vers :

Ah ! j'attendrai long-temps: la nuit eſt loin encore.

Je commence par dire que cette obſervation ne regarde point ceux qui écrivent
en proſe. Car la proſe ſouffre les *hiatus*,
pourvu qu'ils ne ſoient, ni trop rudes,
ni trop fréquents. Ils contribuent même à
donner au diſcours un certain air naturel : & nous voyons, en effet, que la
converſation des honnêtes-gens eſt pleine
(ç) d'*hiatus* volontaires, qui ſont tellement autoriſés par l'uſage, que ſi l'on

(9) Par exèmple, lorſqu'un Aɗeur récite ces
vers de la premiere ſcene d'Athalie, *Je viens....
célébrer avec vous la fameuſe journée*, &, *Pen-
ſeɀ-vous être ſaint*, il prononce comme s'il y
avoit, *Célébré-r-avec vous*, & *Penſeɀ-vou-ɀ-être.*
Mais dans la ſimple converſation, l'uſage veut
qu'on prononce comme s'il y avoit, *Célébré avec
vous....Penſeɀ-vou être*, &c.

C iv

parloit autrement, cela feroit d'un pédant, ou d'un provincial.

Mais il s'agit ici de ce qui doit être
permis dans le vers. C'eft aux Poëtes à
examiner, fi dans le choc des fyllabes
dont nous parlons, il n'y a pas cette forte
de cacophonie, que l'on doit appeler
hiatus, puifqu'elle ne peut être fauvée,
ni par l'élifion, ni par l'afpiration. Je vais
donc leur remettre devant les yeux ce que
feu M. l'Abbé de Dangeau, excellent Académicien, a parfaitement bien remarqué
dans fon *Difcours des Voyelles*, où il
prétend que nos cinq terminaifons, *an*,
en, *in*, *on*, *un*, font des fons fimples,
& de véritables voyelles, dont, par conféquent, la rencontre avec d'autres voyelles fait des bâillements, qui ne font pas
fupportables dans le vers.

» Remarquez, dit-il à Meffieurs de
» l'Académie, ce qui arrive à ceux qui
» récitent fur le Théâtre, ou à ceux qui
» veulent chanter. Quand un Muficien
» voudra chanter ce vers :

Ah ! j'attendrai long-temps : la nuit eſt loin encore.

» il fera tout ce qu'il pourra pour éviter
» le bâillement. Ou il prendra une pro-
» nonciation Normande, & dira : *La nuit*

» *eſt loin-n-encore :* ou il mettra un petit
» *g* après *loin*, & dira, *la nuit eſt loing*
» *encore ;* ou il fera une petite pauſe
» entre *loin* & *encore.* La même choſe
» arrive aux Comédiens dans des ren-
» contres ſemblables. Mais, quelque ex-
» pédient que prennent le Muſicien ou
» le Comédien, ils tomberont dans de
» nouveaux inconvénients, en voulant
» éviter celui du bâillement. Et les tem-
» péraments qu'ils cherchent, montrent
» ſeulement que mon ſyſtême eſt vrai. La
» nature toute ſeule leur en fait ſentir la
» vérité, ſans qu'ils aient étudié, comme
» nous, la nature des ſons.

Voilà, ajoûte M. l'Abbé de Dangeau,
comme j'avois raiſonné l'autre jour dé-
» vant vous. En ſortant de l'Académie,
» je penſai en moi-même, que ſi ce que
» je vous avois dit, étoit vrai, un Poëte
» Normand s'appercevroit moins qu'un
» autre de ces ſortes de bâillements :
» & pour voir ſi j'avois bien rencontré,
» je lus le Cinna de Corneille, & le
» Mithridate de Racine ; je marquai ſoi-
» gneuſement tous les endroits où le choc
» de mes voyelles *ſourdes* avec d'autres
» voyelles faiſoit des bâillements ; j'en
» trouvai *vingt-ſix* dans Cinna, & je n'en

C v

» trouvai qu'*onze* dans Mithridate ; &
» même la plupart de ceux de Mithri-
» date font dans des occafions, où la pro-
» nonciation fépare de néceffité le mot
» qui finit par une voyelle fourde, d'avec
» celui qui commence par une autre
» voyelle. Je fus affez content de voir
» mon raifonnement confirmé par cette
» expérience, & je voulus pouffer plus
» loin. Je jugeai qu'en prenant une pièce
» d'un homme qui fût en même-temps
» acteur & auteur, j'y trouverois encore
» moins de ces bâillements : je lus le
» Mifantrope de Moliere, & je n'y en
» trouvai que *huit.* Continuant toujours à
» raifonner de la même maniere, je crus
» que je trouverois encore moins de ces
» rencontres de voyelles, fi je lifois des
» pièces faites pour être chantées, &
» faites par un homme qui connût ce
» qui eft propre à être chanté. Dans
» cette vûe, je lus un volume des Opéra
» de *Quinault,* qui contenoit quatre piè-
» ces : & de ces quatre pièces, il y en
» avoit une toute entiere, où je ne trou-
» vai pas un feul de ces bâillements : il y
» en avoit fort peu dans les trois autres
» pièces ; encore étoient-ils prefque tous
» dans des endroits où le chant fufpend

» de nécessité la prononciation, & sépare
» si fort les voyelles sourdes d'avec les
» autres, que leur concours ne peut faire
» aucune peine à l'oreille.

Joignons à l'autorité de M. l'Abbé de
Dangeau, celle de M. l'Abbé Regnier.
La preuve indubitable, dit ce dernier
dans sa Grammaire, » que ces sons, *an*,
» *en*, *in*, *on*, *un*, sont des sons sim-
» ples équivalants à de pures voyelles,
» est que dans la Musique on ne peut faire
» aucune modulation, aucun tremble-
» ment, aucune tenue, aucun port de
» voix que sur une pure voyelle. Or on
» peut faire des modulations & des tenues
» sur tous les sons qu'on vient de mar-
» quer, de même que sur quelque voyelle
» que ce soit. Il est vrai que ces modula-
» tions ne sont pas si agréables que les
» autres, par la raison que le son en est
» plus étouffé, & plus sourd, & qu'il
» vient un peu du nez. Mais comme le
» plus ou moins d'agrément ne change
» pas la nature des choses, cette diffé-
» rence n'empêche pas que ces sons ne
» doivent être considérés comme de pu-
» res voyelles.

Après de telles autorités, il est à croire
que cette observation tiendra desormais

lieu de précepte. C'eſt peu à peu , & de loin à loin , que l'oreille du François a reconnu les fineſſes , qui rendent notre vers harmonieux. Depuis le ſiecle de Marot, on en a trouvé pluſieurs. Celle-ci ſe doit à l'Opéra : & il étoit bien juſte que le chant ſervît à rendre le vers plus délicat en quelque choſe , puiſqu'il a , vrai-ſemblablement , contribué à lui faire perdre de ſa force & de ſon énergie.

V I.

Voilà ce qu'on liſoit dans la premiere édition de ces Remarques , & ce pourroit bien être l'opinion la plus ſûre. Je vais cependant (1) haſarder une idée qui m'eſt venue depuis. Pour peu qu'elle fût goûtée, elle ſerviroit à diminuer le nombre des entraves poétiques , & à ne pas voir des *hiatus* où Malherbe, où Racine, où Deſpréaux , & Quinault n'en ont pas vu.

Quelle eſt donc la nature des voyelles naſales ? Je les reconnois pour des ſons vraiment ſimples & indiviſibles ; mais de là s'enſuit-il que ce ſoient de pures & franches voyelles ? Pas plus , ce me ſem-

(1) *Poteſt non ſolùm aliud mihi ac tibi ; ſed mihi ipſi aliud aliàs videri.* Cic. Orat.

ble, que fi l'on attribuoit cette dénomination aux voyelles afpirées. Toute la
différence que j'y vois, c'eft que dans les
afpirées, la confonne *H* les précede ; au
lieu que dans les nafales, la confonne *N*
les termine.

Pour caractérifer les premieres, nous
avons le terme d'*afpiration :* & puifqu'il
n'y en a point encore d'établi pour les
fecondes, on me permettra celui de *nafalité.* Par l'afpiration, la voix remonte
de la gorge dans la bouche. Par la nafalité, elle redefcend du nez dans la
bouche. Ainfi le canal de la parole ayant
deux extrémités, celle du bas produit
l'afpiration ; & celle d'en haut produit
la nafalité.

Or, fi l'afpiration empêche l'*hiatus*,
la nafalité ne l'empêchera-t-elle pas ?
C'eft là, précifément, où j'en veux venir.
Je me perfuade que les voyelles afpirées
& les nafales étant les unes auffi-bien que
les autres, non des voyelles pures &
franches, mais des voyelles modifiées,
elles peuvent les unes comme les autres
empêcher l'*hiatus*.

Il y a, dit on, *des occafions* (2) *où
la Poéfie s'émancipe, comme dans ce vers,*

(2) *Opufcules fur la langue Françoife, par
divers Académiciens*, pag. 261.

Elle a le teint uni , belle bouche ;
beaux yeux.

Il semble que pour éviter l'hiatus , on
pourroit prononcer le т *, & dire* , elle a
le tein-t-uni. *Mais la Poésie* , ajoute-t-on,
prononce le tein uni , *& souffre cette caco-*
phonie.

A quoi bon biaiser ? Ou il faut adopter
le systême de M. l'Abbé de Dangeau ;
& alors le *tein-uni* fait un *hiatus* , que la
Poésie ne peut souffrir. Ou la nasalité
aura les mêmes prérogatives que l'aspiration ; & dès-lors point de cacophonie,
point d'*hiatus* dans le *tein-uni* , quoique
la derniere consonne de *teint* soit muette.

Quand je récite à haute voix , *Sou-*
vent de tous nos maux la raison est le pire ;
ou, *Jeune & vaillant héros* , je ne trouve
pas plus de rudesse entre *zon-est* , qu'entre
ant-hé : d'où je conclus qu'aspiration &
nasalité , qui se partagent les deux extrémités du même canal , operent le même
effet.

Autre observation : ces terminaisons
nasales , qu'on nous donne pour de simples voyelles , conservent tellement la
consonne N , que c'est de la position
qu'il dépend que cette consonne soit
muette , ou sonore. *On arriva hier* , la
voilà sonore. *Arriva-t-on hier* , la voilà

muette. Puis-je donc me figurer que ce mot, *on*, foit pure voyelle dans l'une de ces phrafes, lorfque dans l'autre j'entends diftinctement fa confonne?

Au refte, l'ufage le plus certain & le plus conftant a décidé quand cette confonne devoit être muette, quand elle devoit être fonore, dans les terminaifons nafales. On reproche aux Normands de prononcer *du vin-n-admirable, mon coufin-n-eft venu.* Peut-être que cette province ayant fourni aux Théâtres de Paris & des Auteurs & des Actrices du premier ordre, fa mauvaife prononciation deviendroit contagieufe, fi l'on perdoit de vûe le principe qui tranche la difficulté. Et le voici, ce principe. Jamais ne faire fonner la terminaifon nafale, à moins que le mot où elle fe trouve, & le mot qui la fuit, ne foient immédiatement, néceffairement, & inféparablement unis. Tel eft *on* avant fon verbe, *on arrive, on eft arrivé.* Tels font les adjectifs, qui précèdent leurs fubftantifs, *un ange, certain auteur.* Tel eft le monofyllabe *en*, foit prépofition, *en Italie, en honneur*, foit pronom, *je n'en ai point.* Tels font *bien*, & *rien*, adverbes, mais non fubftantifs, *il eft bien élevé, il n'a rien oublié.*

Je me souviens, à ce sujet, d'un conte
que j'ai entendu faire au savant Evêque
d'Avranches, M. Huet, dont ma plume
n'écrit point le nom sans que la recon-
noissance me parle au fond du cœur.
François I, le pere des Lettres en France,
disons plus, l'ami des gens de Lettres,
avoit permis à Melin de Saint-Gelais,
son Bibliothécaire & son Aumônier, de
parier que toutes les fois qu'il plairoit au
Roi d'ouvrir le discours en vers, lui Saint-
Gelais acheveroit la phrase sur les mêmes
rimes. Un jour donc le Roi mettant le
pied à l'étrier, & ayant regardé Saint-
Gelais, apostropha ainsi son cheval :

Joli, gentil, petit cheval,
Bon à monter, bon à descendre ;

& à l'instant, Saint-Gelais ajouta :

Sans que tu sois un Bucéphal,
Tu portes plus grand qu'Alexandre.

Venons à M. Huet. Son illustre com-
patriote M. de Segrais lui écrivit au nom
de l'Académie de Caen, pour inviter
l'Académie Françoise à décider s'il falloit
dire *bo-n-à monter, bo-n-à descendre*, ou
ne point faire tinter la consonne finale
de *bon*. Sur quoi l'Académie Françoise

répondit que, puisqu'on pouvoit introduire un adverbe entre *bon*, & la particule *à*, comme si, par exemple, on
vouloit dire, *bon* rarement *à monter*, *bon*
cependant, *bon* quelquefois *à descendre*,
de là il s'ensuivoit que *bon* doit être prononcé sans liaison avec la particule *à*:
Mézerai, en qualité de Normand, fut
seul d'un avis contraire. Mais, comme
Secrétaire de la Compagnie, il fut contraint de rédiger la décision, à laquelle
il ajouta, en riant, *Et sera ainsi prononcé nonobstant clameur de haro.*

ARTICLE QUATRIEME.
De la Quantité.

On a déjà vu qu'il ne falloit pas confondre Quantité & Accent: car l'Accent
marque l'élévation, ou l'abaissement de
la voix, dans la prononciation d'une
syllabe; au lieu que la Quantité marque
le plus ou le moins de temps, qui s'emploie à la prononcer.

Puisqu'on mesure la durée des syllabes,
il y en a donc, & de longues, & de
breves, mais relativement les unes aux
autres; en sorte que la longue est longue

par rapport à la breve ; & que la breve eft breve par rapport à la longue. Quand nous prononçons *matin*, partie du jour, la premiere fyllabe eft breve, comparée à celle de *mâtin*, efpèce de chien.

Une breve fe prononce dans le moins de temps poſſible. Quand nous difons, *à Strasbourg*, il eft clair que la premiere fyllabe , qui n'eft compofée que d'une feule voyelle, nous prendra moins de temps que l'une des deux fuivantes, qui, outre la voyelle , renferment plufieurs confonnes. Mais les deux dernieres , quoiqu'elles prennent chacune plus de tèmps que la premiere *à* , n'en font pas moins effenciellement breves : pourquoi ? parce qu'elles fe prononcent dans le moins de temps poſſible.

Il y a donc (3) des breves moins breves les unes que les autres ; & par la même raifon il y a des longues plus ou moins longues : fans cependant, que la moins breve puiſſe jamais être comptée parmi

---

(3) Voyez Denys d'Halicarnaffe , dans fon Traité *de l'arrangement des mots*, chap. 15 , & G. J. Voſſius, *De arte Grammatica* , liv. II, chap. 12, où il a oublié ce paſſage formel de Quintilien, *Et longis longiores , & brevibus funt breviores fyllabæ*, IX, 4.

les longues, ni la moins longue parmi les breves.

On mettra dans un rang à part notre syllabe féminine, plus breve que la plus breve des masculines : je veux dire celle où entre l'*E* muet, dont je n'ai déja que trop parlé. Quoiqu'on l'appelle *muet*, il ne l'est point ; car il se fait entendre, mais à sa maniere, soit qu'il fasse la syllabe entiere, comme il fait la derniere du mot *armée* ; soit qu'il accompagne une consonne, comme dans les deux premiè-res du mot *revenir*. Ainsi, à parler exacte-ment, nous aurions cinq temps syllabi-ques, puisqu'on pourroit diviser nos syllabes en muettes, breves, moins breves, longues, & plus longues. Mais il est inutile de tant anatomiser les sons : & nous n'avons qu'à suivre l'exemple des Grecs & des Latins, qui ne connoissoient que breves, longues, & douteuses.

Quant à celles-ci, distribuons-les en deux classes. Il y en a qui tiennent une espèce de milieu entre longue & breve, parce que l'oreille ne peut jusqu'à un cer-tain point les apprécier : d'où il arrive que nos Poëtes les font pencher de quel côté ils veulent. Il y en a d'autres, que l'Usage a décidé qu'on devoit faire tantôt

breves, tantôt longues ; mais de maniere
que ni leur briéveté, ni leur longueur n'eſt
arbitraire, & qu'elle dépend abſolument
du lieu, où la ſyllabe eſt placée.

Je ne m'aſſujétirai pourtant pas à ſpé-
cifier toujours de quelle claſſe eſt telle ou
telle douteuſe, parce que cela demande-
roit des explications également inutiles,
& à ceux qui entendent la matiere, & à
ceux qui ne l'entendent point.

Une choſe à ne pas oublier, c'eſt qu'on
meſure les ſyllabes, non pas relativement
à la lenteur, ou à la vîteſſe accidentelle
de la prononciation ; mais relativement aux
proportions immuables, qui les rendent,
ou longues, ou breves. Ainſi ces deux
Médecins (4) de Moliere, l'un qui allonge exceſſivement ſes mots, & l'autre qui
bredouille, ne laiſſent pas d'obſerver
egalement la Quantité ; car, quoique le
bredouilleur ait plus vîte prononcé une
longue, que ſon camarade une breve,
tous les deux ne laiſſent pas de faire exactement breves celles qui ſont breves, &
longues celles qui ſont longues ; avec
cette différence ſeulement, qu'il faut à
l'un ſept ou huit fois plus de temps qu'à
l'autre, pour articuler.

(4) Dans l'Amour Médecin. *Acte II.*

Tâchons préfentement de faire connoître nos *breves* , nos *longues* , & nos
douteufes. Pour exécuter ce deffein, ou
du moins pour montrer qu'il ne feroit pas
impoffible de l'exécuter, je vais parcourir
nos différentes terminaifons , & infifter
principalement fur les pénultiemes fyllabes , qui font toujours faifies avec le plus
d'avidité par l'oreille, dans notre langue
fur-tout, où il y a beaucoup de finales
muettes. Je ne dois, au refte, confidérer
ici que la prononciation foutenue, fans
toucher aux licences de la converfation.

A

Quand *A* fe prend pour la premiere lettre
de l'Alphabet, il eft long : *un petit ā* , *une panfe
d'ā* , *il ne fait ni ā ni b.*
Quand il eft prépofition, il eft bref : *je fuis
à Paris* , *j'écris à Rome* , *j'ai donné à Paul ;* &
de même quand il vient du verbe avoir : *il ă
de beaux livres* , *il ă été* , *il ă parlé.*
Au commencement du mot l'*A* eft long ,
dans *ācre*, *āge*, *āffre*, *ăgnus*, *āme*, *āne*, *ānus*,
āpre, *āmhes*, *ās.* Hors de là il eft bref, foit que
tout feul il compofe la premiere fyllabe du mot,
comme dans *ăpôtre* ; foit qu'il foit fuivi d'une
confonne redoublée , comme dans *ăpprendre ;*
foit que les confonnes foient différentes, comme dans *ăltéré*, *ărgument*, &c.
A la fin du mot il eft très-bref, dans les
préterits, & dans les futurs : *il aimă* , *il aimeră* ,

il chantă, il chantera. Dans l'article *lă.* Dans les pronoms, *mă, tă, fă.* Dans les adverbes, *çă, lă, déjă, oui-dă.* On appuie un peu davantage fur les fubftantifs empruntés des langues étrangeres : *fofă, hocă, duplicată, agendă*, &c.

ABE. Toujours bref, excepté dans *aftrolābe*, & dans *crābe*, poiffon de mer.

ABLE. Bref dans tous les adjectifs : *aimăble*, *raifonnăble, capăble*, &c. Long dans la plupart des fubftantifs : *câble, fāble, diāble, rāble, fāble*; & dans ces verbes, *on m'accāble, je m'enfāble, il hāble.*

ABRE. Toujours long : *fābre, cinābre, il fe cābre, tout fe délābre.* Et cette fyllabe conferve fa longueur dans la terminaifon mafculine : *fe cābrer, délābré.*

Ac. Regle générale. Toute fyllabe, dont la derniere voyelle eft fuivie d'une confonne finale, qui n'eft ni *s*, ni *z*, eft breve : *făc, nectăr, fèl, fil, pŏt, tŭf*, &c.

Une fois pour toutes, faifons ici mention de cette autre Regle, qui eft fans exception. Toute fyllabe mafculine, qu'elle foit breve ou non au fingulier, eft toujours longue au pluriel : *des facs, des fels, des pôts*, &c.

On doit même étendre cette Regle jufqu'aux finguliers mafculins, dont la finale eft l'une des caractériftiques du pluriel : *le tēmps, le nêz*, &c.

ACE. Long dans *grāce, efpāce, on lāce* (ſ) *Madame, on la délāce, on entrelāce fes cheveux de perles.* Hors de là, toujours bref : *audăce, glăce, préfăce, tenăce, vorăce*, &c.

(ſ) Pourquoi *la* eft-il long dans *lacer* ? A caufe du primitif *lacqs.*

ACHE. Long dans (6) *lâche*, *tâche*, entre-
prife, *gâche*, *relâche*, *je mâche*, *on me fâche*.
Et la même quantité fe conferve avec la terminaifon mafculine : *mâcher*, *relâcher*, &c. Hors
de là, bref: *tâche*, fouillure, *mouftâche*, *vâche*,
il fe câche, &c.

ACLE. Long dans *il râcle*, & *il débâcle*. Hors
de là douteux : *orâcle*, *mirâcle*, *obftâcle*, *taber-
nâcle*, *fpectâcle*, &c.

ACRE. Long dans *âcre*, piquant ; mais bref
dans tout le refte : *Diâcre*, *nâcre*, *âcre* de terre,
le *Sâcre* du Roi, *fâcre* oifeau, &c.

ADE. Toujours bref, *aubâde*, *cafcâde*, *fâde* ;
il perfuâde, *il s'évâde*, &c.

ADRE. Bref dans *lâdre*. Long dans *câdre* ;
efcâdre, *cela ne câdre pas*. Et cette fyllabe eft
pareillement longue avec l'*E* fermé : *mâdré*,
encâdrer.

AFE. APHE. Toujours bref: *carâfe*, *épitâphe* ;
agrâffe, &c.

AFRE. AFFRE. Long dans *âffre*, frayeur, &
dans *bâfre*, mot bas. Ailleurs bref : *balâfre*,
fâfre, &c.

AFLE. Long : *râfle*, *j'érâfle*. Et la même
quantité fe conferve quand l'*E* fe ferme : *râfler*,
érâfler.

AGE. Long dans le mot, *âge*. Mais tellement bref dans tout le refte, qu'on appuie un
peu (7) fur la pénultieme.

(6) Pour montrer que ces fyllabes font longues, autrefois on écrivoit *lafche*, *tafche*, &c. Aujourd'hui du moins
on n'y doit pas oublier l'accent circonflexe ; *lâche*, *tâche*,
&c.

(7) *Pronunciationem habent talem, ut penultima fyllaba
producï potiùs quàm corripi dicenda fit ; fed tamen ita*

AGNE. Toujours bref, excepté ce seul mot;
je gāgne, *gāgner*.

AGUE. Toujours bref: *băgue*, *dăgue*, *văgue*,
il extravăgue, &c.

AI, fauſſe diphtongue, qui ne rend qu'un
ſon ſimple. Quand c'eſt le ſon d'un ɛ ouvert,
la ſyllabe eſt douteuſe: *vrăi*, *eſſăi*. Mais breve,
quand le ſon approche plus de l'ɛ fermé: *j'ăi*,
je chantăi.

AIE. Toujours long: *hāie*, *plāie*, *vrāie*, &c.
Voyez, ſous la terminaiſon *Éɛ*, la Regle
générale.

Mais elle n'a pas lieu à l'égard des mots,
dont la derniere ſyllabe eſt mouillée: cette
derniere ſyllabe alors n'étant pas compoſée de
l'ɛ muet tout ſeul, puiſqu'il y entre auſſi un ɪ.
Car l'ʏ dans *je paye*, *il bégaye*, tient lieu de
deux ɪ, dont l'un affecte une ſyllabe, & l'autre
une autre; comme ſi l'on écrivoit, *je pai-ĭe*, *il
bégai-ĭe*. Et peu importe que la derniere ſoit
féminine ou maſculine, la pénultieme n'en eſt
pas moins breve: *je păi-ĭe*, *il bégăi-ĭe*, *nous
păi-ĭons*, *vous bégăi-ĭez*, &c.

AIGNE. Toujours bref; *chatăigne*, *je dăigne*,
il ſe băigne, *on le ſăigne*, &c.

AIGRE. Toujours bref: *ăigre*, *măigre*.

AIL. Regle générale. Quand un mot finit par
ɪ mouillée, la ſyllabe eſt breve: *éventăil*, *ver-
mèil*, *avril*, *quenoũille*, *fautĕuil*.

AILLE. Bref dans *médăille*, & dans ces ver-
bes, *je détăille*, *j'émăille*, *je travăille*, *je băille*,
pour dire je donne. Mais long dans tout autre

ut aures hanc productionem vix ſentiant. Ainſi parle H.
Eſtienne dans ſes *Hypomneſes*, pag. 9. On peut en dire
autant des adjectifs terminés en *ABLE*.

mot

MOI, uand même l'ε devient fermé : *je râille ,*
tâille , il se débrâille , débrâillé , il rimâille ,
rimâilleur.

AILLET. AILLIR. Bref : *mäillet , päillet , jäil-*
lir , affäillir. On n'entend que l'*A* dans les pénultiemes , & l'*I* n'y est que pour mouiller la
consonne suivante : non plus que dans les deux
articles précédents, & dans le suivant.

AILLON. Bref dans *médäillon , batäillon ,*
nous émäillons , détäillons , traväillons. Hors de
là , il est long : *häillon , bäillon , pénäillon ,*
nous täillons , &c.

AIM. AIN. Voyelles nasales. Regle sans exception. Quand elles sont suivies d'une consonne
qui n'est pas la leur propre , c'est-à-dire, qui
n'est ni *M* , ni *N*, & qui commence une autre
syllabe , elles rendent longue la syllabe où elles
se trouvent : *jâmbe , jâmbon , crâinte , trêmbler ,*
pêindre , joîndre , tômber , hûmble , &c.

AIME. Cette terminaison , ainsi orthogra-
phiée , n'a lieu que dans le verbe *Aimer ,* où
elle est breve.

AINE. Long dans *hâine , châine , gâine , je*
trâine , & leurs dérivés. Hors de là , bref : *capi-*
tâine , fontâine , &c.

AIR. AIRE. Le premier est douteux au singulier : *l'âir, châir, éclâir, pâir, &c.* Le second
est long : *une âire , une pâire , châire , on m'é-*
clâire , &c.

AIS. AIX. AISE, AISSE. Tous longs : *palâis ,*
pâix , fournâise , qu'il plâise , câisse , qu'il se
repâisse , &c.

AIT. AITE. Brefs : *lâit , attrâit , il fâit , par-*
fâite , retrâite , &c. Il faut excepter , *il plâit ,*
il nâit , il repâit , fâite , sommet.

D.

AITRE. Toujours long : *traître*, *maître*, & autres terminaifons femblables, quoique l'orthographe foit différente, *paroître*, *connoître*, &c. Voyez ETRE.

ALE. ALLE. Toujours brefs : *cigăle*, *fcandăle*, *une mălle*, &c. Il en faut excepter (8) ces mots : *hāle*, *pāle*, *un māle*, *un rāle*, *il rāle*. Et quand la finale de ces mots eft mafculine, leur pénultieme conferve fa longueur : *hālé*, *pāleur*, *rāler*.

AM. AN. Voyez ci-deffus la Regle des nafales, où il faut ajouter que fi leurs propres confonnes, M, ou N, fe redoublent, cela rend breve la fyllabe à laquelle appartient la premiere des confonnes redoublées, qui demeure alors muette, & n'eft plus nafale : *épigrămme*, *qu'il prĕnne*, *confŏnne*, *perfŏnne*, &c. Il n'y a d'exception que *flāmme*, dont la pénultieme eft longue.

AME. Toujours bref : *Dăme*, *eftăme*, *răme*, *on le diffăme*, *un cerf qui brăme*, &c. Il en faut excepter *āme*, *infāme*, *blāme*, *il fe pāme*, *un Brāne Indien*.

Joignez-y les Aoriftes, *nous aimāmes*, *nous chantāmes*, & de même fous les autres terminaifons, *nous écrivīmes*, *nous répondīmes*, *nous reçūmes*.

ANE. ANNE. Toujours bref : *cabăne*, *orgăne*, *pănne*, &c. Il en faut excepter, *āne*, *crāne*, *les Mānes*, *de la mānne*, *une mānne*, & *je dānne*, *je condānne*, qu'il feroit plus régulier d'écrire, *damne* & *condamne*, non-feulement à caufe de l'étymologie, mais de peur que la confonne

___

(8) On y mettoit autrefois une *s* muette, *pafle*, *mafle*, ou la voyelle s'y redoubloit, *raale*, Aujourd'hui un accent circonflexe.

redoublée ne donne lieu de prononcer mal.

Ant. Voyez fous *Ain* la Regle des nafales. Mais dans ce mot, *comptant*, il y a cette différence, qu'employé comme gérondif, il eſt long : *je me fuis trompé en comptānt de l'argent ;* & il eſt bref, quand on l'emploie fubſtantivement, ou adverbialement : *il a du comptănt, j'aime à payer comptănt.*

Ap. Voyez la Regle fous *Ac.*

Ape. Appe. Toujours brefs : *Păpe, făpe, frăppe.* Exceptez *răpe,* & *răper,* où il eſt ouvert, & long.

Apre. Toujours long.

Aque. Toujours bref, à l'exception de *Păques,* & *Jācques.*

Ar. Voyez la Regle fous *Ac.*

Arbe. Regle générale. Toute fyllabe qui finit par *R,* & qui eſt fuivie d'une fyllabe commençant par toute autre confonne, eſt breve : *bărbe, bărque, bĕrceau, infirme, ŏrdre,* &c.

Are. Long : *barbāre, je m'égēre, je prépāre ;* &c. Mais quand la derniere fyllabe n'eſt plus muette, il redevient bref : *égăré, prépărant, barbărie,* &c.

Arre. Regle générale. Quelle que foit la voyelle qui précede deux *R,* quand les deux enfemble ne forment qu'un fon indivifible, la fyllabe eſt toujours longue : *ārrét, bārre, bifārre, tonnērre, éclōrre,* &c.

Ari. Arri. Toujours brefs : *mări, pări ; Mărie, barbărie.* Exceptez *hourvāri, māri, équāri.*

As. Ordinairement long, car il y a peu de mots ainfi terminés, où l'*A* ne foit très-ouvert,

foit qu'on prononce l's, comme dans *Pallas* ;
un *ās* ; foit qu'on ne le prononce point, comme dans *tas*, *gras*, *tu as*, *tu joueras*, &c.

Asᴇ. Toujours long : *bāfe*, *Pégāfe*, *emphāfe*,
extāfe, *rāfer*, &c. Regle générale, Qu'entre
deux voyelles dont la derniere eſt muette,
les lettres s & z , allongent la pénultieme :
bāfe, *extāfe*, *diocēfe*, *il pēfe*, *tēīfe*, *franchīfe*,
rōfe , *epoūfe* , *rāfe* , *recluſe* , &c.

Mais fi la fyllabe qui commence par une
de ces lettres, eſt longue de fa nature, elle
conferve fa quantité, & fouvent l'antépénul-
tieme devient breve : *il s'extāſie*, *pèſte*, *epoū-
ſte*, &c.

Asᴘᴇ. Regle générale. Une s prononcée ,
qui fuit une voyelle , & précede une autre
confonne , rend la fyllabe toujours breve :
jāſpe, *māſque*, *āſtre*, *burlēſque*, *funēſte*, *pīſte*,
rifque, *pōſte*, *brūſque* , *jūīſte*.

On a vu fous Aʀʙᴇ la même Regle.

Assᴇ. Bref, excepté dans les fubftantifs ,
bāſſe, *cāſſe*, *clāſſe*, *échāſſe*, *pāſſe*, *nāſſe*, *tāſſe*,
chāſſe de Saint, & *māſſe*, terme de jeu ; dans
les adjectifs féminins *bāſſe*, *grāſſe*, *lāſſe* ; & dans
ces verbes, *il amāſſe*, *enchāſſe*, *cāſſe*, *pāſſe*,
compāſſe, & *fāſſe*, avec leurs compofés.

Tous ces mots confervent leur quantité ,
lors même qu'au lieu de la terminaifon muette,
ils en prennent une mafculine : *chāſſis*, *cāſſer*,
pāſſer, &c.

Joignez-y la premiere & la feconde perfonne
du fingulier, avec la troifieme du pluriel, terminées en *āſſe*, *āſſes*, *& āſſent*, au Subjonctif :
Que j'aimāſſe , *que tu aimāſſes* , *qu'ils aimāſ-
ſent.*

At. Long dans (9) ces substantifs : *tāt* de mulet, *māt*, *appāt*, *dégāt* ; & dans les troisièmes personnes du singulier au Subjonctif ; *Qu'il aimāt*, *qu'il chantāt*, &c. Bref dans tous les autres substantifs, dans les adjectifs, & au Présent de l'indicatif : *avocăt*, *éclăt*, *plăt*, *chocolăt*, *on se băt*, &c.

Ate. Ates. Toujours brefs, excepté dans *hāte*, *pāte*, *il appāte*, *il gāte*, *il māte*, *il démāte* ; & dans les secondes personnes du pluriel, terminées en *âtes*, à l'Aoriste : *vous aimātes*, *vous chantātes*.

Atre. Attre. Brefs dans *quătre*, & dans *tăttre*, avec ses dérivés. Hors de là, toujours longs : *idolātre*, *théātre*, *opiniātre*, *emplātre*, &c.

Au, fausse diphtongue. Quand il forme une syllabe suivie de la terminaison muette, il est long : *āuge*, *āutre*, *āune*, *āube*, *tāupe*. Il est long pareillement, lorsque dans la derniere syllabe du mot il est suivi d'une consonne : *hāut*, *chāud*, *chāux*, *fāux*. Exceptez *Paul*. Mais il est douteux, quand il précede une syllabe masculine : *ăubade*, *ăudace*, *ăutonne*, *ăugmenter*, *ăuteur* ; & quand il est final : *Joyău*, *coteău*, &c.

Ave. Bref dans *răve*, *căve*, *on păve*, &c. Plus souvent long : *entrāve*, *grāve*, *conclāve*, &c. Mais lorsqu'au lieu de la voyelle muette, il en suit une masculine, l'*a* est bref : *grăvier*, *conclăviste*, *aggrăver*, &c.

(9) Aussi ces syllabes, & celles de la terminaison suivante, prenoient-elles toutes autrefois une *s* muette, *bast*, *mast*, *qu'il aimast*, *vous aimastes*. On n'y doit pas oublier aujourd'hui l'accent circonflexe.

Quand *brave* précede son substantif, il est bref, *un brăve homme* : mais long, s'il ne vient qu'après, *un homme brāve.*

AVRE. Toujours long : *cadāvre*, &c.

AX. AXE. Toujours brefs : *Ajăx*, *thorăx* ; *tăxe*, *parallăxe*, &c.

E

On distingue trois principales sortes d'*E* , qui expriment divers sons, & dont la différence est sensible dans *fermeté*, dans *honnêteté.* On appelle *E ouvert*, celui qui se présente le premier dans ces deux mots : *E muet*, celui du milieu ; *E fermé*, celui qui est à la fin. On ne met point d'accent sur l'*E* muet : on met l'aigu sur l'*E* fermé : on met le grave ou le circonflexe sur l'*E* ouvert, & souvent on n'y en met point du tout, comme ici sur la premiere syllabe de *fermeté.*

Quand on dit *E* féminin, cela regarde uniquement l'*E* muet ; & quand on dit *E* masculin , cela regarde indifféremment les deux autres.

A l'égard de l'*E* muet , il suffit d'en savoir deux choses : La premiere , Qu'il ne commence jamais un mot : La seconde , Qu'il ne se trouve jamais en plusieurs syllabes consécutives : ou que s'il s'y trouve, comme dans quelques mots composés, tels que *revenir*, *redevenir*, *entretenir*, c'est du moins ce qui n'arrive jamais à la fin d'un mot. Ainsi les verbes, dont la pénultieme est muette à l'Infinitif, comme *appeler*, *peser*, *mener*, *devoir*, *concevoir*, prennent dans les temps qui finissent par l'*E* muet, ou un *E* masculin, ou la diphthongue *oi. J'appelle* ,

Il peſe , il mene , ils doivent , ils conçoivent.
Prenez , ils prennent. Venez , qu'il vienne. On
dit *chapelain, chapelle : chandelier, chandelle ;*
celui , celle. Par la même raiſon , quoiqu'on
diſe , *j'aime, je chante,* nous diſons , *aimé-je,*
chanté-je ? Tel eſt le génie de notre langue ;
& l'on doit, ce me ſemble , conclure de ſon
uniformité ſur ce point , qu'elle ne ſe gouverne
nullement ſelon les loix d'un Uſage arbitraire
& aveugle ; mais qu'elle a, de temps immémorial, conſulté les principes de l'Harmonie ,
qui demandent , ou que la pénultieme ſoit fortifiée , ſi la derniere eſt muette; ou que la pénultieme ſoit foible , ſi la derniere eſt le ſiege
où ſe trouve le ſoutien de la voix.

Il n'eſt donc plus queſtion ici que de ce qui
regarde nos *e* maſculins. Celui qui eſt ouvert,
peut être plus ou moins ouvert. Il l'eſt peu
dans *ferme* : il eſt tout-à-fait dans *procès.* Le
moins ouvert eſt ſouvent bref : le très-ouvert
eſt toujours long.

EBLE. EBRE. EC. ECE. Toujours brefs : *hiè-*
ble , funèbre, bèc , nièce.

ECHE. Long, & très-ouvert dans *bêche ,*
lêche, griêche , pêche action de pêcher, *pêche*
fruit, *revêche , il empêche , il dépêche , il prêche.*
Bref, & peu ouvert dans *calèche , flèche , mè-*
che , crèche , ſèche , brèche , on pèche , lorſqu'il
ſignifie , on fait un péché.

ECLE. ECT. ECTE. EDE. EDER. Tous brefs :
ſiècle, reſpèct , inſècte , tiède , remède , céder ,
poſſéder , &c.

ÉE. Regle générale. Tous les mots qui finiſſent par un *e* muet , immédiatement précédé
d'une voyelle , ont leur pénultieme longue :

penſée, armée ; je lie, je me ſie ; jôie , j'envôie ; je lôue , il jôue ; la nüe , la rüe.

Mais , ſi dans tous ces mêmes mots, l'ε muet ſe change en un ε fermé , alors la pénultieme , de longue qu'elle étoit , devient breve : *lier , jôyeux , lôuer , nüer* , &c.

EÉ. Regle générale. Quand une voyelle finit la ſyllabe , & qu'elle eſt ſuivie d'une autre voyelle qui n'eſt pas l'ε muet , la ſyllabe eſt breve : *créé , ſéal , aſtion , hâir , doüé , tüer* , &c.

EF. EFFE. Le premier eſt bref : *chif , bref.* Le ſecond eſt long : *grêffe.*

EFFLE. Il eſt long dans *nêffle*, & bref dans *trêffle.*

EGE. EGLE. Le premier long : *ſacrilége , collége , ſiége* , &c. L'autre bref : *règle , ſeigle* , &c.

EGNE. EIGNE. Le premier eſt douteux : *régne , doigne.* L'autre bref : *pêigne , enſêigne , qu'il ſêigne* , &c.

EGRE. EGUE. Brefs : *Nègre , intègre , bègue , collègue , il allègue* , &c.

EIL. EILLE. Brefs : *Solêil , sommêil , abêille.* Voyez la Regle ſous AIL. Il n'y a d'exception ſous EILLE , que *vieille , vieillard , vieilleſſe.*

EIN. EINT. Voyelles naſales.

EINE. Bref : *vêine , pêine* , &c. Ce ſeul mot, *Rêine* , eſt long.

EINTE. Toujours long : *attêinte , dépêinte , ſêinte* , &c.

EITRE. Nous n'avons qu'un mot ainſi terminé , *Rêitre* , long.

EL. Toujours bref : *ſêl , autêl , cruêl.*

EL. ELLE. Long (1) dans *zêle , poêle , frêle ;*

(1) Voilà pourquoi anciennement toutes ces longues prenoient une *s* muette , *poêſle , meſle* , &c. Exceptez *zêle* , dont l'orthographe a toujours ſuivi l'étymologie.

pêle-mêle, grêle, il se fêle, mouton qui *bêle.*
Hors de là, bref : *modèle, fidèlle, rebèlle, mor-*
tèlle, &c.

EM. EN. Je n'ajoute rien ici à la Regle des
voyelles natales, si ce n'est que la consonne
finale est sonore dans ces mots : *itĕm, Béthléĕm,*
amĕn, hymĕn, examĕn, &c.

EME. Douteux dans *crème.* Bref dans *je sème,*
il sème. Long par-tout ailleurs : *baptême, chrê-*
me, même, &c.

ENE. ENNE. Longs, dans *chêne, cêne, scêne,*
gêne, alêne, rêne, frêne, arêne, pêne, & dans
les noms propres, *Athênes, Diogêne, Mécêne,*
&c. Bref dans *phénomène, ébène, étrènne, qu'il*
prènne, apprènne, & par-tout où la consonne
est redoublée.

EPE. EPRE. Toujours longs : *guêpe, crêpe, Vê-*
pres. Exceptez *lèpre.*

EPTE. EPTRE. Toujours brefs : *précĕpte, il*
accĕpte, scĕptre, spĕctre.

EQUE. ECQUE. Long dans *Evêque,* & *Arche-*
vêque. Bref hors de là : *Grĕcque, bibliothĕque,*
obsĕques, &c.

ER. Il est bref dans *Jupitĕr, Lucifĕr, éthĕr,*
chĕr, clĕrc, cancĕr, patĕr, magistĕr, fratĕr, &
quelques autres, ou noms propres, ou noms
étrangers. Il est bien plus ouvert, & long,
dans *fêr, enfêr, légêr, mêr, amêr, hivêr.* Il est
douteux dans les Infinitifs, lorsqu'on fait sonner
l'R avec la voyelle suivante, comme il le faut
toujours en lisant des vers.

ERBE. ERCE. ERSE. ERCHE. ERCLE. ERDE.
ERDRE. Tous brefs. Voyez sous la terminaison
ARBE la Regle générale.

ERD. ERT. Douteux, *il pĕrd, concĕrt, ouvĕrt,*
désĕrt, &c.

D v

ERE. Douteux, & l'*E* un peu ouvert : *chimère, père, sincère, il espère,* &c. Long au pluriel de l'Aoriste : *ils allèrent, ils parlèrent,* &c.

ERGE. ERGUE. ERLE. ERME. ERNE. ERPE. Tous brefs. Regle générale sous la terminaison ARBE.

ERR. Toujours long, suivant la Regle générale, quand les deux *R* ne forment qu'un son indivisible, comme dans *guèrre, tonnèrre, nous vèrrons :* mais bref, lorsqu'elles se font entendre chacune séparément, comme dans *èrreur, tèrreur, èrrant, èrronné, èrrata.*

ERTE. ERTRE. ERVE. Voyez la Regle sous la terminaison ARBE.

ESSE. Long dans *Abbèsse, profèsse, confèsse, prèsse, comprèsse, exprèsse, cèsse, lèsse, on s'emprèsse, il profèsse.* Hors de là bref : *tendrèsse, parèsse, carèsse,* &c.

ESQUE. ESTE. ESTRE. Voyez ASPE.

ET. Long (2) dans *arrêt, benêt, forêt, genêt, prêt, apprêt, acquêt, intérêt, têt, protêt, il êst.* Hors de là, bref : *cadèt, bidèt, èt* conjonction, *sujèt, hochèt,* &c.

ETE. Long dans *bête, fête, arbalête, boête, tempête, quête, conquête, enquête, requête, arête, crête, tête.* Bref par-tout ailleurs, & le *T* s'y redouble, à moins que l'étymologie ne le défende : *prophète, poète, comête, tablètte, houlètte, il tètte, il cachètte,* &c.

Honnête, bref dans *honnête homme,* mais long dans *un homme honnête,* &c.

---

(2) Tout ce qu'il y a de long dans cet article, & dans les deux suivans, s'écrivoit autrefois avec une s muette, qui ne s'est conservée que dans *est,* troisieme personne du verbe *être,* au Présent de l'Indicatif.

Vous êtes, feconde perfonne du Verbe *être*, au préfent de l'Indicatif, eſt au gré du Poëte, long, ou bref.

Ētre. Long dans *ētre*, *falpētre*, *ancētre*, *fenē-tre*, *prētre*, *champētre*, *hētre*, *chevētre*, *guētre*, *je me dépētre*. Bref par-tout ailleurs, & le т s'y redouble, à moins que l'étymologie ne s'y oppofe : *diamētre*, *il pénētre*, *lēttre*, *mēttre*, &c.

Eu, diphtongue oculaire, qui ne forme qu'un fon unique. Bref au fingulier : *fĕu*, *blĕu*, *jĕu*, &c.

Eve. Long dans *trēve*, *la grēve*, *il rēve* ; & la pénultieme de ce verbe demeure longue dans tous fes temps : *rēver*, *je rēvois*. Douteux dans *fĕve*, *brĕve*, *il achĕve*, *il crĕve*, *il fe lĕve* ; & la pénultieme de ces verbes, fuivie d'une fyllabe maſculine, devient muette, *achever*, *il fe levoit* ; *il creva*. Voyez page 78.

Euf. Bref : *vĕuf*, *nĕuf*, *un ŏuf*, *un bŏuf*. On prononce l'ғ dans tous ces mots au fingulier, mais non, au pluriel, fi ce n'eſt dans *veuf*.

Euil. Voyez Ail.

Eule. Long dans *mēule*, & *vēule*. Hors de là, bref : *fĕule*, *guĕule*, &c.

Eune. Il eſt long dans *jēune*, abſtinence ; & bref dans *jĕune*, qui n'eſt pas vieux.

Eur. Eure. Le premier eſt bref au fingulier : *odĕur*, *pĕur*, *majĕur* ; & long au pluriel : *odēurs*, &c. Mais le fecond eſt douteux ; car fi le mot en fait néceſſairement attendre un autre, la fyllabe eſt breve : *une hĕure entiere*, *la majĕure part* ; & s'il ne fait rien attendre, elle eſt lon-gue : *cette fille eſt majēure*, *j'attends depuis une h ure*.

Evre. Douteux : *lĕvre*, *chĕvre*, *liĕvre*, *orfĕ-vre*, &c.

Eux. Euse. Long : *deux , précieux , précieuse ;*
Quéteuse , creuser.

Ex. Toujours bref : *exemple , extirper , sexe ,*
perplex. Voyez Ax.

I

Une obfervation , que l'on a déja pu faire ,
mais qui deviendroit encore plus fenfible dans
les trois voyelles , dont il refte à parler , c'eft
que le nombre des breves l'emporte de beaucoup fur celui des longues. Pour abréger donc,
je fupprimerai déformais toutes les terminaifons , fous lefquelles il ne fe trouve que des
breves.

Idre. Long : *Hidre , cidre.* On écrit *Hydre ,*
à caufe de l'étymologie.

Ie. Diphtongue. Douteux : *miel , fiel , fier ,*
amitié , moitié , cantere , pouffière , rien , mien ,
Dieu , &c.

Ie , diffyllabe. Long : *vie , faisie , il pie ,* &c.
Voyez la Regle générale , fous la terminaifon
Ee , ci-deffus.

Ien. Quand il eft diffyllabe , les deux fyllabes font breves : *lien , Parisien.* Quand il eft
diphtongue , la fyllabe eft douteufe , *le mien ,*
foutien , rien.

Ige. Douteux : *tige , prodige , litige , vestige ,*
je m'oblige , il s'afflige , &c. Mais bref dans les
temps de ces verbes , qui ne finiffent point par
un E muet : *s'obliger , s'affliger ,* &c.

Ile. Long : dans *île , huile , style , tuile* &
prefqu'île.

Im. In. ** Voyez fous Aim.

<hr/>

** Henri Eftienne , dans fes *Hypomnefes ,* page 41 ,
traite de Frence outrée les Rimes de *Vain ,* & *Vin ,* de
Pain , & *Pin.*

IME. Long dans *abyme*, & *dîxme*. Joignez-y ces pluriels de l'Aoriste : *nous vîmes, nous répondîmes*, &c.

IRE. Douteux : *empîre, Sîre, écrîre, il soupîre*. Long à l'Aoriste : *ils punîrent, ils fîrent*, &c. Mais bref devant le masculin : *soupîrer, desîrer.*

ISE. Long : *remîse, surprîse, j'épuîse, Qu'ils lîsent, ils dîsent.* Voyez ASE.

ISSE. Toujours bref, excepté dans le Subjonctif : *Que je fîsse, que tu écrivîsses, qu'ils fîssent*, &c.

IT. Il n'est (3) long qu'au subjonctif : *Qu'il dît, qu'il fît.*

ITE. Long dans *ténîte, gîte, vîte*, & dans ces secondes personnes de l'Aoriste : *vous fîtes, vous vîtes.*

ITRE. Long dans *epître, huître, regître*. Que si l'on écrit *regîstre*, qui est le plus régulier, alors la pénultieme est breve.

IVE. Long dans les adjectifs féminins, dont les masculins se terminent en IF : *tardîve, captîve, Juîve*, &c.

IVRE. *Vivre*, substantif, long.

O

Quand il commence le mot, il est fermé ; & bref, excepté dans *ôs, ôser, ôsier*, & *ôter*, où il est ouvert, & long : aussi-bien que dans *hôte*, quoiqu'on dise *hôtel*, & *hôtellerie.*

OBE. Long, & ouvert dans *glôbe*, & *lôbe*. Bref, & fermé ailleurs.

(3) Autrefois on écrivoit *qu'il fîst, qu'il dîst*. On doit remplacer l'*s* par un accent circonflexe.

ODE. Long dans *je rôde*. Bref par-tout ailleurs: *môde*, *antipôde*, &c.

OGE. Long dans ce seul mot, *le Dôge*, & bref hors de là : *élôge*, *horlôge*, *on dérôge*.

OI, diphtongue. Douteux à la fin du mot: *Rôi*, *môi*, *emplôi*, &c.

OIE. Long : *jôie*, *qu'il vôie*, &c.

OIENT. Long. Terminaison des troisiemes personnes du pluriel, dans quelques temps des verbes où il n'est pas diphtongue : *ils avôient*, *ils chantôient*; au lieu que le singulier est bref: *il avôit*, *il chantôit*.

OIN. Voyez la Regle des nasales.

OIR. OIRE. Le premier, douteux : *espôir*, *tendir*, &c. L'autre, long, *bôire*, *glôire*, *mémôire*, &c.

OIS. Toujours long, soit que la diphtongue s'y fasse sentir, comme dans *fôis*, *bourgeôis*, *Danôis* ; soit que ces lettres ne rendent que le son de l'E ouvert, comme dans (4) certains temps des verbes : *j'étôis*, *je chanterôis* ; & dans certains noms de nation : *un Françôis*, *les Anglôis*.

OISE. OISSE. OITRE. OIVRE. Tous longs : *frambôise*, *parôisse* substantif, *clôitre*, *pôivre*, &c. De ces quatre terminaisons, la seconde & la troisieme ne sonnent que comme l'E ouvert, dans tous les temps de ces deux verbes, *parôitre*, & *connôitre*, avec leurs dérivés.

OIT. Long dans *il parôit*, *il connôit*, & *il crôit*, venant de *crôitre*.

OLE. Toujours bref, excepté dans ces mots :

---

(4) Par la Grammaire de Ramus, qui vouloit conformer son orthographe à la prononciation de son temps, nous voyons qu'alors on prononçoit, *j'étois*, *je chantesses*, *Polonois*, &c. Car voilà comme il orthographie.

drôle , pôle , geôle , môle , rôle , contrôle , il en-
jôle , il enrôle.

Pour mettre de la différence entre *il vole*, il
vole en l'air , & *il vole* , il dérobe , plusieurs
le font long dans le dernier sens.

OM. ON. Voyez la Regle des nasales sous la
terminaison AIN.

OME. ONE. Long : *atôme , axiôme , phantôme ;*
matrône , Amazône , thrône , prône , aumône ,
&c. *Rôme* est à excepter. Pour les mots où la
consonne est redoublée , ils suivent la Regle
générale , *sŏmme , pŏmme; consŏnne ,courŏnne.*

ONS. Toujours long : *nous aimôns , sŏnds ,*
pônts , &c. Regle des pluriels.

OR. Toujours bref : *castŏr , butŏr , encŏr ,*
sonner du cŏr, un cŏr au pied , bŏrd , effŏrt. Mais
suivi d'une *s* , il est long : *hŏrs , alŏrs , tr ésrs ,*
le cŏrps , &c. Voyez AC.

ORE. ORRE. Longs : *encôre , pécôre , Aurôre ,*
éclôrre. Mais avec cette différence , que les pénultiemes des verbes où il n'y a qu'une *R* , &
qui font longues au Présent de l'Indicatif, *je*
décôre , elle s'évapôre, deviennent breves , quand
elles font suivies d'une terminaison masculine :
décŏré , évapŏré ; au lieu que l'*R* étant redoublée , ces pénultiemes demeurent longues :
j'éclôrrois , j'éclôrrai.

OS. OSE. Longs : *ŏs , propôs ; dôse , chôse ,*
il ôse. Voyez AS , & ASE.

OSSE. Long dans *grôsse , fôsse , endôsse ; il*
désôsse , il engrôsse ; & si la suivante devient
masculine , ces mots gardent leur quantité :
fôssé , endôsser , grôsseur , grôssesse , &c.

OT. Long (ʃ) dans *impôt , tôt , dépôt , entre-*
pôt , suppôt , rôt , prévôt.

(ʃ) Pour marquer la longueur de ces mots , & de ceux

OTE. Long dans *hôte, côte, maltôte, j'ôte.*
Et la quantité des trois derniers eſt la même
devant une finale maſculine : *côté, maltôtier,*
&c.

OTRE. Nous n'avons que trois mots ainſi
terminés, *Apôtre, nôtre,* & *vôtre.* Quant au
premier il eſt toujours long. Pour les deux
autres, ils ſont douteux : non que leur briéveté ou leur longueur ſoit arbitraire, car elle
dépend de la place qu'ils occupent. Ils ſont
brefs, quand ils précèdent leurs ſubſtantifs ;
& longs, quand ils ſuivent l'article. On dit :
Je ſuis vôtre ſerviteur. On répond : *Et moi le
vôtre. C'eſt-là vôtre avis, mais le nôtre eſt que,*
&c. *Les nôtres ſont excellents, mais les vôtres ne
valent rien.*

Quand on voudra étudier d'où vient cette
différente prononciation du même mot, il ne
ſera pas difficile de voir que cela dépend des
principes établis ci-deſſus, au ſujet de l'E muet.
Si la finale eſt muette, comme dans cette
phraſe, *je ſuis le vôtre,* après laquelle mon
oreille n'attend plus rien, alors la voix a beſoin
d'un ſoutien ; & ne le trouvant pas dans la
finale, elle le prend dans la pénultieme.
Mais dans cette autre phraſe, *je ſuis votre
ſerviteur,* où j'attends néceſſairement le ſubſtantif de *vôtre,* ce ſubſtantif eſt deſtiné à ſou-
tenir ma voix, parce qu'il ne m'eſt pas permis de mettre le moindre intervalle entre *votre*
& *ſerviteur.*

qui ſont dans l'article ſuivant, autrefois on y mettoit une
s muette : *impoſt, roſt, ſuppoſt, hoſte, coſte.* Et dans
les brefs on a toujours redoublé la conſonne : *hotte,
cotte,* &c.

Peut-être n'y a-t-il point de principe qui
ait plus d'étendue que celui-là dans notre Profodie. On en a déja vu beaucoup d'autres appli-
cations. Une fyllabe douteufe, & qu'on abrége
dans le cours de la phrafe, eft allongée, fi
elle fe trouve à la fin. Quelquefois même,
& dans le difcours ordinaire, auffi-bien que
dans la déclamation, une longue devient breve
par la tranfpofition du mot : car on dit, *un*
homme honnête, un homme brave : mais on dit,
un brave homme, un honnête homme. J'ai déja
rapporté ces deux exemples ailleurs. Mais combien d'autres obfervations faudroit-il pour dé-
eiminer quand, & où la pofition change la
quantité ?

OUDRE. OUE. Long : *poudre, moudre, réfôu-*
dre, &c. *lôue, jôue, il lôue,* &c. Mais fuivis
d'une terminaifon mafculine, ils deviennent
brefs : *poudré, moulu, roué, lôué.*

OUILLE. Long dans *rôuille, il dérôuille, j'em-*
brôuille, il débrôuille. Mais bref, quand la terminaifon devient mafculine : *rôuiller, brôuillon.*

OULE. Long dans *môule, elle eft fôule, il fe*
fôule, il fôule, la fôule, il rôule, écrôule.

OURE. OURRE. Le premier eft douteux :
bravdure, ils côurent. Le fecond eft long : *de la*
bôurre, il bôurre, il fôurre, qu'il côurre. Mais la
fyllabe féminine devenant mafculine, alors la
précédente eft breve, contre la Regle générale
rapportée fous la terminaifon ARRE : *côurrier,*
bôurrade, rembôurré, &c. Ajoutons le futur de
l'Indicatif, & l'imparfait du Subjonctif, *je môur-*
rai, je côurrai, je môurrois, je côurrois, où chacune des deux R fe fait entendre.

OUSSE. Long dans *je pôuffe,* & bref dans

tout le reſte ; auſſi-bien que dans les terminaiſons, qui en ſont formées , comme *tŏuſſer* , *cŏuſſin* , &c.

OUT. Long dans *Aŏut* , *cōut* , & *gōut* , & *mōut*.

OUTE. Long dans *abſōute* , *jōute* , *crōute* ; *vōute* , *il cōute* , *il brōute* , *je gōute* , *j'ajōute*. Mais le plus ſouvent bref au maſculin : *ajŏuter* , *cŏuter* , &c.

OUTRE. Long dans *fōutre* , & dans *cōutre* : bref par-tout ailleurs.

U

Il ne s'agit ici que de l'*u* voyelle ; car l'*v* conſonne , par lui-même , ne produit aucun ſon , qui puiſſe être l'objet de la Quantité.

UCHE. Dans *bûche* , *embûche* , *on débûche* , l'*u* eſt long. Mais il devient bref dans *bûcher* , *débûcher* , &c.

UE, diphtongue, qui ne ſe trouve que dans *échelle* , où elle eſt auſſi breve que peut l'être une vraie diphtongue.

UE , diſſyllabe. Toujours long : *vūe* , *tortūe* , *nūe* , *je diſtribūe* , &c.
Voyez la Regle générale ſous la terminaiſon ÉE , ci-deſſus.

UGE. Douteux : *délŭge* , *refŭge* , *jŭge* , *ils jŭgent* ; & abſolument bref , quand la ſyllabe devient maſculine : *jŭger* , *réfŭgier* , &c.

UI , diphtongue. Bref devant une ſyllabe maſculine : *bŭiſſon* , *cŭiſine* , *rŭiſſeau* , &c.

UIE. Long : *plŭie* , *trŭie* , *il s'ennŭie* , &c. Voyez la Regle générale ſous la terminaiſon ÉE , ci-deſſus.

ULE. Long dans le verbe , *brûler*.

Um. Un. Voyez fous Ain, la Regle générale des nafales.

Umes. Long dans les premieres perfonnes
de l'Aorifte au pluriel : *nous reçûmes, nous ne
pûmes*, &c.

Ure. Long : *augûre, verdûre, parjûre, on
affûre*, &c. Long à l'Aorifte : *ils fûrent : ils
voulûrent.* Mais bref devant le mafculin, *augû-
rer, parjûrer*, &c.

Use. Toujours long : *Mûfe, excûfe, inclûfe,
rûfe, je récûfe*, &c. On dit pareillement, *rûfé.*
Mais on dit, *excûfer, refûfer, récûfer*, &c.

Usse. Au lieu que la terminaifon Uce, réfer-
vée pour des fubftantifs, eft toujours breve,
pûce, aumûce, aftûce; celle-ci, à l'exception
de quelques noms propres, comme *la Pruffe,
les Ruffes*, où elle eft breve auffi, n'a lieu que
dans les verbes, où elle eft toujours longue :
Que je pûffe, que je connûffe, qu'ils accourûffent.

Ut. Bref dans tous les fubftantifs, excepté
fût, tonneau, & *affût.* Bref dans tous les verbes à l'Indicatif, *il fût, il vécût*, &c. Mais long
au Subjonctif, *Qu'il fût, qu'il mourût.*

Ute. Utes. Bref dans tous les fubftantifs,
excepté *flûte.* Mais toujours long dans les verbes : *vous lûtes*, &c.

RÉCAPITULATION.

Pourroit-on encore, après avoir vu tant
d'analogies fi marquées, fi palpables,
douter que notre Profodie n'ait fes principes, qu'il feroit fou d'attribuer au caprice ? Car le caprice ne connoît rien

d'uniforme, rien d'immuable. Mais, pour asseoir là-dessus un jugement plus certain, il est à propos de rassembler ici les Regles éparses dans cette longue liste qu'on vient de parcourir.

1. Page 70. *Toute syllabe, dont la derniere voyelle est suivie d'une consonne finale, qui n'est ni* s, *ni* z, *est breve.*

2. Page 70. *Toute syllabe masculine, qu'elle soit breve ou non au singulier, est toujours longue au pluriel.*

3. Page 70. *Tout singulier masculin, dont la finale est l'une des caractéristiques du pluriel, est long.*

4. Page 72. *Quand un mot finit par* l *mouillée, la syllabe est breve.*

5. Page 73. *Quand les voyelles nasales sont suivies d'une consonne qui n'est pas la leur propre, c'est-à-dire, qui n'est ni* m, *ni* n, *& qui commence une autre syllabe, elles rendent longue la syllabe où elles se trouvent.*

6. Page 74. *Quand les propres consonnes des voyelles nasales, c'est-à-dire,* m, *ou* n, *se redoublent, cela rend breve la syllabe à laquelle appartient la premiere des consonnes redoublées, qui demeure alors muette, & n'est plus nasale.*

7. Page 75. *Quelle que soit la voyelle*

qui précede deux R *, quand les deux ensemble ne forment qu'un fon indivifible,
la fyllabe eft toujours longue.*

8. Page 76. *Entre deux voyelles, dont
la derniere eft muette, les lettres* S, *&* Z,
allongent la fyllabe.

9. Pages 75, & 76. *Une* R, *ou une* S,
*prononcées, qui fuivent une voyelle, &
précèdent une autre confonne, rendent la
fyllabe toujours breve.*

10. Page 79. *Tous les mots qui finiffent par un* E *muet, immédiatement précédé d'une voyelle, ont leur pénultieme
longue.*

11. Page 80. *Quand une voyelle finit
la fyllabe, & qu'elle eft fuivie d'une autre
voyelle, qui n'eft pas l'*E *muet, la fyllabe
eft breve.*

Je ne réponds pas que ces Regles foient
toutes fans exception. Tant de combinai-
fons auroient demandé plus de lumieres,
&, s'il faut que je m'accufe moi-même,
plus de patience que je n'en ai. Ce n'eft
pas que je me reproche d'avoir trop peu
confulté : mais je doute encore fouvent.
Je n'ai guère trouvé mes Oracles d'accord entre eux, & j'ai eu de plus à me
défier de mes premieres impreffions. Vaugelas, éternellement digne de marcher

à la tête de ceux qui ont le mieux connu, & le mieux servi notre Langue,
n'avoit-il pas toute sa vie conservé (6)
l'accent de sa nourrice ? Quelle leçon
pour moi personnellement ! Combien
dois-je avoir fait de fautes ? Mais j'espere
que d'habiles gens se feront un devoir
de les relever , & qu'enfin , puisque
nous avons certainement une Prosodie ,
on parviendra tôt ou tard à la bien
connoître.

Pour finir sur ce qui regarde la Quantité , voici ceux de nos *Homonymes*,
dont elle sert à distinguer les différentes
significations : & de peur qu'on ne s'y
méprenne , le latin accompagnera le
françois.

(6) Voiture, dans une de ses Lettres à
Mademoiselle de Rambouillet , parlant du danger qu'il avoit couru dans un lieu du Piémont,
où il y avoit une garnison Espagnole : *On m'a ,
dit-il, interrog: J'ai dit que, j'étois Savoyard;
& pour passer pour tel, j'ai parlé le plus qu'il m'a
été possible, comme M. de Vaugelas. Sur mon mauvais accent , on m'a laissé passer.* Voiture, sans
doute, vouloit plaisanter, à son ordinaire : mai.
sans doute aussi , ce n'étoit pas sans quelque
fondement,

âcre, acer.	âcre, jugerum.
alêne, subula.	haleine, spiritus.
bâiller, oscitare.	bailler, dare.
bât, clitellæ.	il bat, verberat.
bâteleur, ludio.	batelier, navita.
beauté, forma.	botté, ocreatus.
bête, pecus.	bette, beta.
boîte, pyxis.	il boîte, claudicat.
bond, saltus.	bon, bonus.
chair, caro.	cher, carus.
châsse, capsa.	chasse, venatio.
clair, clarus.	clerc, clericus.
corps, corpus.	{ cor, cornu. / cor, gemursa.
côte, costa.	
côte, collis.	{ cotte, crocota.
cuire, coquere.	cuir, corium.
faîte, culmen.	{ faite, facta.
fête, festum.	
faix, onus.	fait, factum.
le foie, jecur.	{ la foi, fides. / le fouet, flagrum.
une fois, semel.	
forêt, silva.	forêt, terebra.
je goûte, gusto.	une goutte, gutta.
grave, gravis.	je grave, scalpo.
hâle, solis ardor.	halle, forum.
hôte, hospes.	hotte, sporta.
jeûne, jejunium.	jeune, juvenis.
lacs, laqueus.	lac, lacus.
legs, legatum.	{ laid, deformis. / lait, lac.
lis, lilium.	lit, cubile.
maître, magister.	mettre, ponere.

mâle, mas.
mâſſe, luſoris pignus.
mât, malus.
mâtin, canis.
mois, menſis.
mûr, maturus.
il naît, naſcitur.
il n'eſt, non eſt.
pâte, farina depſita.
pâume, palma.
pêcher, piſcari.
pêcher, perſica.
pêne, peſſulus.
rôt, caro aſſo.
fâs, cribrum.
fcêne, fcena.
cêne, cœna.
tâche, conatus.
tête, caput.
vêrs, metrum.
vêrs, versùs.
vître, vitrum.

mâlle, area.
mâſſe, moles.
mâ, mea.
mâtin, mane.
môi, ego.
mûr, murus.
nêt, nitidus.
pâtte, pes.
pômme, malum.
pêcher, peccare.
pêlne, pœna.
rôt, ructus.
fâ, fua.
{ faîne, fana.
{ la Seîne, Sequana.
tâche, macula.
têtte, mamma.
vêr, vermis.
vêrd ou vert, viridis.

ARTICLE CINQUIEME.

Utilité de la Proſodie.

Puisque la Proſodie nous enſeigne la juſte meſure des ſyllabes, elle eſt donc utile, elle eſt néceſſaire pour bien parler. Mais ce ſeroit parler très-mal, que d'en obſerver les regles avec une exactitude,

qui

qui laiſſeroit entrevoir de l'affeſtation, ou de la contrainte. Tout reſpire une aimable liberté dans la converſation des honnêtes-gens. Vivacité & douceur, c'eſt ce qui fait le caraſtere du François, & il faut que ſon caraſtere ſe retrouve dans ſon langage. Auſſi ceux qui formè- rent peu à peu notre Langue, ſe propo- ferent-ils évidemment ces deux fins. Pour la rendre vive, ou ils ont abrégé les mots empruntés du Latin; ou, lorſqu'ils n'ont pu diminuer le nombre des ſyllabes, du moins ils en ont diminué la valeur, en faiſant breves la plupart de celles qui étoient longues. Pour la rendre douce, ils ont multiplié l'*E* muet, qui rend nos éliſions coulantes : & comme les articles & les pronoms reviennent ſouvent, ils en ont banni (7) l'*hiatus*, jugeant une cacophonie pire qu'une irrégularité.

Toutes les ſyllabes paroiſſent breves dans la converſation. Cependant, ſi l'o- reille ſe rend attentive, elle ſent que la Proſodie eſt obſervée par les perſonnes qui parlent bien. Les femmes, ordinai- rement, parlent mieux que les hommes.

(7) *L'épée* pour *la épée. Mon amitié*, pour *ma amitié.* Impetratum eſt à conſuetudine, ut pec- care ſuavitatis cauſâ liceret. *Orat* 47.

E

Si l'on en croit Cicéron, cela vient de ce qu'étant (8) moins répandues, elles conservent plus fidélement l'accent d'une bonne éducation, & risquent moins de le corrompre par un accent étranger. Cette raison pouvoit être bonne pour les Dames Romaines ; mais il y en a une meilleure pour celles de la Cour & de Paris : c'est qu'elles ont les organes plus délicats que nous, & plus d'habitude à discerner ce qui plaît, ou ne plaît pas.

Plus la prononciation est lente, plus la Prosodie devient sensible. On lit plus lentement qu'on ne parle ; ainsi la Prosodie doit être plus marquée dans la lecture ; & bien plus encore au Barreau, dans la Chaire, sur le Théâtre. Mais les bornes que je me suis prescrites, ne permettent pas que je m'arrête à ce qui distingue la conversation, la lecture, la déclamation ; & je ne considere l'utilité de la Prosodie, que par rapport à la Poésie & à l'Eloquence.

I.

Quand j'ai parlé de nos vers mesurés à la maniere des Grecs & des Latins, j'ai seulement voulu en conclure que no-

(8) *De Orat.* liv. III, chap. 21.

tre Profodie avoit été fort connue dès le
temps de Charles IX. Je n'ai prétendu
dire, ni que cette forte de verfification
fût poffible en notre Langue : ni, en la
fuppofant poffible, qu'elle nous convînt.

Premiérement, elle ne me paroît pas
poffible. Car, quoique notre Langue
nous fourniffe des longues & des breves,
ce n'eft pas avec le pouvoir de les placer à notre gré. Telle eft la conftruction
de nos phrafes, que l'ordre naturel y
doit être toujours obfervé, en vers comme en profe. On fait marcher le nominatif avant le verbe ; il faut que l'adjectif
touche immédiatement le fubftantif, avant
ou après ; & lors même qu'en faveur de
la netteté, ou de l'énergie, nous faifons
de légeres inverfions, elles ont auffi leurs
regles, qui nous ôtent la liberté de les
gliffer où il nous plaît. Un de nos Poëtes
n'eft donc pas maitre d'arranger fes paroles comme bon lui femble, pour attraper la mefure dont il a befoin : & quand,
par hafard, il auroit rencontré la mefure
d'un vers Saphique, ou Alcaïque, ce n'eft
pas à dire qu'il pût en faire un fecond,
ni, à plus forte raifon, une Ode entiere,
comme les Poëtes du feizieme fiecle l'a-
voient entrepris. Parmi plus de mille vers

mefurés, que j'ai eu la curiofité de lire,
je n'en ai pas trouvé un feul de bon, ni
même de fupportable.

Mais en fecond lieu, quand même les
vers mefurés feroient pour nous quelque
chofe de poffible , & , fi l'on veut de
facile : où Jodelle & Baïf avoient-ils
pris que cette efpèce d'harmonie nous
convìnt ? Quand, dis-je , notre Langue
nous permettroit de faire des vers mefurés , fur quel fondement a-t-on voulu que
les mefures des Grecs (9) fuffent auffi les
nôtres ? Il eft aifé de voir que nos François, il y a cent cinquante ans, n'étoient
point encore affez en garde contre les
abus de l'érudition, qui ne faifoit proprement que de naître chez eux. L'érudition,
fans doute, eft néceffaire pour former,
& pour affûrer le goût : mais le goût,
à fon tour eft néceffaire pour digérer
l'erudition, fi j'ofe ainfi parler, & pour
empêcher que l'efprit ne convertiffe en
poifon ce qui eft deftiné à être fa plus
faine nourriture. On doit également

(9) Vers *coriambique-dimétre-hypercatalectique.*
Vers *dactylo-trochaïque-tétrametrebrachycatalecti-*
que. Termes employés par Baïf. Peut-on rien
imaginer de plus burlefque dans la bouche d'un
François ?

craindre, & l'ignorance, & le pédantif-
me. Ceux qui négligent de s'inftruire avec
l'Antiquité, rifquent d'être bien neufs
toute leur vie : & ceux qui ne veulent
connoître que l'Antiquité, ne font jamais,
ni de leur temps, ni de leur nation.

Voyons donc en quoi, & jufqu'à quel
point nous pouvons tourner à nos ufages,
les fecours que nos Anciens tiroient de
leur Profodie. Il eft clair que fa vertu
confifte dans ce qu'ils appeloient le
Rythme, c'eft-à-dire, *l'affemblage de plufieurs temps, qui gardent entre eux certain
ordre, ou certaines* (1) *proportions.* Or il
y a ici deux chofes à diftinguer : la premiere, *Que c'eft un affemblage de plufieurs temps* : la feconde, *Que ces temps
gardent entre eux certaines proportions.*
Quant à la premiere, nous fommes tout-
à-fait de niveau avec les Anciens, puifque nous avons, comme eux, nos temps
fyllabiques. Quant à la feconde, *Que ces
temps gardent entre eux certaines proportions*, je demande fi cette contrainte étoit
préférable à notre liberté ? Un arrangement régulier des temps fyllabiques, mais

(1) C'eft la définition d'Ariftide-Quintilien,
rapportée dans les Mémoires de l'Académie des
Belles-Lettres, Tom. V, p. 152.

perpétuellement le même dans la même efpéce de Poéfie, valoit-il mieux, & donnoit-il plus de jeu à l'efprit ? Au moins conviendra-t-on que le Poëte François fe trouve précifément dans le cas où étoient les Orateurs, & Grecs & Latins. Ils n'avoient point de regles fixes pour la diftribution des longues & des breves dans leur profe ; mais ils ne laiffoient pas de les diftribuer avec art ; & nos Poëtes ont la même facilité, d'où réfultent les mêmes avantages.

Arrêtons-nous, cela étant, à l'effet que le Rythme eft capable de produire. Or fon effet propre & unique, c'eft de rendre le difcours, ou plus lent, ou plus vif. Plus lent, fi l'on multiplie les pieds, où dominent les longues : plus vif, fi l'on multiplie les pieds, où dominent les brèves ; car les pieds font dans les vers, ce que font les pas dans la danfe. Il eft vrai que les Anciens étant maîtres de l'arrangement des mots, pouvoient faire tout de fuite autant de vers qu'ils vouloient, compofés des mêmes pieds. Mais ce n'eft pas de quoi il s'agit ; & nous ne leur difputons pas cet avantage, fi c'en eft un. Peut-être, au fond, que ce retour uniforme de la même cadence, quelque régu-

liere qu'elle foit, ne fait qu'une forte de
beauté, qui, tout préjugé à part, ne tient
pas moins que la Rime, à l'arbitraire.
Quoi qu'il en foit, l'utilité réelle de leur
Profodie, c'eft de pouvoir donner au difcours, ou de la vivacité, ou de la lenteur : & nous le pouvons auffi-bien qu'eux.
J'irois même jufqu'à dire que nous le pouvons plus aifément ; puifque nous ne fommes pas obligés, comme eux, d'affem-
bler des pieds, & de tels pieds ; mais
qu'il nous fuffit de mettre enfemble, ou
un peu plus de breves, ou un peu plus
de longues, fuivant le befoin.

On peut, dit pofitivement le P. Merfenne, *tranfporter dans nos vers rimés
toute la richeffe, la variété, & la beauté
des mouvements, qui font dans les Poéfies
des Grecs, fans qu'il foit néceffaire* (2) *de
pratiquer les vers mefurés.* Un aveu fi formel eft glorieux à notre Langue ; car le
P. Merfenne paroît d'ailleurs l'homme du
monde le plus entêté du rythme ancien,
foit dans fon Traité de l'*Harmonie uni-
verfelle*, foit dans fes Commentaires fur
la Genèfe, où il rapporte, avec des élo-
ges infinis, quelques morceaux de la Mufique faite fur les vers mefurés de Baïf.

(2) *Harmonie univ.* liv. VI, Propof. 27.

Tels vers, dit le Sieur d'Aubigné, *de peu de grâce à les lire & prononcer, en ont beaucoup à être chantés : comme j'ai vu en de grands concerts faits par les Musiques* (3) *du Roi.* Un Auteur que Sauval (4) ne cite point, & qui étoit, dit-il, contemporain de Baïf, nous donne encore une plus grande idée de ces vers mesurés, & des effets admirables qu'ils produisoient, accompagnés du chant. Vossius (5) nous invite à en reprendre la méthode : que s'ils ont échoué autrefois, c'est parce que de mauvais Poëtes s'en mêloient ; mais qu'aujourd'hui nous en aurions de plus habiles.

Je conclus de toutes ces autorités, non pas que nous fassions des vers mesurés, car la chose est démontrée impossible ; mais qu'on pourroit quelquefois rendre nos airs plus conformes qu'ils ne sont ordinairement, à la Prosodie. On est content du Musicien, lorsque son Air exprime le sens des paroles : peut-être qu'en même temps il pourroit répondre à la Prosodie ; & ce seroit une nouvelle source d'agrémens. Pourquoi le Musicien

(3) Dans l'ouvrage cité pag. 15.
(4) *Antiquités de Paris*, tom. II, p. 493.
(5) *De viribus Rythmi*, pag. 131.

ne le pourroit · il pas , puifque le Poëte
le peut parfaitement, comme le P. Merfenne l'avoue , & comme je vais le
prouver ?

Qu'on me permette d'effayer fur Defpréaux ce que Scaliger & beaucoup d'autres ont fait fur Homere & fur Virgile.
Prenons, au hafard, les quatre vers, par
où finit le fecond Chant du Lutrin.

> *Du moins ne permets pas…. La Mol-*
> *leffe oppreffée*
> *Dans fa bouche à ce mot fent fa lan-*
> *gue glacée ;*
> *Et laffe de parler , fuccombant fous*
> *l'effort ,*
> *Soupire , étend les bras , ferme l'œil ,*
> *& s'endort.*

Quel eft ici l'objet du Poëte ? D'achever le portrait de la Molleffe. Et comment la peindroit · il mieux , qu'en la
fuppofant hors d'état de finir fa phrafe ?
Des cinq derniers mots qu'elle articule ,
il y en a quatre de monofyllabes , *Du*
moins ne permets *pas* , & fi peu de chofe
fuffit pour épuifer ce qui lui refte de forces.
Ajoutons que ces deux finales , *mets* , *pas* ,
marquent bien fa laffitude.

Oppreffée , eft moins un mot qu'une

image. Deux syllabes traînantes , & la derniere qui n'est composée que de l'*E* muet, ne font-elles pas sentir de plus en plus le poids qui l'accable ?

Tant de monosyllabes dans le vers suivant, continuent à me peindre l'état de la Mollesse, & je vois effectivement *sa langue glacée*, je le vois par l'embarras que cause la rencontre de ces monosyllabes , *sa* , *ce* , *sent* , *sa* , qui augmente encore par *langue glacée*, où *gue gla* me font presque à moi-même l'effet qu'on dépeint.

Je cours au dernier vers. Commençons par en marquer la quantité.

Soŭpīre , ĕtēnd lĕs brās , fĕrmĕ l'œĭl , & s'ēndŏrt.

Assurément, si des syllabes peuvent figurer un soupir, c'est une longue précédée d'une breve, & suivie d'une muette , *soŭpire*. Dans l'action d'étendre les bras , le commencement est prompt, mais le progrès demande une lenteur continuée , *étend les bras*. Voici qu'enfin la Mollesse parvient où elle vouloit, *ferme l'œil*. Avec quelle vîtesse ? Trois breves. Et de là , par un monosyllabe bref, suivi de deux longues, *& s'endort*, elle se précipite dans un profond assoupissement.

On peut lire fur ce fujet un excellent Difcours (6) de M. Racine le fils, où il cite ces deux autres vers de Defpréaux :

N'attendoit pas qu'un bœuf, preffé de
 l'aigüillon,
Traçât à pas tardifs un pénible fillon.

„ On eft contraint, dit-il, de les pronon-
„ cer avec peine & lenteur ; au-lieu qu'on
„ eft emporté malgré foi dans une pro-
„ nonciation douce & rapide par celui-ci :

Le moment où je parle eft déja loin de moi.

Je ne prétends point que Defpréaux ait eu de pareilles attentions. Je n'en foup-çonne pas plus Homere ni Virgile, quoi-que leurs Interpretes foient en poffeffion de le dire. Mais ce que je croirois vo-lontiers, c'eft que la Nature, quand elle a formé un grand Poëte, un grand Ora-teur, le dirige par des refforts cachés, qui le rendent docile à un art, dont lui-même il ne fe doute pas, comme elle apprend au petit enfant d'un Pâtre fur quel ton il doit prier, appeler, careffer, fe plaindre.

Pardonnons à un grave Philofophe de

(6) Parmi les Mémoires de l'Académie des Belles-Lettres, *Tom.* XV, *pag.* 223.

méprifer, & même d'ignorer les avantages de la Profodie: mais un Poëte, mais
un Muficien peut-il en avoir une connoiſſance trop étendue ?

Quoique notre Poéſie, dit M. Burette
aux Muficiens, *ne ſe meſure point ſuivant
les longues & les breves, cela n'empêche
pas que le chant ne doive faire ſentir exactement par la durée des ſons, la quantité
de chaque ſyllabe : & c'eſt ignorance ou
négligence au Muficien* (7) *d'en violer les
regles.*

Que les Comédiens, ſur-tout, n'ou-
blient pas le reproche que leur ſait M. de
Voltaire, à la tête de ſa derniere Tragédie. *La miſérable habitude*, dit-il, *de
débiter des vers comme de la proſe, de mé-
connoître le rythme & l'harmonie, a preſque anéanti l'art de la déclamation.*

Pour les Poëtes, ne ſavent-ils pas que
la Rime ne les diſpenſe jamais d'obſerver
les loix de la Profodie ? Une brève, à
la rigueur, ne doit rimer qu'avec une
breve, ni une longue qu'avec une longue. Toute la licence qu'on peut prendre, ne regarde que les ſyllabes douteu-
ſes. Je n'entrerai point ici dans un détail,

(7) Voyez les Mémoires de l'Académie des
Belles-Lettres, *Tom.* V, pag. 164.

qui déplairoit à nos Poëtes. Mais enfin,
s'ils trouvent qu'on les gêne trop, je les
conjure de faire attention à leurs propres intérêts, qui leur défendent févére-
ment de fe relâcher fur la Rime. Car ne
croyons point que ce foit, comme quelques-uns l'ont dit, une invention de nos
fiécles barbares, puifqu'elle fe trouve
ufitée parmi les plus anciens (8) peuples
de l'Afie, de l'Afrique, & de l'Améri-
que même. Tout le mal qu'on dit d'elle,
n'eft vrai, qu'entre les mains d'un homme
fans génie, ou qui plaint fa peine. Elle
a enfanté mille & mille beaux vers. Souvent elle eft au Poëte, comme un génie
étranger, qui vient au fecours du fien. Je
comprends qu'elle fe fait quelquefois ache-
ter : mais ceux qui joignent un grand
courage à un grand talent, ces hommes
rares que la Renommée divinife, quelquefois même pendant leur vie, doivent être charmés que leur art foit en-

___

(8) *Confuetudinem hanc fervant, non Arabes
tantùm, & Perfæ, & Afri, fed & Tartari, &
Sinenfes, & complures quoque Americanæ gentes ;
ut dubitari vix poffit, quin ipfa natura unà cum
cantu hanc poëfeos rationem mortalibus tradiderit.*
Ifaac Voffius, de Poëmatum cantu, & viribus
Rythmi, pag. 25.

touré de grandes difficultés , qui le rendent inacceffible aux efprits médiocres ,
& qui maintiennent la Poéfie dans la pof-
·feffion où elle eft depuis l'origine des
Arts , d'être le langage des Dieux·

Je finis par quelques obfervations , qui
concernent l'Orateur.

I I.

Avant que de rechercher en quoi la
Profodie eft utile à l'Orateur, pour qu'il
donne de l'harmonie au difcours , c'eft
une néceffité de faire voir , mais en peu
de mots , que cette harmonie eft quelque chofe de réel.

Perfonne , je crois , ne peut nier que
les trente plus méchants vers de Chapelain , & les trente meilleurs vers de Racine ou de Defpréaux , ne faffent à l'o-
reille un effet bien différent. On juge
ceux-ci plus harmonieux que ceux-là. Or
eft-il que tout jugement, qui fe fait par
comparaifon , fuppofe qu'on a de quoi
former un jugement abfolu. Par conféquent il porte fur des principes, lefquels
nous fuffent-ils entiérement inconnus ,
ou même impénétrables , n'en feroient
pas moins certains , & n'en prouveroient

pas moins la réalité (9) de l'harmonie
dans le difcours.

Mais bien loin que ce foit un myftere
difficile à pénétrer, Ariftote & Cicéron
en ont parlé très-clairement. Tous les
deux adoptent les mêmes principes ; &
s'ils n'en font pas toujours la même
application, c'eft que leurs langues ne
font pas les mêmes. Voyons, à leur
exemple, ce que la nôtre demande, ce
qu'elle défend. Je m'attacherai à Cicéron, qui eft ici (1) plus étendu, plus
méthodique même qu'Ariftote. On apprend de lui, premiérement, à qui font
dues les plus anciennes obfervations, que
l'on ait faites fur l'harmonie de la profe :
en fecond lieu, fur quel fondement, & à
quelle occafion elles fe firent : troifié-
mement, en quoi cette harmonie confifte : & enfin comment on doit en ufer.
Voici donc, fur ces quatre points, le précis de fa doctrine, mais dépouillé de ce

(9) *Effe igitur in oratione numerum quemdam,
non eft difficile cognofcere ; judicat enim fenfus.
In quo iniquum eft, quod accidit, non agnofcere,
fi, cur id accidat, reperire nequeamus.* Orat.
cap. LV.

(1) Voyez le dernier livre *de Oratore,* depuis
le chap. XLIX, & l'*Orator,* depuis le chap. LII
jufqu'à la fin.

qui n'a rapport qu'au Latin, & accompagné de ce qui regarde le François.

Premiérement, il eſt certain que le
nombre oratoire n'a été trouvé, ou du
moins réduit en art, que long-temps
après la meſure du vers. Cicéron en
reconnoît Iſocrate pour le principal Auteur. Iſocrate n'a vécu que plus de ſix
cents ans après Homere. Pour ce qui
eſt des Romains, il paroît que Cicéron,
à cet égard, fut leur Iſocrate. Quoi qu'il
en ſoit, les Romains n'ont jamais ſu que
ce qu'ils apprirent des Grecs. Aujourd'hui
encore, quoique tous les ſiecles & tous
les peuples nous ſoient connus, il faut
convenir qu'en ce qui concerne les beaux
Arts, les Grecs du bon ſiecle, qui fut
celui de Philippe & d'Alexandre, ſont
toujours eux ſeuls, ou du moins préféra-
blement à tous autres, les précepteurs
du genre humain. Puiſqu'une nation, ſi
attentive d'ailleurs aux grâces du langage,
tarda ſi long-temps à trouver le nombre
oratoire; c'eſt une conſolation pour nous,
qui ne connoiſſons ce genre d'harmonie,
que depuis Malherbe dans les vers, &
depuis Balzac dans la proſe. Je parle de
Malherbe, parce qu'en effet le *nombre*
dont il s'agit ici, n'eſt nullement la *me-*

sure du vers : & au reste je dis indifféremment, *nombre, harmonie, cadence,* pour exprimer la même idée, qui dans un moment se débrouillera tout-à-fait.

Mais, en second lieu, comment le nombre oratoire fut-il observé, & sur quel fondement ? Rien de plus simple, dit Cicéron : & je m'étonne, ajoute-t-il, que cette découverte ait été faite si tard, puisqu'il suffisoit pour cela de remarquer une chose toute naturelle, Qu'une phrase bien cadencée, comme le hasard en produit souvent, est plus agréable qu'une autre, dont le tour n'aura rien d'harmonieux. Telle est, en effet, la justesse de l'oreille, ou plutôt de l'esprit, à qui l'oreille fait son rapport, qu'ayant la mesure des mots en nous-mêmes, d'abord nous sentons s'il y a dans la phrase du trop ou du trop peu ; quelque chose d'excédent, ou de tronqué. Voilà par où l'on parvint (2) à déterminer la mesure du vers : ce ne fut point par des démonstrations mathématiques, ni par de grands efforts de raisonnement ; l'oreille jugea : & de même qu'elle avoit elle seule trouvé la juste mesure du vers, elle fit aussi, quoique

_____

(2) *Neque enim ipse versus ratione est cognitus, sed naturâ atque sensu.* Orat, cap. LV.

long-temps après, obferver le nombre oratoire, par la comparaifon d'une phrafe bien tournée, bien cadencée, avec une phrafe fans cadence & fans tour.

Qu'eft-ce donc précifément que cette cadence ? Troifieme point à examiner dans l'ordre de Cicéron, & fur lequel ni lui ni Ariftote n'ont jugé à propos de rien dire de formel, parce qu'une défini-tion feche eft fouvent plus capable d'em-brouiller que d'éclaircir les idées , qui tiennent immédiatement au goft, & au fentiment. Quelque danger qu'il y ait à vouloir faire ce que ces grands maîtres n'ont point voulu, il me femb!e pourtant qu'on peut, en rapprochant leurs princi-pes, définir le nombre oratoire , *Une forte de modulation , qui réfulte , non-feu-lement de la valeur fyllabique , mais encore de la qualité, & de l'arrangement des mots.* Pefons tous ces termes.

Je dis, *une forte de modulation*, parce que c'eft une fuite de plufieurs tons iné-gaux , qui n'ont pas été diftribués arbi-trairement, mais où il doit fe trouver de certaines proportions, fans lefquelles ce ne feroient que des fons indépendants les uns des autres, & dont l'affemblage con-fus ne formeroit rien de flatteur pour l'oreille.

Je donne pour premiere caufe de cette modulation, *la valeur fyllabique* des mots, dont une phrafe eft conpofée : c'eft-à-dire, leurs longues & leurs breves, non point affemblées fortuitement, mais afforties de maniere qu'elles précipitent, ou ralentiffent la prononciation, au gré de l'oreille.

J'ajoûte qu'il faut avoir égard à la *qualité* des mots. Et par-là je n'entends point ce qui en caractérife la nobleffe, la baffeffe, l'énergie, la foibleffe : c'eft l'affaire de la Rhétorique. Quant à la Profodie, elle ne les confidere que matériellement, & comme des fons, ou éclatants, ou fourds ; ou lents, ou rapides ; ou rudes, ou doux. Or nous ne créons pas les mots : c'eft une néceffité de les employer tels qu'ils font : & il y auroit une délicateffe outrée, il y auroit même de la bifarrerie à vouloir en rejeter quelques-uns, fous prétexte que notre oreille ne s'en accommode pas. Un des plus importants fecrets de la Profodie, c'eft de tempérer les fons l'un par l'autre. Il n'y a point de fi rude fyllabe, qui ne puiffe être adoucie ; il n'y en a point de fi foible, qui ne puiffe être fortifiée ; tout cela dépend des fyllabes qui précèdent,

ou qui fuivent celle dont l'oreille fe
plaint.

J'ai donné (3) pour derniere caufe de
l'harmonie, l'*arrangement* des mots. Car,
quoique notre langue aime un arrangement fimple, naturel, & régulier, cela
n'exclut que les inverfions, qui font vio-
lentes : & fouvent on eft obligé de tranf-
pofer, ou des mots, ou même des membres de phrafes, non feulement pour être
plus clair, ou plus énergique, mais encore pour attraper un tour harmonieux.
Je ne finirois point, fi j'en voulois rapporter des exemples. Qu'on prenne au
hafard quelque période un peu fonore,
ou dans Fléchier, ou dans Boffuet : que
l'on en conferve toutes les paroles, mais
qu'on les dérange feulement : le fens
demeurera le même, & l'harmonie difparoîtra.

Une phrafe bien cadencée eft donc
un tiffu de fyllabes bien choifies, &
mifes dans un tel ordre, que les organes, foit de celui qui parle, foit de celui
qui écoute, foient agréablement flattés
par une forte de modulation, qui fait
que le difcours n'a rien de dur, ni de

(3) *Non numero folùm numerofa oratio, fed
& compofitione fit.* Orat. LXV.

lâche; rien de trop long, ni de trop
court; rien de pefant, ni de fautillant.

Quatrieme & dernier point à éclaircir,
l'ufage que l'on doit faire du nombre oratoire : c'eft-à-dire, quelle eft fa véritable
place ; s'il doit être varié, & comment ;
en quoi il s'éloigne du nombre poétique,
& jufqu'où il peut en approcher.

Que la véritable place du nombre oratoire, ce foit le commencement & la
fin d'une période, j'avoue que Cicéron
en fait une loi : d'autant plus fenfée,
qu'en effet l'attention de l'auditeur eft
plus vive au commencement de la phrafe ;
& que l'oreille, fi d'abord on ne la contente pas, veut bien fufpendre un peu
fon jugement, dans l'efpérance qu'on ne
finira point fans la contenter. Mais en
notre langue ce n'eft pas tout-à-fait la
même chofe. On ne fauroit exiger dé
nous, que nous gardions pour la fin de
la phrafe les termes les plus fonores ; car
nous fommes forcés de fuivre l'ordre
naturel ; & comme l'oreille du François
ne s'attend point qu'on la dédommage à
la fin de la période, auffi ne permet-elle
pas d'en négliger le milieu.

Toutes nos phrafes, d'un bout à l'autre, doivent donc être nombreufes. Mais

la cadence doit perpétuellement varier :
car, d'être uniforme dans son harmonie,
ou de n'en avoir point, ce sont deux
extrémités aussi vicieuses l'une que l'autre.
Tantôt la période sera de deux membres, tantôt de trois, tantôt de quatre.
Quelquefois elle ira même plus loin : car
il faut de toute nécessité, que la marche
du discours se proportionne à celle de
l'esprit, qui peut de temps en temps avoir
besoin d'un plus grand espace pour se dé-
ployer. Quelquefois aussi, & plus souvent encore, il lui arrive de se renfermer
dans l'espace le plus court. Un mot lui
suffit ? Un mot fera toute la phrase.

On voudroit inférer de là, que tout est
donc arbitraire dans le style : puisque,
suivant les maîtres de l'Art, il nous est
permis de faire nos phrases, & aussi longues, & aussi courtes qu'il nous plaît :
puisque nous pouvons y faire entrer toute
sorte de mots, & les plus rudes aussi-bien
que les plus coulants : puisqu'enfin la distri-
bution des longues & des breves n'a rien,
ni de borné quant au nombre, ni de fixe
quant au lieu.

Je conviens des principes. Aristote &
Cicéron les reçoivent, les établissent. Je
nie seulement les conséquences, qu'on

en veut tirer. Rien n'est déterminé, ni prescrit ; cela est vrai. Tout est donc arbitraire ; cela est faux. Ici nos Métaphysiciens auroient beau se récrier : ils ont affaire à un Juge qui en sait plus qu'eux, & qui même (4) pousse l'orgueuil encore plus loin qu'eux. Quel est-il ? l'oreille. Juge, en effet, le plus orgueilleux qu'on puisse imaginer : car il prend son parti dans l'instant, & sans daigner, ni écouter aucune remontrance, ni rendre aucune raison de ses arrêts.

Pour obéir à l'oreille, jamais ne négligeons le nombre, mais varions-le souvent. Elle demande qu'on soit attentif à lui plaire, sans que cette attention se fasse remarquer. Une suite de périodes, toutes de la même étendue, dont les membres seroient également partagés, & qui produiroient un nombre uniforme, ne manqueroit pas de fatiguer, & décéleroit un art odieux. Il faut couper nos phrases à propos. Mais il y a une maniere de les couper, qui, bien loin d'interrompre l'harmonie, sert à la continuer, & la rend plus agréable. Car ne confondons pas le style qui n'est pas périodique, avec

(4) *Aures, quarum est judicium superbissimum.* Orat. cap. XLIV.

le ſtyle qui n'eſt point lié. On peut n'être
pas toujours périodique ; il y a même
plus de grâce à ne l'être pas toujours :
mais on doit toujours lier ſes phraſes, de
maniere qu'elles ſoient enchaînées l'une
avec l'autre. Je porte envie aux Grecs,
dont la langue étoit ſi abondante en con-
jonctions : au-lieu que la nôtre n'en con-
ſerve que très-peu ; encore voudroit-on
nous en priver. Rien de plus contraire
à l'harmonie , que des repos trop fréquents , & qui ne gardent nulle propor-
tion entre eux. Aujourd'hui pourtant c'eſt
le ſtyle qu'on voudroit mettre à la mode.
On aime un tiſſu de petites phraſes iſo-
lées, découſues , hachées , déchiquetées.
Il ſemble que la valeur d'une ligne ſoit une
immenſe carriere, qui ſuffiſe pour épuiſer
les forces de l'Auteur ; & qu'enſuite , tout
hors d'haleine , il ait beſoin de faire une
pauſe, qui le mette en état de recommencer
à penſer. Ordinairement ces ſortes de gens
ont des idées auſſi bornées , & auſſi peu
liées, que leurs phraſes. Vraies copies de
cet Hégéſias, dont Cicéron (5) dit, que

(5) *Quam* (numeroſam comprehenſionem)
perverſè fugiens Hegeſias.... ſaltat , incidens
particulas : & is quidem non minùs ſententiis
peccat , quàm verbis : ut non quærat quem appel-

ſi

fi quelqu'un cherche un *fot* écrivain, il n'a qu'à prendre celui-là.

Par tout ce qu'on vient de lire, il eſt aiſé de voir en quoi les loix de l'harmonie ſont les mêmes pour le Poëte , & pour l'Orateur ; en quoi elles ſont différentes. L'un doit comme l'autre, donner à ſon diſcours cette ſorte de modulation , *qui réſulte , non ſeulement de la valeur ſylla-bique , mais encore de la qualité , & de l'arrangement des mots.* L'un doit comme l'autre, varier toujours ſon harmonie , & de maniere que jamais elle ne ſoit inter-rompue. Juſque-là l'Orateur & le Poëte François marchent de compagnie. Mais deux choſes aiſées à remarquer, la Me-ſure & la Rime , diſtinguent eſſenciellement le Poëte , & lui font une eſpèce particuliere d'harmonie, qui n'a plus rien de commun avec celle de l'Orateur. Auſſi eſt-il permis au Poëte, il lui eſt même ordonné de faire bien ſentir ſon harmo-nie : tandis que l'Orateur , s'il eſt ſage , fuira les cadences poétiques, autant qu'il recherchera celles qui lui ſont propres. De là vient qu'en faveur de ces ſons mé-lodieux, que le Poëte ſeul a droit de nous

let ineptum , qui illum cognoverit. Orat. cap. LXVII.

E

faire entendre, non seulement nous lui pardonnons des inversions plus fortes & plus fréquentes ; mais pour le rendre inexcusable, s'il manque à nous flatter l'oreille, nous lui accordons, & plus de liberté dans le choix des mots, & moins de contrainte dans la structure de ses phrases, & plus de hardiesse dans ses tours.

Poëtes, & Orateurs, écoutez comment vous parle Denys d'Halicarnasse à la fin d'un (6) ample Traité, où il démêle admirablement, & pour sa Langue, ce que je n'ai fait qu'entrevoir pour la nôtre.

» On auroit tort, dit-il, de trouver » mauvais qu'un aussi grand homme que » Démosthène, dont le mérite a obscurci » la gloire de tous ceux qui s'étoient mon-» trés avant lui dans la carriere de l'Elo-» quence, voulant composer des écrits » immortels, & ayant le courage de se » livrer à l'examen (7) de l'*Envie* & du » *Temps*, Juges formidables, il ait ap-» porté une attention si scrupuleuse, non

(6) *De l'arrangement des mots*, chap. 25.

(7) De ces deux Juges, l'un est à mépriser pour un honnête homme. Mais plus un Auteur sera honnête homme, plus il fera d'efforts pour se concilier l'autre. *Servi igitur iis etiam Judicibus, qui multis pòst seculis de te judicabunt.* Cic, pro Marcello, cap. 9.

» seulement à la solidité & à l'ordre des
» penſées, mais encore au choix & à
» l'arrangement des mots. On ne trou-
» vera rien là d'étonnant, ſi l'on conſi-
» dere que les auteurs de ſon temps ſe
» piquoient, non pas ſimplement d'écrire,
» mais de buriner, & de ſculpter leurs
» ouvrages. Iſocrate employa dix années,
» au moins, à compoſer ſon (8) Panégy-
» rique. Platon, à l'âge de quatre-vingts
» ans, retouchoit encore ſes Dialogues,
» & ſans ceſſe travailloit à y mettre de
» l'élégance. Quoi, ne loue-t-on pas un
» Peintre, un Graveur, de retoucher
» leurs ouvrages avec la derniere exacti-
» tude ? Un Orateur doit, à bien plus
» forte raiſon, ſe donner les mêmes ſoins.
» Outre que ces ſoins ne ſont, ni péni-
» bles, ni ingrats, du moment que l'ex-
» périence les rend familiers : & ſur-tout
» lorſqu'à l'exemple de Démoſthène, une
» jeuneſſe ſtudieuſe aura bien fait tout
» ce qu'il faut pour ſe former le goût &
» l'oreille.

(8) *Le Panégyrique d'Iſocrate* n'eſt pas l'éloge
de cet Orateur : mais le titre d'un de ſes plus
fameux Diſcours : & c'eſt un terme conſacré
en notre langue, comme l'a remarqué M. Deſpréaux ſur le chap. III de Longin.

Ainſi parle ce docte Rhéteur , dont les ſages réflexions pourroient n'être pas inutiles dans le ſiecle où nous ſommes, bien différent de ce ſiecle où l'on ne ſouffroit que des ouvrages *ſculptés & burinés.* On veut trop écrire aujourd'hui , on ne veut prendre ni le temps , ni les ſoins néceſſaires pour produire du bon ; & parce qu'on lit peu les originaux , peu de gens ont l'idée du parfait. Au moins ne devroit-on pas négliger ce qui réſulte plutôt de l'art, que du génie. On n'eſt pas maître de ſe donner des talents , on eſt maître de ſe donner des connoiſſances, qui toutes ſeules , à la vérité, ne feront pas un bon écrivain , mais ſans leſquelles auſſi on ne ſauroit bien écrire. Telle eſt la ſcience de la Proſodie : la plus facile & la moindre des ſciences pour qui veut l'acquérir , mais auſſi une de celles dont l'ignorance peut le plus nuire. Quatre ou cinq de nos Poëtes nous ont fait ſentir parfaitement, que notre Langue ſe prêtoit à l'harmonie : quelques morceaux choiſis de nos Orateurs ne laiſſent pas lieu d'en douter : pourquoi donc ne pas étudier les moyens de perfectionner un Art, dont nous connoiſſons le prix, & dont nous voyons que les progrès ont été déja ſi heureux ?

ESSAIS

DE

GRAMMAIRE.

ON veut que j'écrive fur nos quatre
efpèces de mots déclinables, qui font
les *Noms*, l'*Article*, les *Pronoms*, & les
Participes.

Un nouvel ouvrage fur ces fortes de
matieres, s'il ne contenoit rien de neuf
dans le fond, ni dans la forme, feroit
inutile. Plus inutile encore, fi j'en allois
exclure le néceffaire, fous prétexte qu'il
a été dit mille & mille fois. Je dois
donc me propofer d'y faire entrer tout
ce qui m'aura paru digne d'attention ;
mais en moins de mots, &, fi je puis,
avec plus d'ordre qu'on ne l'eût trouvé
ailleurs.

CHAPITRE PREMIER.
Des Noms.

TROIS points à difcuter. I. Ce que c'eft que *Nom*. II. Les différentes efpèces de *Noms*. III. Quelle place les *Noms* occupent dans le difcours.

I.

Un *Nom* eft le mot qui fert à défigner, ou à qualifier une perfonne, une chofe, dans la langue qu'on eft convenu de parler. Mais il s'agit d'une définition grammaticale. Pour me borner donc à notre Langue, le Nom eft un mot *fufceptible de nombre & de genre ; qui, s'il eft fubftantif, peut régir, ou être régi ; & s'il eft adjectif, doit toujours être régi par le fubftantif.*

1. On appelle *Nombre*, ce qui diftingue un Nom qui exprime unité, *le Roi*, d'avec lui-même exprimant pluralité, *les Rois*. Il y a donc deux nombres, le *fingulier*, & le *pluriel :* celui-ci ne différant de l'autre que par une efpèce d'augment ; qui confifte dans une lettre (1) caracté-

(1) Ou la lettre *s*, comme dans *noms*, pluriel de *nom*. Ou *x*, comme dans *loix*, pluriel de

riftique. Quelques noms, mais en très-petite quantité, manquent les uns de fingulier, & les autres de pluriel.

2. On appelle *Genre*, ce qui diftingue un nom d'avec un autre, conformément à la différence que la Nature a mife entre les deux fexes. Ainfi, felon cette idée, nous avons deux genres en Grammaire : le *mafculin*, comme quand nous difons, *le Soleil ;* & le *féminin*, comme quand nous difons, *la Lune.* Tout nom, quel qu'il foit, eft de l'un des deux : car nous ne connoiffons point le *neutre*, dont le Grec & le Latin font un troifieme genre.

3. On appelle *Subftantif*, le nom qui par lui-même, & fans avoir befoin d'être accompagné d'un autre mot, fignifie quelque être, ou réel, comme *le Soleil, la Terre ;* ou réalifé en quelque forte par l'idée que nous nous en faifons, comme *l'abondance, la blancheur, le grand, le médiocre.*

4. On appelle *Adjectif*, le nom qui s'ajoûte au fubftantif pour le qualifier ; c'eft-à-dire, pour marquer ce qu'il a de

loi. Ou *z*, comme dans *bontez*, que d'autres depuis quelque temps écrivent *bontés*, pluriel de bonté.

propre , ou d'accidentel. Ainſi le ſubſtantif nomme une choſe , & l'adjectif la
qualifie. *Une fleur* jaune , *un* aimable
Prince , on voit que *jaune* & *aimable*
ſont des adjectifs.

5. *Régir*, c'eſt obliger un mot à occuper telle ou telle place dans le diſcours :
& ſi ce mot eſt (2) *déclinable* , c'eſt-à-
dire , ſuſceptible de pluſieurs terminaiſons , lui impoſer la loi d'en prendre
l'une , & non l'autre , dans l'endroit où
il eſt placé.

Que ſi quelques-unes de ces notions
paroiſſent un peu obſcures , j'y reviendrai ; & avant la fin de ce premier Chapitre , elles ſeront éclaircies.

I I.

Voilà d'abord les deux principales eſpèces de Noms , *Subſtantifs* & *Adjectifs* :
mais elles ſe diviſent chacune en pluſieurs autres.

On diviſe les Subſtantifs en noms *pro-*

(2) Un mot eſt *déclinable* , lorſqu'il peut &
doit varier ſa terminaiſon. C'eſt ce qui n'arrive
en notre Langue , que lorſqu'un Nom paſſe
du ſingulier au pluriel , ou du maſculin au féminin. Gardons-nous donc bien de croire que la
valeur de ce terme , *Déclinaiſon* , ſoit en François la même qu'en Latin , ou en Grec.

pres, & noms *communs*, autrement dits *appellatifs.* Noms propres, *Alexandre, César, Louis*, tous ceux qui fignifient quelque individu. Noms communs, *homme, oifeau, arbre*, tous ceux qui conviennent généralement à chaque individu de la même efpèce.

On met dans la claffe des noms communs les termes *abftraits*, les *collectifs*, les *primitifs*, les *dérivés*, &c. Termes abftraits, *vérité, blancheur*, tous ceux qui défignent une qualité confidérée toute feule, & détachée de fon fujet. Termes collectifs, *royaume, forêt, armée*, tous ceux qui, n'étant qu'au fingulier, défignent plufieurs perfonnes, plufieurs chofes de même efpèce. Termes primitifs, *foldat, arbre, cheval*, par rapport à *foldatefque, arbufte, chevalerie*, qui en dérivent.

J'avoue que ces différences peuvent intéreffer la Logique & la Métaphyfique ; car la juftelle du raifonnement pourroit quelquefois en dépendre. Mais tous nos Subftantifs, à quelque genre, à quelque efpèce qu'ils appartiennent, font regardés (3) du même œil par la Gram-

___

(3) *La Grammaire ne confidere dans les mots, que les propriétés qui la regardent*, dit l'Abbé Regnier dans fa Gramm. pag. 191.

F v

maire, qui n'y voit que des masculins ; ou des féminins ; des singuliers, ou des pluriels.

Passons à l'Adjectif, qui ne peut jamais être mis tout seul, & sans porter sur un Substantif, parce qu'il n'offriroit, lui seul, qu'une idée vague & confuse : n'y ayant rien, faute d'un Substantif, à quoi l'esprit pût attacher cette idée.

On retrouve dans l'Adjectif ces mêmes différences que nous avons vues dans le Substantif, comme d'être commun, abstrait, collectif, distributif, &c. Je ne mets pas dans une classe à part les Adjectifs *verbaux*, puisqu'ils ne different des autres par nul endroit. J'avertis seulement, qu'il ne faut pas les confondre avec les Participes actifs, puisque ceux-ci (4) sont indéclinables.

_____

(4) Voyez dans les *Opuscules sur la Langue*, page 341, la décision de l'Académie, du 3 Juin 1679, confirmée vingt-cinq ans après, dans ses Observations sur Vaugelas, où il est dit : *Il n'y a que les participes passifs, comme* aimé, aimée, *qui aient un singulier, & un pluriel. Les participes actifs, comme* aimant, *sont indéclinables. Que si on oppose qu'on dit fort bien,* des femmes jouissantes de leurs droits, des maisons appartenantes à un tel, *on répond que ces mots,* jouissants, & appartenants, *sont des*

Rien ne diſtingue plus eſſenciellement l'Adjeſtif, que la propriété qu'il a d'être ſuſceptible de plus ou de moins. Un homme eſt un homme, une fleur eſt une fleur : mais un tel homme eſt *plus ſavant* qu'un autre ; une telle fleur eſt *plus belle* qu'une autre. Pluſieurs langues donnent à l'Adjeſtif certaines inflexions, qui le rendent *comparatif*, ou *ſuperlatif :* mais dans la nôtre nous n'avons de vrais comparatifs que *meilleur, pire,* & *moindre :* ſi cependant on ne les regarde pas comme de ſimples adjeſtifs, qui ont, ainſi que tous autres, leur ſignification particuliere. Pour les ſuperlatifs, nous n'en avons que dans quelques titres d'honneur, *Illuſtriſſime, Eminentiſſime, Séréniſſime,* que nous devons à la politeſſe de l'Italie. Hors de là, tous nos degrés de comparaiſon ſe mar-

adjeſtifs verbaux, & non pas des participes aſtifs.

Pour les diſtinguer, il ſuffit de ſavoir que l'adjeſtif va très-bien avec le Verbe *être ;* mais le Participe, nullement. On dit très-bien, *je ſuis prévenant, vous êtes raviſſant, il eſt ſéduiſant.* On ne dira pas, *je ſuis liſant, vous êtes ſoupant, il eſt dormant.*

Ailleurs nous verrons ſi le nom de *Gérondif* ne conviendroit pas mieux à ce qu'on appelle Participe aſtif.

quent (5) avec des particules, qui précédent les adjectifs, & qui font *plus, mieux,*
ou *moins* pour le comparatif ; *très,* ou
fort pour le fuperlatif.

Mais en quelle claffe mettrons-nous les
Noms de nombre ? Tantôt ils font adjectifs, tantôt fubftantifs : comme tantôt
ils fervent à compter, tantôt ils peuvent
être comptés eux-mêmes. Quand ils fervent à compter, ce font de purs adjectifs,
& ils précèdent leurs fubftantifs : *une pif-
tole, quatre écus, dix louis.* Quand ils
peuvent être comptés, ce font de vrais
fubftantifs, précédés eux-mêmes par un
autre nom de nombre, ou par un article :
*un trois & un quatre de fuite en chiffre
Arabe, font trente-quatre. Vous avez le
fix de cœur, le fept de pique,* &c.

Par rapport au *genre,* il n'y a dans la
claffe des noms de nombre qu'*un,* dont
la terminaifon varie, felon qu'elle doit
être mafculine, ou féminine : *un tableau,
une bouteille.* Par rapport au *nombre,* il
n'y a que *vingt,* & *cent,* qui, lorfqu'ils
font au pluriel, en reçoivent la lettre

(5) Dans le Chapitre fuivant on verra quand
l'addition de l'Article fait du comparatif un
fuperlatif. Voyez auffi Remarques fur Racine,
Rem. LII.

caractériſtique : *quatre-vingts ans, deux cents hommes.* A cela près, tous les autres noms de nombre ſont indéclinables, dans quelque ſens qu'on les emploie, ſubſtantifs, ou adjectifs. *Trois, quatre, dix mille.*

III.

Voyons maintenant quelle place chaque Nom doit occuper dans le diſcours : & là-deſſus conſultons la Logique, qui ſeule doit nous apprendre ce que c'eſt que parler.

Parler, c'eſt rendre ma penſée par des ſons diſtincts & articulés, qu'on appelle des mots. Une penſée ainſi rendue, eſt ce que la Logique appelle une *propoſition.* Or nulle propoſition ne ſera intelligible, ſans qu'on y emploie (6) l'équivalent de trois mots pour le moins. Un mot, qui ſignifie la perſonne ou l'objet dont je veux parler : & c'eſt ce que les Logiciens nomment le *ſujet* de la propoſition. Un mot, qui ſignifie ce que je penſe de cet objet : & c'eſt ce qu'ils nomment *l'attribut* de la propoſition. Un mot

___

(6) Deux mots, *je lis,* ſont une propoſition complète : mais la Logique enſeigne que ces deux mots en valent trois.

enfin, qui lie ces deux idées, en affir-
mant que ce qui eſt l'*attribut*, appartient
à ce qui eſt le ſujet : & c'eſt ce que fait
le Verbe, dont il ſera parlé ailleurs.

Par exemple, *Cicéron eſt éloquent.*
Voilà trois mots, dont le premier déſigne l'objet de ma penſée, & dont le
dernier exprime la qualité, que j'attribue
à l'objet de ma penſée. Quant au premier,
c'eſt, en termes de Logique, le *ſujet* de
ma propoſition; & en termes de Grammaire, *le nominatif* (7) du Verbe. Quant
au dernier, c'eſt *l'attribut* en termes de
Logique, & *le régime* du Verbe, en
termes de Grammaire. Mais pour lier ces
deux idées, j'ai eu beſoin d'un Verbe,
ſans quoi ma phraſe n'offroit pas un ſens
complet, qui affirme, ou qui nie.

Un *Nom*, pour le définir philoſophi-
quement, eſt donc *un mot qui ſert à exprimer, ou le ſujet, ou l'attribut d'une
propoſition, & ſouvent auſſi des circon-
ſtances qui tiennent à l'un ou à l'autre.*

Mais comment diſtinguer en notre Lan-

(7) Je ſuppoſe que *Nominatif* eſt un terme
connu; car il entre dans quelques phraſes du
langage commun : au-lieu que bien des gens
peuvent impunément ne ſavoir ce que c'eſt que
génitif, datif, &c.

gue quand un Nom eſt ſujet, ou attribut; nominatif, ou régime ? Je dis, en notre Langue , parce qu'elle n'a point les déclinaiſons du Grec & du Latin , dont elle ſe paſſe aiſément. Rien de plus naturel , rien de plus ſimple que l'arrangement de nos mots : & c'eſt à leur arrangement que leur valeur ſe connoît. On ſuit l'ordre des idées; c'eſt-à-dire, la parole peint les idées à meſure que l'eſprit les conçoit. Or il s'enſuit de là, que le tiſſu de nos mots n'eſt nullement arbitraire. Tout mot, dans la phraſe dont il fait partie, a ſa place marquée : & c'eſt ſeulement par la place où il eſt, que nous jugeons de ſon emploi grammatical. Par exemple, dans ces deux phraſes, *le fils aime le pere*, ou, *le pere aime le fils*, ce ſont les mêmes mots , mais qui, différemment arrangés, préſentent un ſens tout différent. Il eſt donc d'une néceſſité abſolue, que nous ſachions démêler quel eſt, dans le tiſſu d'un diſcours, l'emploi grammatical de chaque mot. Quant à préſent, il ne s'agit que des Noms. Je commence par les Subſtantifs, qui ne ſont guère placés que de cinq manieres eſſenciellement différentes.

1. Ou ils marchent à la tête d'une

phrafe, & d'abord après leur article &
leur adjectif, s'ils en ont un, *l'éloquent
Cicéron plaira toujours :* & alors leur
fonction eft de repréfenter ce qu'en Logique on nomme le fujet de la propofition,
ou en Grammaire le nominatif du Verbe.

Quelquefois cependant ils ne viennent
qu'après le Verbe : mais ce n'eft que fous
l'une des conditions fuivantes. La premiere, que le Verbe aura pour régime un
pronom, qui le précede : *La nouvelle
qu'apporta le courrier.* Ici *le courrier* eft
nominatif; & *que*, pronom, eft le régime. La feconde, que le Verbe n'aura nul
régime : *Auffi-tôt entrerent le Roi, la Reine,*
&c. La troifieme, que le Verbe formera
une parenthefe : *Pompée, dit Plutarque,
s'avance,* &c. La quatrieme, que la phrafe
fera interrogative : *Que peuvent les richef-
fes pour,* &c. La cinquieme & derniere,
que la phrafe exprimera un fouhait : *Puiffent vos années égaler celles de Neftor !*

2. Ou le fubftantif marche après un
Verbe qui eft précédé d'un autre fubftantif, *Cicéron infpire la vertu :* & la fonction
de ce dernier fubftantif, *la vertu,* eft
d'exprimer ce qu'en Logique on appelle
l'attribut de la propofition, ou plutôt
le complément de l'attribut, Pour m'ex-

primer grammaticalement, l'un eſt le nominatif du Verbe , & l'autre ſon régime;

3. Ou le Subſtantif ne paroît qu'à la ſuite
d'une particule, *Cicéron inſpire la vertu
à ſes lecteurs :* & dans la place où eſt ce
ſubſtantif *lecteurs*, je l'appellerai ſubſtantif *particulé*, pour m'épargner une cir-
conlocution. J'aurai ſouvent beſoin, j'en
avertis, d'employer ce terme nouveau,
particulé, mais toujours dans le même
ſens, & par la même raiſon. Voudra-t-
on bien me le permettre, d'autant plus
que je renonce à une infinité d'autres termes, dont juſqu'ici nos Grammairiens
avoient cru ne pouvoir ſe paſſer ?

4. Ou le Subſtantif eſt employé dans
une apoſtrophe , & par conſéquent ſans
article. Alors il eſt toujours iſolé, &
pourvu qu'on ne coupe point (8) des
mots inſéparables , il ſe place où l'on
veut. On dira également , *Seigneur !
exaucez ma priere. Exaucez, Seigneur !
ma priere. Exaucez ma priere, Seigneur !*

(8) Cette phraſe eſt citée dans l'Encyclopédie, *Tom. I, pag. 734*, au bas de la ſeconde
colonne, pour montrer que *point*, négation,
peut ne tomber que ſur le Verbe, ſans influer
ſur le régime. Il y en aura une preuve des plus
fortes dans mes Remarques ſur Racine, *Rem.*
XLIII.

5. Ou le Subſtantif n'eſt accompagné ni de verbe, ni de prépoſition. *Toutes charges payées, cette Abbaye vaut tant.* On appelle ces ſortes de phraſes, *Toutes charges payées,* des phraſes *abſolues,* parce qu'elles paroiſſent ne dépendre de rien. On pourroit auſſi les appeler *elliptiques,* parce que le verbe dont néceſſairement elles dépendent, eſt ſous-entendu.

A l'égard de *l'Adjectif,* c'eſt aſſez de ſavoir que ſon unique deſtination étant de qualifier le ſubſtantif, il doit toujours, ou le précéder, ou le ſuivre immédiate-ment. Le choix, pour l'ordinaire, eſt au gré de l'écrivain. Il y a cependant des cas où la place de l'Adjectif eſt fixée par l'Uſage : mais ils ſont rares. Vaugelas (9) ne trouvant point ici de Regle à établir, ſe contente d'avertir qu'il n'y a pas un plus grand ſecret que de conſulter l'oreille. Tenons-nous-en là.

Que ſi les Poëtes & les Orateurs ſe permettent certaines tranſpoſitions, qui contribuent infiniment à l'élégance, à l'énergie, à l'harmonie du diſcours ; ce ſont des figures, ce ſont d'heureuſes licen-ces ; & je dois ici me borner à ce qu'il y a de conforme aux loix générales, que le génie de notre Langue nous preſcrit.

(9) *Remarque* CLXXXVI.

CHAPITRE SECOND.

De l'Article.

PUISQUE l'*Article* fert uniquement à modifier les *Noms*, il m'a paru d'une indifpenfable néceffité, que l'on fe fût mis au fait de ce qui concerne les *Noms*, avant que d'étudier ce qui regarde l'*Article*.

Qu'eft-ce donc que l'*Article* ? Quand faut-il, ou l'employer, ou l'omettre?

I.

Qu'eft-ce que l'*Article* ? Je le définis, *un Adjectif qui précede les noms communs, pour annoncer qu'ils doivent être pris, non dans un fens vague, mais dans un fens déterminé.*

Avant que de mettre ceci dans un plus grand jour, il faut favoir quel eft le mot nommé *Article.* C'eft *le*, pour le fingulier mafculin ; *la*, pour le fingulier féminin ; *les*, pour les pluriels des deux genres.

Voilà, quant au matériel, le mot nommé *Article*, & le feul qui foit *Article.* Mais comme il eft fouvent précédé d'une particule, à laquelle il s'incorpore, diftinguons Article *fimple*, & Article *particulé.*

Il n'y a que ces deux particules, *à*, & *de*, auxquelles il s'incorpore, & cela par une contraction qui se fait au singulier, mais au masculin seulement, avant les noms qui commencent par une consonne. On dit *au*, pour *à le*; & *du*, pour *de le.* Je vais *au* jardin. Je sors *du* jardin.

Au singulier, tant masculin que féminin, si le nom commence par une voyelle, il n'y a plus de contraction, mais l'Article s'élide, *l'amour*, *de l'amour*, *l'amitié*, *de l'amitié.*

Au pluriel, soit masculin, soit féminin, & quoique le nom commence par une voyelle, la contraction a toujours lieu. On dit toujours *aux*, pour *à les*, & *des*, pour *de les.* Parler *aux* hommes, cultiver *des* fleurs.

Il n'y a qu'un seul mot qui empêche que cette contraction ne se fasse. C'est l'adjectif *tout*, parce qu'il se place toujours entre la particule & l'article. Quoiqu'on dise, *au* monde, & *du* monde, on doit dire, *à* tout *le* monde, & *de* tout *le* monde. *Aux* hommes, *à* tous *les* hommes.

Présentement reprenons notre définition, parce que tout ce qu'il y a de vrai

& de folide à dire fur l'*Article*, doit partir de la définition même, ou peut-être de quelque différence que nous fuppoferions entre l'article *fimple* & l'article *particulé*.

J'ai dit, en premier lieu, que l'Article eft un Adjectif : & fi je n'avois pas craint d'entaffer trop de chofes à la fois, j'aurois volontiers ajouté que cet Adjectif eft tiré de la claffe (1) des *Pronoms*. Quand il précede un fubftantif, on le nomme *Article : la Piece nouvelle fe joue demain ;* & quand il précede ou fuit un verbe, *je la verrai, voyez-la*, on l'appelle *pronom.* Mais d'ailleurs, n'eft-ce pas une chofe qui convient à la plupart des *pronoms adjectifs*, d'être mis avant le Nom, à l'exclufion de l'Article, & avec la même propriété, comme quand je dis, *ce papier, cette plume*, &c. *mon frere, votre fœur*, &c. Ainfi l'Article eft un pronom tel que bien d'autres, mais auquel on a donné par excellence le nom d'*Ar-*

(1) Apollonius, pag. 15. *Articuli, juncti nominibus, vim & poteftatem fuam exferunt : non juncti, tranfeunt in pronomina.* Je cite la Traduction de François Portus, édition de Francfort, 1590.
Prifcien, livre XI. *Stoici articulum & pronomen unam partem orationis accipiebant.*

ticle, parce qu'il eſt d'un plus fréquent uſage qu'aucun des autres.

J'ai dit, en ſecond lieu, qu'il doit précéder le *Nom :* & il le précede immédiatement, à moins que ce nom, étant ſubſtantif, ne ſoit lui-même précédé par un adjectif qu'il régiſſe, *la belle ſaiſon*, *les beaux vers.* Alors l'Article cede à l'adjectif le voiſinage du ſubſtantif, & il marche avant tous les deux. Hors de là, il n'y a que l'adjectif *Tout*, qui, comme nous l'avons déja remarqué, précede toujours l'Article *ſimple*, & diviſe le *particulé.*

J'ai dit, en dernier lieu, que la propriété de l'Article, c'eſt d'annoncer qu'à des noms *communs*, ou employés comme tels, on a voulu attacher un ſens précis. Car un nom, à le prendre tout ſeul, ne renferme que la ſimple idée de la choſe, à la ſignification de laquelle il eſt deſtiné. Mais cette idée pouvant être vague ou déterminée, générale ou reſtreinte, c'eſt à moi à déſigner quelle étendue je donne à cette idée. Or c'eſt ce que je ne puis faire que par un Article, ou par quelque choſe d'équivalent. *Pain*, ne préſente que l'idée de ce qu'on appelle pain. Mais en diſant, *j'aime le pain*, ou *don-*

neʒ-moi du pain, ou *donneʒ-moi un pain*, je fais concevoir pour quelle idée précife je veux qu'on reçoive ce mot, *pain.*

I I.

Quand faut-il employer l'*Article ?* Toutes les fois qu'il faut annoncer que des noms *communs* doivent être pris dans un fens déterminé. Or la quantité de ces noms-là n'eft limitée, ni ne peut l'être, puifque l'Article fubftantifie & modifie des mots de toute efpèce, conformément à des regles, ou à des ufages qui, comme nous l'allons voir, ne varient pas.

1. *Noms propres.* Quoiqu'ils n'appartiennent qu'à des individus, & que par conféquent leur acception n'ait pas befoin d'être autrement déterminée; cependant ils demandent l'article quand on les accompagne d'un adjectif. Mais il y a cette différence à remarquer : Que fi l'adjectif précede le nom propre, il énonce une qualité, qui pourroit être commune à plufieurs; au-lieu que s'il ne vient qu'après, il exprime une qualité diftinctive. Quand je dirai, *Cicéron foupa cheʒ le riche Luculle*, je donne feulement à Luculle la qualité de riche. Mais fi je difois, *cheʒ Luculle le riche*, ce feroit pour le diftin-

guer des autres Luculles. Voilà de ces
petites différences, qui ne peuvent être
imaginées, ni réduites en principe, que
par un peuple ami de la précision & de
la clarté dans son langage.

Quelquefois aussi l'Article fait que le
nom *propre* change de nature, comme
quand nous disons que Moliere est *le Térence* moderne ; que *l'Alexandre* de Racine est trop doucereux, &c. On donne
même des pluriels à ces sortes de noms,
les Térences, *les Alexandres*, &c. Telle
est ici la force de l'Article, qu'il met ces
noms au rang de ceux qu'on appelle *communs*, c'est-à-dire, dont l'idée est communicable à plusieurs individus.

Au contraire, l'Article fait (2) que le
nom *commun*, & même l'épithète, deviennent noms *propres*. Quand nos Pré-
dicateurs disent *l'Apôtre*, c'est Saint Paul ;
le Sage, c'est Salomon. Personne n'ignore
que les Grecs, pour désigner Homere,
disoient *le Poëte* ; & nous apprenons
d'Henri Estienne (3) qu'anciennement

_____

(2) Apollonius, pag. 44. *Facit ut epithetum
habeat eamdem proprietatem, quam habet nomen
proprium.*

(3) Traité de la conformité du langage François avec le Grec, pag. 78.

on

on a dit, *le Poëte François*, pour défigner Marot : *lequel titre*, ajoute-t-il, *eut depuis tant de compétiteurs, qu'on n'a fu à qui le donner fans faire tort aux autres.*

Que fi l'Article fe trouve dans une infinité de noms *propres*, foit noms de villes ou de villages, *le Catelet*, *la Fleche*, *la Rochelle ;* foit noms de famille, *le Tellier*, *le Noir*, *la Fontaine ;* il eft aifé de voir qu'originairement ce furent des noms *appellatifs*, où dans la fuite l'Article ne s'eft confervé que comme une fyllabe inhérente, qui n'a plus de propriété, & qui demeure indéclinable, fans égard au fexe des perfonnes ainfi nommées.

On fe permet quelquefois de mettre l'Article à des noms *propres*, & fur-tout en parlant de certaines femmes extrêmement connues, foit en bien, foit en mal. Ainfi l'on dira, *la Chammeflé*, fameufe actrice ; *la Brinvilliers*, célebre empoifonneufe. Mais n'oublions pas que ces manieres de parler ne fortent point de la converfation, ou du moins n'entrent que dans un ftyle qui, comme l'a fagement obfervé M. l'Abbé Regnier, marque de la familiarité, ou du mépris.

Quoique les quatre parties du monde, quelques aftres, les royaumes, les pro-

G

vinces, les rivieres, les montagnes, aient leur nom particulier, dont l'accep-tion semble déterminée par elle-même; nous ne laiffons pas d'y ajouter fouvent l'Article, mais fans regle, fans unifor-mité. On dit avec l'Article, *les Rois du Japon*, *l'or* du *Pérou*, *la porcelaine de* la *Chine :* mais on dit fans article, *les Rois de France*, *l'argent d'Allemagne*, *la por-celaine de Saxe*. Je renvoie pour un plus grand détail à la Grammaire de M. l'Abbé Regnier, & je conclus avec lui qu'en ce qui regarde ces fortes de noms *propres*, tout n'étant guère fondé que fur le bon plaifir de l'Ufage, on l'apprendra dans le commerce du monde, & dans les Ou-vrages bien écrits.

2. *Adjectifs.* J'ai déja dit que l'Article avoit la vertu de convertir en fubftantifs les mots d'une toute autre efpèce. Ainfi la plupart des adjectifs vont être fubftan-tifiés par l'addition de l'Article. On dira, *le vrai*, *le beau*, *le fublime*, *le nouveau*, *le fâcheux*, *l'affecté*, *le recherché*, &c. Tous ces mots, de fimples adjectifs qu'ils étoient, paffent à la qualité de fubftantifs, & ils en acquierent toutes les propriétés, qui font de pouvoir être mis fans adjectif, *rien n'eft beau que le vrai :* de pouvoir être

accompagnés d'un adjectif qu'ils régiſſent, *le vrai ſeul :* de pouvoir être ce que la Logique nomme le ſujet de la propoſition, *le vrai ſeul eſt aimable.*

Hors de là, jamais l'Article ne précede un adjectif détaché de ſon ſubſtantif, ſi ce n'eſt dans les phraſes où il y a ellipſe. *J'aime la bonne compagnie, mais je hais, ou je crains* la *mauvaiſe. Si ce ſont deux ſœurs que la langue Italienne, & l'Eſpagnole, celle-ci eſt* la *prude, & l'autre* la *coquette.* Ici l'Article n'eſt pas ſeulement démonſtratif, mais de plus il eſt corrélatif.

Telle eſt auſſi la vertu de l'Article, que comme en s'uniſſant à l'adjectif, il le ſubſtantifie ; de même en ſe détachant du ſubſtantif, nom *commun,* il le réduit à n'être qu'adjectif. *Rarement les Philoſophes ſont poëtes, & plus rarement les Poëtes ſont philoſophes.* Un même mot, *Philoſophe,* eſt ſubſtantif dans la premiere propoſition, & adjectif dans la ſeconde. Un même mot, *Poëte,* eſt adjectif dans la premiere propoſition, & ſubſtantif dans la ſeconde. Ainſi l'acception du nom *commun* eſt déterminée par l'addition, ou la ſuppreſſion de l'Article.

Pour former nos ſuperlatifs, il ſuffit

que le comparatif (4) foit précédé de l'Article, mais toujours précédé immédiatement. Car fi nous difons, *les plus favans hommes*, alors l'Article fert en même temps, & au fubftantif, & au fuperlatif, mais en mettant le fuperlatif après le fubftantif, il faut répéter l'Article, & dire, *les hommes les plus favans.*

Je viens d'avancer, que l'Article fe répete quand le fuperlatif ne fe montre qu'après le fubftantif : & maintenant j'ajoûte que c'eft toujours l'Article *fimple*, lors même que fon fubftantif a reçu l'Article *particulé*. Un ou deux exemples me feront entendre. *C'eft la coutume* des *peuples* les *plus barbares. J'ai obéi* au *commandement* le *plus jufte.* Pourquoi d'abord, *des*, & *au*, mais enfuite, *les*, & *le* ? Parce que le fuperlatif demande la répétition & la proximité de l'Article, fans lequel il ne feroit pas fuperlatif, mais n'a nul befoin de la particule incorporée dans l'Article du fubftantif.

On voit également cette particule incorporée dans l'Article du Subftantif, quand nous difons : *Voilà* de *l'eau, donnez-moi* du *vin,* Mais l'article difparoîtra quand nous ferons précéder un adjectif ; *Voilà*

(4) Voyez-ci-deffus, page 132.

de bonne eau, donnez-moi de bon vin. Et
l'article reparoîtra, quand l'adjectif ne sera
mis qu'après le substantif : *Voilà de l'eau
claire, donnez-moi du vin pur.*

3. *Verbes.* On lit dans la Grammaire
de M. l'Abbé Regnier, que l'usage de
l'Article devant l'Infinitif des verbes, est
presque renfermé dans certaines façons
de parler, *le boire, le manger, le dîner,
le souper, le lever & le coucher du soleil,
être au lever du Roi, au petit coucher du
Roi, quand ce vint au fait & au prendre,
au partir de là, au pis aller, avoir le rire
agréable.* Mais quoi, y auroit-il grand mal
à étendre un peu cette liberté de créer
(5) des substantifs dans ce goût-là, puisqu'elle peut occasionner des expressions
neuves & heureuses ? Témoin la réponse
de *l'Angeli*, ce Fou de la vieille Cour,
immortalisé par Despréaux. Un jour le
Roi lui ayant demandé pourquoi on ne
le voyoit jamais au Sermon : *Sire,* dit-il,
*c'est que je n'entends pas le raisonner ; &
je n'aime pas le brâiller.*

4. *Particules.* J'y renferme tous nos
petits mots indéclinables, qui, précédés

(5) Apollonius, pag. 36. *Illud in genere
constituendum est, quemlibet infinitum esse nomen
verbi.*

G iij

de l'Article, s'emploient subftantivement.
Adverbes, *le pourquoi*, *le comment*, &c.
Prépofitions, *le pour*, *le contre*, &c. Con-
jonctions, *les fi*, *les mais*, *les car*, *les &c.*

Voilà, à peu près, ce qu'il y avoit
à dire pour faire connoître quels noms
reçoivent l'Article. Mais examinons tout
de nouveau, & plus particulièrement,
quel effet il produit fur ces noms. Or
l'effet qu'il produit, confifte, ainfi que
j'ai dit, en ce qu'il détermine leur acception, qui, fans l'Article, demeureroit
vague & incertaine.

Je puis, quand j'emploie un nom *commun*, donner plus ou moins d'étendue à
l'idée qu'il préfente. Je puis, d'abord,
laiffer à cette idée toute l'étendue qu'elle
peut avoir. Je puis, en fecond lieu, la
reftreindre ou à plufieurs, ou à un feul
des individus, que cette idée générale
comprend. Je puis, enfin, ne vouloir
donner à entendre qu'une portion indéterminée, ou de toute une efpèce, ou de
quelque individu. Voyons comment notre Article nous fert à marquer ces trois
différentes acceptions d'un même mot.

Premièrement, fi je veux laiffer à un
nom *commun* toute l'étendue de l'acception qu'il peut avoir, je me fers pour cela

de l'Article *simple*. Par exemple , dans ces phrases, *L'homme est mortel, la Poésie est attrayante, les villes pendant l'hiver sont préférables à la campagne ;* je présente l'idée d'*homme*, de *Poésie*, de *ville*, de *campagne*, sans restriction, & dans toute l'universalité, qui peut lui convenir.

Mais, en second lieu, si je veux au contraire borner mon idée, & ne l'appliquer qu'à certains individus, ou qu'à un seul; comment faire ? Pour cela j'ai besoin, non seulement de l'Article *simple*, mais encore d'une restriction tacite, ou exprimée. Restriction tacite, & qui naît des circonstances où je parle : comme quand je dis à Paris, *le Roi*, on voit assez que j'entends le Roi de France ; & lorsqu'étant à table, je dirai, *avancez la salière*, on voit assez de quelle salière il s'agit. Restriction exprimée, ou par un adjectif, *les hommes* vertueux *modèrent leurs passions ;* ou par un pronom suivi d'un verbe, *les hommes* qui aiment l'étude, *sont avares de leur temps.*

On demandera sans doute à quoi sert ici l'Article, puisque c'est par l'adjectif, ou par le pronom suivi d'un verbe, & non par l'Article, que l'acception du nom *commun* est déterminée ? Réponse. C'est

G iv

l'Article feul, qui fonde ici le droit que j'ai d'y faire entrer cet adjectif, ou ce pronom, lefquels ne pourroient (6) fe mettre après un nom fi l'Article ne l'avoit précédé.

Je puis, enfin, vouloir tellement reftreindre mon idée, qu'on l'applique feulement à une portion indéterminée, ou de l'efpèce, ou de quelque individu. Alors il faut que j'emploie l'Article *particulé*, qui eft *du* pour le fingulier, & *des* pour le pluriel. *Il y a des voyageurs qui affurent*, &c. *J'ai du pain*, de *l'argent*, &c. Mais ces mêmes phrafes, fi d'affirmatives elles devenoient négatives, perdroient l'Article : *Il n'y a point* de *voyageurs*, *qui*, &c. *Je n'ai point* de *pain*, &c. Il n'y refteroit que la fimple particule, & ce qu'elle opere d'elle-même. Voyons donc en quels cas, & pourquoi l'Article ceffe d'avoir lieu.

I I I.

Quand faut-il omettre l'*Article ?* Premièrement, lorfque des noms *propres*

(6) Apollonius, pag. 22. *Nomina per fe nullam relationem habent, nifi affumant articulum.* C'eft la fameufe Regle de Vaugelas, dont j'ai tant parlé dans mes Remarques fur Racine, *Rem.* XXII, & fuivantes.

s'emploient précisément comme tels. Car, puisqu'ils ne signifient que des individus, ils n'ont pas besoin qu'on détermine leur acception. Aussi ne leur donne t-on point (7) d'article. *Rome*, *Alexandre*, *Virgile*. Et de là vient qu'on n'en donne point non plus à des noms *communs*, lorsqu'ils font (8) l'objet d'une apostrophe. Quelque matériel, & quelque insensible que puisse être cet objet, c'est le personnifier que de lui adresser la parole. Tout nom, de *commun* qu'il étoit, devient alors un nom particulier, & déterminé par la position où il est, à ce qu'on veut qu'il signifie dans ce moment.

Ajouterai-je que si l'Article entre quelquefois dans l'apostrophe, comme quand on dira, *la belle enfant, répondez : l'homme aux rubans verts, en tenez-vous ?* Ce n'est que dans des phrases très-familieres, où il est clair que *vous* est sous-entendu.

Reste à examiner ce qui regarde les noms *communs*, quelque place qu'ils occupent ailleurs que dans une apostrophe.

(7) Si ce n'est à quelques noms Italiens ; *le Dante*, *l'Arioste*, *le Taffe*, &c.
(8) *Déployez toutes vos rages, Princes, Vents, Peuples, Frimas.*
DESPREAUX, Ode sur la prise de Namur.

G v

Par le détail où il est nécessaire que j'entre, on verra quand ils demandent la suppression de l'Article.

1. *Quand il sont employés comme adjectifs.* J'en ai déja cité un exemple : *Rarement les Philosophes sont poëtes.* Mais la traduction de ces paroles qui se lisent dans l'Evangile, *si Filius Dei es,* fournit un exemple plus palpable & plus connu. On les peut rendre ainsi, *Etes-vous Fils de Dieu?* ou ainsi : *Etes-vous le Fils de Dieu?* Or ce sont deux propositions essenciellement distinctes, puisque le mot, *fils,* en tant que précédé de l'Article, est dans la seconde, un substantif individualisé ; au-lieu que dans la premiere, où il n'a point d'Article, il n'est qu'adjectif, qui marque simplement une qualité, & par conséquent quelque chose de communicable.

2. *Quand le nom commun est précédé d'un nom de nombre.* Par exemple, *Un ami, deux amis, cent pistoles.* Mais cela n'est vrai que dans le cas où ces termes sont employés précisément pour calculer. Ont-ils déja servi au calcul ? Y a-t-il quelque raison de les répéter, ou quelque relation sous - entendue ? Alors il faut l'Article. *Les deux amis que j'attendois. Les cent pistoles n'arrivent pas.*

Puisque nous en sommes aux noms de nombre, je devrois avertir que plusieurs de nos Grammairiens nous donnent mal à propos *un* pour Article. Je ne m'explique pas encore, mais j'y reviendrai dans un moment.

3. *Quand le nom* commun *se trouve précédé d'un adjectif qui est pronom, ou de la même classe.* Tels sont ceux qui par eux-mêmes individualisent le nom commun, *ce, mon, notre, ton, votre, son, leur :* ceux qui le restreignent plus ou moins, *quelque, chaque, certain, plusieurs :* ceux qui nient sans restriction, *aucun, nul :* ou enfin, *tout,* qui produit l'effet contraire.

4. *Quand le nom, mis après le verbe, ne fait qu'un avec le verbe, dont il restreint l'acception.* Rien de si fréquent. *Avoir peur, avoir pitié, avoir patience, avoir bec & ongles, Faire peur, faire pitié, faire amitié, faire justice,* &c. Même regle à observer si le nom tient au verbe par une particule, *regarder en pitié, donner en spectacle, songer à malice, agir de tête, trembler de froid,* &c. Remarquons qu'en toutes ces phrases, & mille autres semblables, le nom demeure indéterminé,

5. *Quand l'énumération finit par un mot qui affirme, ou qui nie sans reftriction.* Tour oratoire des plus communs. *Parents, étrangers, amis, ennemis, tous l'ont pleuré. Prieres, bienfaits, offres, menaces, larmes d'un pere & d'une mere, rien ne l'a ébranlé.*

Tous autres cas où l'on fupprime l'Article, rentreront dans quelqu'un de ceux que je viens d'expofer ici : & il eft temps que j'en revienne, comme je l'ai promis, à l'examen de cette opinion, qui nous donne *un* pour Article. Ou plutôt, il eft inutile de l'examiner, puifqu'elle porte uniquement fur ce préjugé, que la langue Françoife, à l'exemple de la Latine, connoît des *génitifs, datifs,* &c. préjugé, dont il me femble qu'on eft affez revenu aujourd'hui, pour qu'il ne foit plus néceffaire de le combattre. *Un* ne fut jamais (9) confondu avec *le.* J'admire

(9) Cette particule * *Un*, s'appelle improprement Article... Tant s'en faut qu'elle foit Article, que même elle lui eft oppofée.

Voilà un galant. Voilà le galant. On pourra dire, *voilà un galant,* de celui qu'on n'aura jamais vu auparavant, & même dont on n'aura point ouï parler : mais, *voilà le galant,* ne fe dira que de celui dont on aura tenu quelque

* *Particule fignifie ici,* petit mot.

M. l'Abbé Regnier, qui, convaincu de
cette vérité, & après l'avoir folidement
prouvée, ne laiffe pas de fe prêter au
fyſtême de ceux qui déclinent en François comme en Latin, & qui là-deffus
ont forgé leur prétendu article *indéfini.*
Quelle chimere ! Tenons pour certain
qu'il n'y a d'Article que *le*, *la*, *les*, qui
fubfifte dans *au*, & *des*, où il eſt incor-
poré à l'une de ces deux prépofitions,
à, & *de*, leſquelles prépofitions y confervent leur valeur propre, ainfi que
l'Article y conferve la fienne.

Autre erreur, de s'imaginer que l'Article ait été inſtitué, comme plufieurs de
nos Modernes continuent à l'écrire, pour
marquer les genres (1) & les nombres
des mots qu'ils précedent. Mais ne font-
ce pas ces mots, qui, comme fubſtan-
tifs, décident le genre & le nombre de
l'Article ?

Un rien à remarquer, parce qu'il fait
voir combien les Savants avoient médité
fur l'Article, c'eſt qu'il ne fe met jamais

propos auparavant. *H. Eſtienne, Conformité,*
&c. *pag.* 76.

(1) Apollonius, pag. 28. *Nonnulli lapſi*
funt non leviter, cùm exiſtimarent articulos ad-
jungi nominibus, ut genera diſtinguant.

qu'avant des noms, dont la fignification
foit déja connue de la perfonne à qui
l'on parle. Apprend-on l'alphabet (2) à
un enfant ? On lui dit, *voilà* A, *voilà*
B, &c. Quand il connoîtra fes lettres,
on lui dira, s'il fe trompe, *vous prenez*
l'A *pour* le B, &c. Ainfi le premier qui
apporta le caffé en France, dit fans doute,
les Arabes ont une efpece de fève, qu'ils
appellent caffé : mais enfuite, *le caffé a*
telle vertu, le caffé fe prépare ainfi, &c.

Je dois cette derniere obfervation, &
la plupart des précédentes, à un Grammairien du fecond fiecle, *Apollonius*
d'Alexandrie. Puifque l'Article nous vient
des Grecs, à qui devons-nous recourir qu'aux Grecs eux-mêmes, pour en
connoître les propriétés ?

Au refte, n'oublions pas que l'Article,
pris féparément, ne fignifie rien. Une
jolie (3) comparaifon, tirée du même
Auteur, fervira de preuve. Il y a, dit-il,
cette différence entre la Confonne & la
Voyelle, que celle-ci, fans aucun fecours

(2) Apollonius, *pag.* 34, emploie ce même
exemple.

Page 50, il dit : *Articulus adjunctus repetit me-*
moriam rerum jam cognitarum.

(3) Apollonius, *pag.* 14, & 15.

étranger, fait entendre un son distinct : au-lieu que la Consonne a besoin de l'autre, pour pouvoir être articulée. A la Voyelle il faut, ajoûte-t-il, comparer le Nom, le Verbe, l'Adverbe, & le Participe, qui, par eux-mêmes, offrent à l'esprit une idée précise : mais à la Consonne il faut comparer l'Article, la Conjonction, & la Préposition, tous mots qui, pour être significatifs, doivent être accompagnés d'autres mots.

CHAPITRE TROISIEME.

Des Pronoms.

ON appelle *Pronom*, un mot qui se met à la place d'un *Nom*, pour signifier l'équivalent. Peut-être la définition ne convient-elle pas *omni*, & *soli* : mais nous ne sommes pas ici sur les bancs de l'École. Quoi qu'il en soit, les Pronoms eux-mêmes sont de vrais noms : les uns, purs *substantifs* ; les autres, purs *adjectifs* ; & d'autres enfin, tantôt *substantifs*, tantôt *adjectifs*. Je suivrai cette division, qui me paroît la plus grammaticale, & la plus commode pour bien démêler ce que les Pronoms de chaque espèce ont de particulier.

I.

On diſtingue en Grammaire trois perſonnes, dont la premiere eſt celle qui
parle ; la ſeconde, celle à qui l'on parle ;
la troiſieme, celle dont on parle. Et comme il ſeroit ennuyeux d'avoir ſans ceſſe à
répéter le nom de la perſonne dont il
s'agit, c'eſt pour abréger le diſcours, ſans
nuire à la clarté, qu'on uſe de certains
Pronoms, qui, parce qu'ils ſuppléent
au nom des perſonnes, ſont appelés *perſonnels.*

Tous ces Pronoms perſonnels ſont de
vrais ſubſtantifs : ni plus ni moins que les
noms mêmes, à la place deſquels ils ſont
mis.

Pour la premiere perſonne, au ſingulier, on en a trois, *je*, *moi*, & *me*, qui
préſentent abſolument la même idée,
mais qu'on ne ſauroit cependant mettre
l'un pour l'autre. Ce qui décide du choix,
c'eſt la place que le Pronom doit occuper dans le diſcours.

Il faut, *je*, s'il eſt régiſſant, & à la
tête d'une phraſe, ou principale ou inci-
dente : *Je crois que je partirai demain.*
Mais il ne ſe met qu'après le Verbe, ſoit
dans une interrogation, *chanterai-je?*
chanté-je ? ſoit dans une exclamation,

où suis-je ! soit dans une parenthese,
croyez-moi, vous dis-je : soit enfin quand
le Verbe est précédé *d'aussi, encore,
peut-être, à peine,* & autres semblables,
qui servent à marquer une conséquence
de ce qui vient d'être dit. *Vous me flat-
tez, aussi ne vous crois-je pas. Encore devrois-je,* &c. *Peut-être devrois-je,* &c. *A
peine fus-je arrivé,* &c.

Il faut, *moi,* premièrement, lorsqu'on
le joint à *je,* ou à *me,* par une espèce
d'apposition : *Moi, je vous tromperois? Me
soupçonner, moi votre ami ?* En second
lieu, toutes les fois qu'il suit le Verbe :
C'est moi, sauvez-moi. Troisièmement,
lorsqu'il tient par une conjonction à un
autre nom : *Paul & moi, lui ou moi.*
Enfin, lorsqu'il est précédé d'une particule exprimée, *fiez-vous à moi,* ou sous-
entendue, *parlez-moi.*

Il faut, *me,* quand il est régi par le
verbe, & il doit le précéder : *Je vous prie
de me suivre, ne me trompez pas.* Ce qui
est si vrai, qu'en faisant deux phrases de
suite, comme celles-ci, *écoutez-moi, &
me croyez ;* on dit *moi* dans la premiere,
parce qu'il vient après le verbe; & *me*
dans la seconde, parce qu'il va devant.
Il n'y a qu'un cas où *me* doive être mis

après le verbe ; mais seulement après le verbe employé dans une apostrophe ; & c'est quand il est suivi de la particule *en*, prise dans un sens pronominal : *Parlez-m'en.* Encore cela n'est-il vrai que dans les propositions affirmatives ; car dans les négatives le Pronom va toujours avant le verbe : *Ne m'en parlez pas.*

Au reste, il n'en est pas tout-à-fait de même de la particule *y.* Car quoiqu'*en* se puisse mettre après le Verbe, *parlez-m'en ;* on ne dira pas, *menez-m'y,* comme on dit très-bien, *vous m'y menerez.* Pourquoi *m'y* après le Verbe n'est-il pas d'usage ? Parce que cette désinence déplaît à l'oreille : & c'est se tourmenter à crédit que d'en chercher une autre raison.

Quant au pluriel, on dit toujours, *nous ;* & il ne differe en rien des autres substantifs, par rapport à la place qu'il doit occuper dans le discours, si ce n'est qu'étant régi par le Verbe, il le précede : *nous* nous *flattons souvent.*

Pour la seconde personne, nous avons *tu, toi, te,* au singulier, & *vous,* au pluriel ; dont la syntaxe est absolument la même que celle du Pronom, qui désigne la premiere personne. Remarquons seulement, que *vous,* quoique pluriel,

souvent ne s'adreſſe qu'à une ſeule perſonne, & alors n'a que la valeur d'un
ſingulier.

A l'égard du genre, quoique ni *je*, ni
vous, n'en marquent pas plus l'un que
l'autre par eux-mêmes, ils ne laiſſent pas
d'en régir l'un des deux, ſelon que c'eſt
un homme ou une femme qui dit *je*, ou
à qui l'on dit *vous*.

Pour la troiſieme perſonne, le maſculin demande, *il*, *lui*, ou *le*, au ſingulier;
ils, *eux*, *les*, ou *leur*, au pluriel : & le
féminin demande, *elle*, *la*, ou *lui*, au
ſingulier; *elles*, *les*, ou *leur*, au pluriel.
Il s'agit de *leur*, indéclinable, qu'il ne
faut pas confondre avec *leur*, adjectif,
dont je parlerai plus bas.

Ici la ſyntaxe eſt encore la même pour
il & *elle*, que pour *je*, ſi ce n'eſt que la
fonction du Pronom, *elle*, ne ſe borne
pas toujours à être *régiſſant*. Car il eſt
ſouvent *régi*, ſoit par une particule, *ſans
elle*, *pour elle*; ſoit par le verbe, dans
les propoſitions négatives, *vous ne voyez
qu'elle*. Par-tout ailleurs, *elle* ſe change en
la, & précede le verbe, *vous la voyez*.

Quoique l'analogie de *lui* à *le*, ſoit
celle de *moi* à *me*; cependant au-lieu
que *moi* ſe change en *me* devant les verbes

qui ont un régime particulé , *vous me prê-
terez ce volume*, on ne change point *lui*
en pareil cas , & on dit , *vous lui préterez
ce volume.*

Ajoutons qu'il n'y a que le régime particulé , où *lui* appartienne indifféremment
aux deux genres. *Parlez-lui*, peut auffi-
bien s'entendre d'une femme que d'un
homme. Hors du régime où la particule
eft fous-entendue, *lui* ne peut fe prendre
qu'au mafculin.

On pourroit regarder *eux* , comme le
pluriel de *lui :* & véritablement l'analogie
eft parfaite, lorfqu'il eft mis, ou avec *ils*
par appofition , *eux , ils n'en feront rien ;*
ou avec une particule exprimée , *on ne
dit rien d'eux , je me fie à eux.* Mais hors
de là, *eux* n'eft point le pluriel de *lui.*
Avec le Verbe, il faut *les* , fi c'eft un
régime fimple , *je les vois :* & *leur* , fi
c'eft un régime particulé , *donnez-leur.*
Remarquons que ce dernier régime eft le
feul cas où l'on puiffe employer *leur* ,
fubftantif.

Pour le pluriel *elles* , la fyntaxe eft la
même que pour *eux.* Ainfi *leur* fe dit
également pour *à eux* , & *à elles.* Il précéde toujours le Verbe, *je leur donnerai,*
fi ce n'eft dans une apoftrophe , *donnez-*

leur, quand la propofition eft affirmative. Car fi elle eft négative, il va devant : *Ne leur donnez pas.*

Quand *le*, *la*, & *les*, ne font pas *article*, mais Pronom perfonnel, leur unique fonction eft de faire le régime fimple d'un Verbe, qu'ils précedent toujours. On parlera d'un homme, *je le connois :* d'une maifon de campagne, *je ne la connois pas :* de quelques volumes, *je les ai lus.*

Une grande différence, & la plus remarquable qu'il y ait, entre les Pronoms de la troifieme perfonne, & ceux des deux premieres ; c'eft que ceux-ci ne peuvent jamais défigner que des perfonnes : au lieu que ceux-là fervent à défigner, & les perfonnes, & les chofes. Cette différence influe particulièrement fur *elle*, *lui*, *eux*, & *leur.* On dira indifféremment d'une femme & d'une prairie, *elle eft belle :* mais *elle*, lorfqu'il eft régi, ou particulé, ne fe dit point des chofes inanimées : non plus que *lui*, *eux*, ni *leur.* On y fupplée par les pronoms, *le*, *la*, *les*, ou par les particules *en*, & *y.* A ces demandes, *eft-ce-là votre canne ? font-ce vos gants ?* vous répondrez, *ce ne l'eft pas*, *ce les font ;* & non, *ce n'eft pas elle*, *ce font eux.* Vous ne direz pas d'une maifon, *je lui ajoûterai un pavillon ;* mais, *j'y ajoûterai un pavillon.* Vous direz d'un Poëte, *que penſe-t-on de lui ?* mais de ſes vers il faudra dire, *qu'en penſe-t-on ?*

J'aurai quelque éclairciſſement à donner là-deſſus, en parlant de l'adjectif, *ſon :* & cela me fait ſonger à ne point oublier ici le pronom (4) réciproque *ſoi*, qui appartient à la troiſieme perſonne, ſubſtantif de tout genre, & ſeulement du nombre ſingulier.

Pour la ſyntaxe, il y a la même analogie de *ſoi*, à *ſe*, que de *moi*, à *me :* c'eſt-à-dire, que *ſoi* ne ſe met jamais qu'après le Verbe, ou après une particule ; & *ſe* va toujours devant le Verbe. *Quiconque n'aime que ſoi, ne ſe fait guere d'amis.*

Quand *ſoi* ſe dit des perſonnes, il ne va qu'avec des termes collectifs & indéfinis, comme *on, quiconque, chacun,* &c. Quand il ſe dit des choſes, ce n'eſt jamais qu'à l'aide d'une particule : *la vertu eſt aimable de ſoi, porte ſa récompenſe avec ſoi.* Et il faut que le nom auquel il ſe rapporte, ſoit au ſingulier. Car ſi c'eſt

(4) J'aurai occaſion d'en parler encore dans mes Remarques ſur Racine, *Rem.* LXXX, où ceci eſt plus détaillé.

un pluriel, on ne peut plus dire *de soi*, mais il faut *d'eux-mêmes*, ou *d'elles-mêmes*, selon le genre de ce pluriel qui régit.

On, Pronom indéfini, appartient encore à la troisieme personne, & il est toujours régissant : de sorte qu'il se conforme à la syntaxe du Pronom *je*, par rapport au verbe ; *on dit. Vient-on?* Quoiqu'indéfini, & collectif de sa nature, il ne laisse pas de se mettre quelquefois à la place d'une personne seule : *on demande à vous parler.* Et quoiqu'il n'appartienne proprement qu'à la troisieme personne, il s'emploie quelquefois pour la premiere, ou pour la seconde. Car, à un homme que je n'aurai point vu depuis long-temps, & que je viens à rencontrer, je lui dirai, *il y a long-temps qu'on ne vous a vu :* & & à un malade, *se porte-t-on mieux aujourd'hui ?* Mais, comme il n'y a que les circonstances qui puissent ainsi déterminer le sens, ces manieres de parler ne peuvent guère sortir de la plus simple conversation.

Pour éviter un *hiatus*, ou pour rompre la mesure du vers dans la prose, il est très-permis d'écrire *l'on :* & c'est le seul de nos Pronoms substantifs, qui, par lui-même, & sans que cela change rien à sa nature, souffre quelquefois l'article. Je dis le *seul*. Car si, dans cette jolie scene où il est question des deux Sosies, *moi* est tant de fois accompagné de l'article, c'est afin de pouvoir lui donner un sens distributif, & qui distingue *le moi battant* d'avec *le moi battu*.

Avant que de quitter cette matiere, il est à propos de nous remettre devant les yeux une remarque importante, sur laquelle je n'ai fait que glisser, & dont l'utilité se fera encore mieux sentir, lorsque j'en serai aux *Participes*. C'est que souvent un Verbe a deux régimes, dont l'un est simple, & l'autre particulé. Quand je dis, *payez le tribut à César*, ces derniers mots, *à César*, sont le régime particulé du verbe *payer*. Or si nous mettons à la place de ces deux noms, *tribut* & *César*, deux Pronoms; la phrase alors sera ainsi conçue, *payez-le lui*; & par conséquent la particule *à*, est sous-entendue devant *lui*: comme il faut la sous-entendre devant tout autre Pronom employé pour second régime du verbe : *Vous me le direz, je vous le rendrai*, c'est-à-dire, *vous le direz à moi, je le rendrai à vous.*

Quelle raison, au reste, peut vouloir que dans ces deux phrases, *payez-le lui*,

je

je vous *le rendrai*, les pronoms changent ainſi de place ? A l'Impératif, *payez-le lui*, le régime particulé n'arrive que le dernier ; & dans les autres modes du Verbe, c'eſt tout le contraire. Qui diroit, *payez-lui le*, ou *je le vous rendrai*, ſeroit barbare. Pourquoi cette différence ? Tel eſt le bon plaiſir de l'Uſage, maître abſolu des Langues, qui toutes, outre l'eſſenciel, ont de l'arbitraire ; mais arbitraire, qui, du moment que l'Uſage s'eſt fixé, devient lui-même eſſenciel.

I I.

Je paſſe aux Pronoms *adjectifs*, qui comprennent principalement ceux que l'on appelle *poſſeſſifs*, dont la fonction eſt de marquer à qui appartient la choſe ſignifiée par leur ſubſtantif. Quand ils le précedent, ils ne ſouffrent point d'article. Quand ils ne viennent qu'après, ils demandent l'article. Voilà donc deux eſpèces de Pronoms *poſſeſſifs*, & d'autant plus faciles à diſtinguer, que, comme on le verra tout à l'heure, ils n'ont point les mêmes terminaiſons.

Pour le ſingulier de chaque perſonne, il y a trois Pronoms de la premiere eſpèce. Un maſculin, *mon*, *ton*, *ſon* ; & un

H

(5) féminin, *ma*, *ta*, *ſa*, pour le ſingulier ; avec un autre pour le pluriel, *mes*, *tes*, *ſes*, commun aux deux genres.

Quand il s'agit de pluſieurs perſonnes, il y a de même trois Pronoms. Au ſingulier, *nôtre*, *vôtre*, *leur*. Au pluriel, *nos*, *vos*, *leurs*. Et ces Pronoms, tant au ſingulier qu'au pluriel, ſont communs aux deux genres.

J'avertis qu'on retrouvera *nôtre*, *vôtre*, *leur*, & *leurs*, au nombre de ces autres Pronoms, qui demandent un article. Mais allons par ordre. Quant à préſent, je ne les conſidere que comme appartenants à ces Pronoms poſſeſſifs de la premiere eſpèce, qui ne ſouffrent point d'article, mais qui en ſervent eux-mêmes à leur ſubſtantif, avec lequel ils s'accordent en genre, comme en nombre, & qu'ils doivent immédiatement précéder, à moins qu'il ne s'y gliſſe un pur adjectif entre deux. Voilà en quoi conſiſte toute la ſyntaxe de ces Pronoms : & il n'y a ici nulle

---

(5) On dit cependant, *mon ame*, *ton épée*, *ſon audace*, &c. En voici la raiſon.

Conſule veritatem, reprehendet : refer ad aures, probabunt. Quære, cur ? ita ſe dicent juvari. Voluptati autem aurium morigerari debet oratio. *Cic. Orat.* 48.

difficulté ; que fur celui de la troifieme
perfonne.

Pour fentir cette difficulté , & même
pour la réfoudre, c'eft affez de favoir que
les Pronoms poffeffifs, *fon* , *fa* , *fes* ,
leur , & *leurs* , ne s'appliquent qu'aux perfonnes , & aux chofes qu'on aura en quelque forte perfonnifiées, fi l'on a eu l'art
de les amener , & d'y préparer par quelque expreffion, qui ne convienne qu'à
des perfonnes. Ainfi ce Pronom poffeffif,
a lieu dans la plupart des phrafes où
entre le verbe *Avoir* , quoique la propofition ait pour fujet une chofe inanimée.
On dit donc très-bien, *chaque fruit a fon*
goût, un triangle a fes trois côtés, tout
corps a fes dimenfions. Mais, en parlant
d'une chofe inanimée , ou de quelque
bête, fans qu'il y ait rien qui la perfon-
nifie, on doit remplacer le Pronom poffeffif par les *particules* deftinées à cela,
en , ou *y* , qui font mifes elles-mêmes
au rang des Pronoms. Témoin ce pro-
verbe , *Quand on parle du Loup, on* en
voit la queue ; & non pas , *on voit fa*
queue. On diroit cependant , *Rien n'ap-*
partient plus au loup que fa queue , parce
que dans cette derniere phrafe , & non
dans la précédente, il s'y trouve un Verbe

qui dénote la poſſeſſion. Or le ſujet à
qui convient la poſſeſſion, ſi par acci‑
dent ce n'eſt pas une perſonne, eſt ce‑
pendant regardé toujours comme une per‑
ſonne. Voilà, je crois, un principe cer‑
tain : & s'il y a des exceptions autoriſées
par l'uſage, c'eſt de l'uſage même qu'on
l'apprendra.

Venons à l'autre eſpèce de Pronoms
poſſeſſifs, qui ſont ceux que l'article doit
immédiatement précéder.

Quand le Pronom ne déſigne qu'une
ſeule perſonne, c'eſt à la premiere, *le
mien*, & *la mienne ; les miens*, & *les
miennes*. A la ſeconde, *le tien*, & *la
tienne ; les tiens*, & *les tiennes*. A la
troiſieme, *le ſien*, & *la ſienne ; les ſiens,
& les ſiennes*.

Quand il déſigne pluſieurs perſonnes,
c'eſt à la premiere, *le nôtre, la nôtre,
les nôtres*. A la ſeconde, *le vôtre, la vô‑
tre, les vôtres*. A la troiſieme, *le leur, la
leur, les leurs*.

On retrouve encore ici, au ſujet de la
troiſieme perſonne, cette même difficulté,
qui vient de nous arrêter il n'y a qu'un
moment, & qui conſiſte en ce que le
Pronom poſſeſſif ne s'applique pas en
toute occaſion aux choſes, comme aux

perſonnes. Mais les principes ne varient
point. Ainſi nous dirons très-bien, *cet
arpent-là eſt le ſien*, quand nous voudrons
dire que c'eſt l'arpent d'un tel : mais nous
parlerions mal, ſi c'étoit pour dire que
c'eſt l'arpent du parterre, ou du potager :
& cela, parce que le Pronom poſſeſſif
qui prend l'article, ne doit s'appliquer
aux choſes, que dans les mêmes occa-
ſions, où nous avons vu qu'il eſt permis d'employer celui qui n'admet point
d'article.

Il me reſte à dire, que celui qui prend
l'article, peut s'employer comme ſubſtantif, & au ſingulier, & au pluriel, mais
au maſculin ſeulement. Au ſingulier, *le
mien, le vôtre*, pour ſignifier ce qui m'appartient, ce qui vous appartient. Au pluriel, *les miens, les vôtres*, pour ſignifier
nos proches, nos alliés, ceux qui ſont
en quelque façon à nous. Mais en ce ſens
il faut que le pronom poſſeſſif ſoit précédé
du perſonnel : *moi, & les miens ; vous,
& les vôtres ; eux, & les leurs.*

On voit par là qu'il y a des Pronoms
qui peuvent être, tantôt *ſubſtantifs*, tantôt *adjectifs*. Troiſieme & derniere eſpèce,
dont j'ai à parler.

III.

Puisqu'un même Pronom est susceptible de plus d'une acception, & par conséquent peut appartenir à plus d'une classe, il m'a semblé que ce n'étoit pas trop la peine de conserver le style ordinaire des Grammairiens, qui divisent les Pronoms en *relatifs*, *démonstratifs*, *interrogatifs*, &c. Un même Pronom, interrogatif dans telle phrase, relatif dans telle autre, ne doit-il pas sa dénomination à la phrase même où il se trouve ? Ainsi le mieux est que je m'en tienne à l'ordre alphabétique, pour ceux dont il me reste à parler.

1. *Ce*, substantif, présente l'idée d'une chose qui n'a pas besoin d'être spécifiée, ou qui l'a été, ou qui va l'être. Qui n'en a pas besoin, *ce qui est vrai aujourd'hui, le sera demain*. Qui l'a été, *vous aimez les Romans, ce n'est pas mon goût.* Qui va l'être, *c'est un trésor qu'un ami.* Et comme ce qui sert à lier les deux idées de cette derniere phrase, c'est la particule *que*; de là vient qu'il n'est pas inutile de la conserver avant un infinitif, *c'est un trésor* que *d'avoir un ami*. On peut cependant la supprimer, *c'est folie de compter sur l'avenir.*

Quand ce Pronom eſt régi, il demande toujours d'être ſuivi d'un relatif. *Je ſais ce qui vous fâche. Pourroit-on ſavoir ce que vous penſez ?*

Je n'ai rien à dire ſur *ce*, adjectif, ſi ce n'eſt qu'il ſe change en *cet*, devant un nom maſculin qui commence par une voyelle, *cet honneur* : & qu'au contraire dans *ce*, ſubſtantif, il y a éliſion avant le Verbe, *c'eſt, ç'a été.*

On voit aſſez que *ce*, ſubſtantif, ne peut jamais être qu'un ſingulier. Cependant, s'il eſt ſuivi d'un ſubſtantif pluriel, & que la propoſition (6) ſoit identique, le Verbe doit être au pluriel : *Ce ſont de bonnes gens.* Mais la propoſition n'étant pas identique, le verbe reſte au ſingulier : *C'eſt de bonnes gens qu'on a beſoin.*

Aſſez ſouvent ce Pronom s'aſſocie l'une de ces deux particules, *ci*, ou *là*, dont la premiere marque plus de proximité, & l'autre moins. Ainſi, de ce qui eſt plus près de moi, je dirai, *ceci eſt bon* : & de ce qui en eſt plus éloigné, *cela eſt meilleur.* Priorité de temps ſe diſtingue comme proximité de lieu, *cette année-ci, cette année-là.* Et par ce dernier exemple

_____

(6) Propoſition *identique*, dont le ſujet & l'attribut ne font qu'un ſeul & même objet.

on voit que ces particules *ci*, & *là*, au-
lieu de se joindre au Pronom, se joignent
à un nom.

Remarquons la même analogie dans
les autres Pronoms substantifs, qui se forment de l'adjectif *ce*, joint à *lui*, à *elle*.
Quand ils reçoivent l'une de ces particules, ils s'emploient absolument : *celui-
ci est bon, ceux-là sont meilleurs.* Hors de
là, ils veulent être suivis d'un relatif, *ceux
que je vois, celle qui vous parle* ; ou de
la particule *de*, soit devant un nom, soit
devant certaines prépositions : *celui* de
nos Poëtes qu'on estime le plus, celui d'*entre vous*, &c.

2. *Il*, substantif, entre dans une infinité de phrases, où il présente l'idée de
chose, mais indéfiniment : & peut-être
faudroit-il un long discours, qui ne seroit
pas des plus clairs, pour expliquer ce
que tout le monde entend, parce que
l'usage le rend familier. *Il est vrai, il y a,
il m'est arrivé*, &c.

Ajoutons seulement, que dans les propositions identiques, où le Verbe est suivi
d'un substantif, qui est au pluriel, *il* ne
laisse pas de régir le Verbe au singulier :
*il est six heures, il est arrivé deux mille
hommes.*

Quand j'ai parlé d'*il*, Pronom personnel, & de son féminin *elle*, j'ai oublié d'avertir qu'ils se mettent conjointement avec le substantif, & par une sorte de redondance, mais qui est nécessaire pour faire voir que c'est une interrogation : *le Roi est-il à Versailles ? la Reine se porte-t-elle bien ?* de maniere que le Pronom suit immédiatement le Verbe, tandis que le substantif dominant marche à la tête de la phrase.

3. *Le*, mis absolument, veut à peu près dire *cela*, & il a la vertu de représenter non seulement un adjectif, mais toute une proposition, qui aura précédé. *Aristote croyoit que le monde étoit de toute éternité, mais Platon ne le croyoit pas.* J'ai dit qu'il représentoit (7) un adjectif. *Vous étiez malade hier, je le suis aujourd'hui.* Qu'on demande donc à une fille, *êtes-vous mariée ?* Elle doit répondre, *je ne le suis pas*, comme pour dire, *je ne suis pas ce que vous dites.* Mais qu'on lui demande, *êtes-vous la nouvelle mariée ?* Elle répondra, *je ne la suis pas*, comme pour dire, *je ne suis pas elle, je ne suis pas celle que vous dites.*

7) Voyez Remarque LXXXVI sur Racine, où la même difficulté reviendra.

H y

J'ai dit plus haut ce qu'il y avoit à dire fur ce Pronom, employé comme article, ou comme Pronom perfonnel, & fufceptible alors des deux genres, & des deux nombres.

4. *Que*, mis abfolument, eft une forte de fubftantif, & fignifie *quelle chofe*, comme dans une interrogation, *Que lui dire ? que vous eft-il arrivé ?* ou après le Verbe *favoir*, & quelques autres femblables, *je ne fais que lui répondre, j'ai trouvé que lui répondre.*

Relatif, il fe dit au fingulier, & au pluriel, tant des perfonnes que des chofes. Jamais il n'eft régiffant, ni particulé, & il précede toujours le verbe, ou l'équivalent du Verbe, dont il eft le régime. *Un livre* que *je lis, l'homme* que *voilà, l'air* que *je refpire.* Nulle difficulté là-deffus.

Je n'ai point à examiner ici ce qui regarde *Que*, conjonction.

5. *Quel*, n'eft par lui-même qu'un adjectif, ne pouvant aller fans un fubftantif. Mais, quoique *lequel* ne s'écrive depuis long-temps que comme un feul mot, on voit affez que c'eft l'adjectif *quel*, employé dans un fens diftributif, & par cette raifon, accompagné d'un article, qui peut lui donner la vertu grammaticale d'un fubftantif. Par exemple, *de ces deux*

étoffes choisissez laquelle il vous plaira.
Ou dans l'interrogation, *lequel goûtez-*
vous le plus, de Corneille ou de Racine?

Il y a une autre acception, où *lequel*
n'est qu'adjectif. *Qui*, ne pouvant désigner par lui-même ni le genre, ni le nombre; cela peut donner lieu à de fréquentes équivoques. C'est donc pour les éviter, que nous pouvons, au pronom *qui*,
en substituer un autre, qui renferme précisément la même idée, & qui, par l'article qu'il reçoit, & par ses différentes terminaisons, est propre à distinguer le genre
& le nombre du substantif auquel il se rapporte. Voilà l'un des services que nous
rend ce pronom, *lequel, laquelle, les-*
quels, & *lesquelles,* mis à la place de *qui.*
D'ailleurs nous allons voir qu'en parlant
des choses, il n'est pas toujours permis
d'employer *qui.* Pour y suppléer, nous
avons *lequel,* joint à quelque particule,
ou qui est incorporée avec l'article, *du-*
quel, auquel; ou qui en est séparée, *par*
lequel, sur lequel, &c.

6. *Qui,* s'emploie *absolument,* soit pour
signifier *quelle personne,* comme dans une
interrogation, *Qui sont ces gens-là? à qui*
m'étois-je fié? soit pour signifier indéfiniment *toute personne,* comme, *Qui ne de-*

fire rien, eft heureux. Par ces phrafes, on voit qu'il précede toujours le Verbe, & qu'il peut être, ou régiſſant, ou particulé. Ajoutons qu'il peut auſſi être régi, mais dans l'interrogation ſeulement : *Qui connoiſſez-vous ? Qui croirai-je ?*

Relatif, il ſe dit auſſi-bien des choſes que des perſonnes, mais ſeulement lorſqu'il eſt régiſſant : *Un homme qui m'a parlé, une horloge qui ſonne, des oiſeaux qui volent.* Quand il eſt particulé, il ne convient qu'aux perſonnes : *l'homme à qui je dois le plus, ſur qui je compte le plus.* On ne diroit pas de même, *le bâton ſur qui je m'appuie, la plante à qui je crois le plus de vertu.* On dira, *le bâton ſur* lequel *je m'appuie, la plante à* laquelle *je crois,* &c. Mais, comme je viens de le dire, la néceſſité d'employer *lequel* pour *qui,* n'a lieu que dans les phraſes où il eſt précédé d'une particule. Car lorſqu'il eſt régiſſant, on emploie *qui,* plutôt que *lequel,* à moins qu'il n'y ait une équivoque à ſauver. Ainſi nous dirons, *le bâton qui m'a ſoutenu, la plante qui me paroît avoir le plus de vertu,* &c.

7. *Quoi,* employé abſolument, ſignifie *quelle choſe,* comme, *ſur quoi vous fondez-vous ?* & à un homme qui aura dit,

Il m'eſt arrivé un triſte accident, on lui demandera, *quoi?* S'il eſt ſuivi d'un adjectif, il le régit avec la particule *de*, comme, *à quoi de plus grand pouviez-vous aſpirer?* Il ſe traduiroit par *quelque choſe*, dans ces phraſes, *quoi qu'il en ſoit, quoi qu'il en arrive*, &c. Ordinairement il ſuit une prépoſition, *à quoi, de quoi, contre quoi, ſur quoi, après quoi*, &c. Au reſte il ſe dit non des perſonnes, mais des choſes uniquement, & il garde toujours ſa terminaiſon, ſans égard au genre ni au nombre du ſubſtantif, dont il rappelle l'idée.

Je ne fais point mention de pluſieurs autres mots, que nos Grammairiens ont coutume de ranger dans la claſſe des Pronoms. Tels ſont, *quiconque, perſonne, autrui, quelqu'un, chacun*, &c. J'avoue que, comme les Pronoms perſonnels, ils ſe mettent ſans article : mais pourquoi ? parce qu'ils ont d'eux-mêmes un ſens déterminé, & par conſéquent n'ont pas beſoin d'article : en quoi ils reſſemblent aux noms de nombre, & à divers adjectifs, *pluſieurs, quelque, certain, aucun, nul*, &c. Ainſi nulle néceſſité, ce me ſemble, que la Grammaire s'embarraſſe de leur donner un rang à part.

Que si j'omets, *Dont*, c'est parce que les Grammairiens ne s'accordent pas à le regarder comme un *Pronom* ; la plupart ne l'ayant reconnu que pour une simple *particule.* Quoi qu'il en soit, *dont* signifie la même chose que *duquel*, ou *de quoi*, & se dit également des personnes & des choses, sans varier sa terminaison, de quelque genre & en quelque nombre que soit le nom pour lequel il supplée. Il est toujours précédé d'un substantif, & suivi d'un autre substantif, *Virgile*, dont *le mérite est si connu* ; ou d'un verbe qui le régit, *les personnes* dont *je me loue.*

Voilà ce qu'il y avoit d'essenciel à dire sur nos Pronoms, qui sont en si grand nombre, & qui pour la plupart ont des terminaisons si différentes, qu'en parcourant ce que je viens d'en rapporter, on aura sans doute jugé qu'ici notre langue s'écartoit un peu de cette simplicité , & , si j'ose parler ainsi, de cette parcimonie, dont elle paroît si jalouse en toute autre occasion. Car peut-être n'a-t-elle point de parfaits synonymes, que ces Pronoms, *je*, *moi*, *me*, & autres semblables, qui répondent bien précisément à une même idée, unique & indivisible.

Pourquoi donc, dans la classe des pro-

noms, cette richeffe extraordinaire ?
Parce que l'occafion d'employer des pronoms étant fi fréquente, on a cherché à pouvoir mettre de la variété dans le difcours.

Vaugelas, au refte, nous a fuffifamment avertis que le plus grand de tous les vices contre la netteté du ftyle, ce font les équivoques, *dont la plupart*, dit-il, *fe forment par les Pronoms.* Rien de plus effenciel, rien qui mérite plus une attention portée jufqu'au fcrupule, & je ferois inexcufable de ne pas entrer ici dans le plus minutieux détail, fi ce grand Maître ne m'avoit pas prévenu. Je ne puis que renvoyer à la derniere de fes Remarques, qui devroit avoir été mife à la tête des autres, parce qu'il n'y en a point contre laquelle il arrive qu'on péche plus aifément, mais moins impunément.

CHAPITRE QUATRIEME.
Des Participes.

TOUTES nos Grammaires nous parlent, & d'un Participe *actif*, comme *chantant, lifant* ; & d'un Participe *paffif*, comme *chanté*, *lu*. Mais ne faudroit-il pas à chacun de ces Participes sa dénomination propre, d'autant plus qu'il y a entre eux une différence essencielle, qui consiste en ce qu'aujourd'hui l'actif (8) n'est susceptible, ni de genre, ni de nombre ?

Oserois-je proposer une nouveauté, qui seroit d'assigner au Participe actif le nom de *Gérondif*, & de conserver le nom de *Participe*, au passif lui seul ? Puisque l'actif, *chantant*, *lisant*, est une modification du substantif, d'où émane l'action de chanter, de lire ; il me semble que l'étymologie seule de *Gérondif* justifie le nom que je voudrois lui donner. Quoi qu'il en soit, le choix des termes est permis à tout écrivain, qui aura pris la précaution d'en déterminer le sens. Pour user donc de mes droits, j'avertis que *Gérondif*, dans ma bouche, renferme tout ce que Participe actif signifie ailleurs ; mais que *Participe*, tout court, ne doit s'entendre que du Participe passif, dans le langage que je tiendrai.

Vaugelas dit que la question des Participes est ce qu'il y a dans toute la Gram-

(8) Voyez ci-dessus, pag. 130, Rem. 4.

maire Françoise de plus *important*, & de plus *ignoré*. J'aimerois mieux dire, ce qu'il y a de plus embarrassant : non qu'il soit impossible de poser des principes certains ; mais il n'est pas aisé d'en faire toujours une juste application ; nos Grammairiens étant là-dessus si peu d'accord entre eux, qu'après les avoir tous .consultés, on ne sait la plupart du temps à quoi s'en tenir. Par nos Grammairiens, qu'il faut nommer suivant leur ordre d'ancienneté, j'entends Vaugelas, Ménage, le P. Bouhours, & M. l'Abbé Regnier. Voilà du moins les plus célebres, & ceux qui paroissent avoir, comme à l'envi, le plus étudié cette question.

Avant que de nous y embarquer ; ressouvenons-nous que, sans parler du Verbe substantif, dont le Participe est indéclinable , dans quelque cas que ce puisse être, il y a trois autres espèces de Verbes ; l'*Actif*, le *Réciproque* & le *Neutre*. Or le Participe dans chaque espèce, a quelques loix particulieres : & si nous voulons ne rien confondre, il est à propos que chaque espèce ait son article séparé.

PREMIERE SECTION.
Verbes Actifs.

REGLE unique. *Quand le Participe des Verbes actifs précede son régime simple, il ne se décline jamais; & au contraire, quand il en est précédé, il se décline toujours.*

Pour nous familiarifer avec des termes qui reviendront fouvent, rappelons ce que j'ai déja dit, qu'un Verbe actif peut avoir deux régimes, dont l'un est fimple, & l'autre particulé. Quand je dis, *payez le tribut à César*, c'est *le tribut* que j'appelle un régime fimple, parce qu'il est uni à fon Verbe immédiatement, & fans le fecours d'aucun terme intermédiaire. Mais *à César*, est ce que j'appelle un régime particulé, parce que *César* n'a de rapport & de liaifon avec fon Verbe qu'au moyen d'une particule, qui est *à*.

Remarquons en fecond lieu, que la particule *à* n'est jamais exprimée, quoique toujours fous-entendue, devant les Pronoms qui fervent au régime particulé. Car après avoir parlé de César, nous dirons, *payez-lui le tribut:* & ce *lui* fuppofe une particule dont il devroit être précédé , puisque c'est comme si l'Usage permettoit de dire, *payez le tribut* à *lui*.

Remarquons en troisieme lieu , qu'il n'y a que les Pronoms seuls qui puissent régulièrement précéder le Verbe , dont ils sont le régime simple. Or notre Regle dit expressément que le Participe ne se décline jamais , à moins qu'il ne soit précédé de son régime simple. Par conséquent il n'y a que des Pronoms , employés comme régime simple , qui puissent & qui doivent faire décliner le Participe.

Remarquons enfin , que de tous les Pronoms il n'y a que ceux-ci, *me* , *nous* , *te* , *vous* , *se* , *le* , *la* , *les* , & *que* relatif, qui puissent être employés comme régime simple.

Voilà d'abord cette grande question réduite à une bien petite quantité d'objets , puisqu'elle se renferme dans quelques Pronoms , employés comme régime simple.

Que reste-t-il donc pour faciliter l'application de notre Regle unique & générale, si ce n'est de la vérifier par divers exemples? Voici ceux de Vaugelas , pour ce qui regarde le Verbe actif, dont il s'agit présentement, & qui est celui où se trouve le plus d'embarras.

I. *J'ai reçu vos lettres.*

II. *Les lettres que j'ai reçues.*

III. *Les habitants nous ont rendu maîtres de la ville.* Difons, *rendus.*

IV. *Le commerce,* parlant d'une ville, *l'a rendu puiſſante.* Difons, *rendue.*

V. *Je l'ai fait peindre, je les ai fait peindre.*

VI. *C'eſt une fortification que j'ai appris à faire.*

On verra que le quatrieme exemple ne fait qu'un avec le troifieme. J'en dis autant du fixieme avec le cinquieme. Mais pour épuiſer, s'il eſt poſſible, toutes les combinaiſons, en voici encore d'autres.

VII. *Les peines que m'a donné cette affaire.* Difons, *données.*

VIII. *Plus d'exploits que les autres n'en ont lû.* Bon.

IX. *Les chaleurs qu'il a fait.* Bon.

Reprenons maintenant toutes ces phraſes l'une après l'autre, ſans perdre de vûe la Regle unique, qui doit en décider.

I.

J'ai reçu vos lettres.] Tous conviennent que c'eſt ainſi qu'il faut parler, conformément à la Regle, qui veut que le Participe, lorſqu'il précede ſon régime, ne ſe décline point.

On dira également au pluriel , *nous avons* reçu *vos lettres :* & une femme qui diroit, *j'ai* reçue *vos lettres* , parleroit mal. Pourquoi ? Parce que le Nominatif de la phrase n'exerce aucun droit sur le Participe qui se construit avec le Verbe *avoir.* Il en est autrement de celui qui se construit avec le Verbe *être.* Mais gardons-nous de les confondre, & n'oublions point qu'à présent il ne s'agit que du premier, qui est le verbe actif.

Au reste , si l'on demande, comme ont fait quelques Grammairiens , pourquoi le Participe se décline , lorsqu'il vient après son régime ; & qu'au contraire, lorsqu'il le précede, il ne se décline pas : je m'imagine qu'en cela nos François sans y entendre finesse, n'ont songé qu'à leur plus grande commodité. On commence une phrase, quelquefois sans bien savoir quel substantif viendra ensuite. Il est donc plus commode, pour ne pas s'enferrer par trop de précipitation, de laisser indéclinable un Participe, dont le substantif n'est point encore annoncé, & peut-être n'est point encore prévu. Mais une réponse qui vaut mieux, parce qu'elle dispense de toute autre , c'est que dans les Langues il est inutile

de chercher la raifon d'une chofe conve-
nue, & qui n'eft conteftée de perfonne,
à dater de François I. Car fi nous remon-
tons jufqu'au temps où notre Langue
étoit au berceau, nous verrons qu'alors
le Participe fe déclinoit auffi-bien devant
qu'après fon régime. Mais ce qu'aujour-
d'hui l'on appelle du Gaulois, ne prouve
rien pour le temps préfent; non plus que
l'Italien & l'Efpagnol, où M. l'Abbé
Regnier va chercher des exemples. Véritablement ces deux Langues font fœurs
de la nôtre, fans qu'on puiffe bien dire
laquelle des trois fœurs eft l'aînée, ou
la mieux partagée. Mais enfin, quelque
air de reffemblance qu'elles aient, il n'eft
point permis de prendre l'une pour l'autre : chacune ayant des traits qui la diftin-
guent, & des manieres qui font à elle.

I I.

Les lettres que j'ai reçues.] Quand le
Participe eft précédé de fon régime fimple, alors la Regle veut qu'il fe décline,
c'eft-à-dire, qu'il prenne le genre & le
nombre de fon régime. Or le régime,
c'eft *que*, Pronom relatif, qui a pour
antécédent le fubftantif *lettres*, féminin,
& au pluriel. *Reçues* eft donc, & devoit

être, comme on le voit clairement, du genre féminin, & au pluriel.

Vaugelas & Ménage n'ont nullement douté que toute phrase semblable à celle-là ne fût soumise à la même loi : & cette loi, si respectée dans toutes les Langues, c'est la concordance de l'adjectif avec son substantif.

Qui croiroit que le P. Bouhours & M. l'Abbé Regnier ne la regardent ici que comme un conseil ? Au défaut de raisons, ils ont recours à des autorités ; & le P. Bouhours tire les siennes de M. l'Abbé Regnier lui-même, qui, dans plusieurs endroits de son Rodriguez, s'étoit dispensé de la loi.

Qu'ensuite le Traducteur de Rodriguez, séduit par un amour-propre d'Auteur, cite en sa faveur deux passages, l'un d'Amyot, l'autre de Racine : nous lui répondrons que l'esprit des grands écrivains doit se chercher, non dans un passage seul, qui pourroit n'être qu'une faute d'impression ; mais dans l'usage constant & uniforme, auquel nous les voyons attachés par-tout ailleurs.

Tenons donc pour très certain ce qu'enseigne Vaugelas, qu'il faut toujours, *à peine de faire un solécisme*, accorder le

Participe avec son régime, dans les phrases semblables à celle que nous examinons. Il y a cependant quelques Participes, entr'autres ceux de *plaindre* & de *craindre*, qu'il est bon d'éviter au féminin, parce que ces Verbes ont formé des substantifs, dont la désinence est la même que celle du Participe féminin. Qui diroit, *c'est une personne que j'ai plainte*, *c'est une maladie que j'ai crainte*, obéiroit à la Grammaire, mais révolteroit l'oreille. A l'égard du masculin, nulle difficulté. On dira, *les hommes que j'ai plaints*, *les accidents que j'ai craints*. On emploiera même le féminin, pourvu qu'on ait l'art de le placer, en sorte qu'il ne puisse être confondu avec le substantif. On diroit fort bien, *plus crainte qu'aimée* : exemple approuvé par Vaugelas, à cause que le *plus*, qui précede, ne laisse pas ombre d'équivoque.

Toute équivoque est vicieuse, sans doute : mais on ne doit pas remédier à une faute par une autre. Que je dise, en parlant de livres ou de papiers, *je les ai rangés par ordre dans mon cabinet*, je laisse » (9) en doute si c'est moi qui ai pris le » soin de les ranger ; ou si je veux dire

(9) Regnier ; Grammaire, pag. 490.

seulement,

» feulement, que je les ai, & qu'ils y
» font rangés par ordre ; & je ne fais au-
» cune diſtinction entre l'action de la per-
» fonne, & l'état de la choſe. A cela,
fuivant M. l'Abbé Regnier, le remede
feroit que l'on dît, *je les ai rangé*, pour
marquer l'action ; &, *je les ai rangés,*
pour marquer l'état. Mais dans l'un &
dans l'autre fens, notre Langue n'admet
que *rangés :* & comme elle fournit d'autres tours en abondance, c'eſt notre affaire
d'en choiſir un, qui, fans être obſcur,
foit régulier. Ici, l'équivoque vient de
ce qu'*avoir* eſt verbe auxiliaire dans cette
phraſe, *je les ai rangés*, ſi j'entends que
c'eſt moi qui ai rangé mes livres ; au-lieu
que dans l'autre fens, il eſt verbe actif,
ſignifiant la même choſe que *poſſéder.*

Autrefois, la Regle dont nous parlons,
avoit lieu dans une conſtruction telle que
celle-ci,

Quand les tièdes (1) *Zéphirs ont l'herbe
rajeunie,*

où l'on voit que le régime, *l'herbe*, ſe
trouve placé entre l'Auxiliaire & le Participe. Ainſi le régime, quelque ſubſtantif

_____

(1) La Fontaine, dans ſes Fables. Voyez
Remarques ſur Racine, Rem. XV.

I

que ce fût, rendoit anciennement le Participe déclinable, lorſqu'il le précédoit. Aujourd'hui cette faculté de précéder le Participe n'appartient qu'à ce petit nombre de Pronoms, dont j'ai donné la liſte ci-deſſus. Tant mieux : car la Regle étant ainſi reſtreinte, elle n'en devient que plus facile à retenir.

III, & IV.

Les habitants nous ont rendu maîtres de la ville. Le commerce, parlant d'une ville, *l'a rendu puiſſante.*] Toute la différence que Vaugelas met entre ces deux phraſes, c'eſt que le Participe eſt ſuivi d'un ſubſtantif dans la premiere, & d'un adjectif dans la ſeconde. Mais, à parler exactement, il n'y a nulle différence pour la ſyntaxe & la valeur grammaticale, entre un pur adjectif & un ſubſtantif, qui eſt de la claſſe des noms communs, ſurtout lorſqu'il n'eſt pas accompagné de l'article : d'où il s'enſuit, que *maîtres* & *puiſſante* ne donnent lieu qu'à une ſeule & même queſtion.

On vient de voir que le Participe ſe décline, lorſque terminant le ſens d'une phraſe, ou d'un membre de phraſe, il n'a pour tout régime que le Pronom, dont il eſt précédé. Préſentement il s'agit du Participe, précédé de ce Pronom, & ſuivi d'un autre régime, qui eſt un pur adjectif, ou un ſubſtantif pris adjectivement.

Vaugelas, le Pere Bouhours, & M. l'Abbé Regnier ſont ici pour ne pas décliner. Il n'y a que Ménage qui penſe autrement. Ainſi la déciſion ſeroit prompte, s'il ne falloit que compter les voix. J'aimerois mieux que nous euſſions à peſer les raiſons, mais il n'y en a d'alléguées ni de part ni d'autre.

Que faire donc ? Recourir à l'Uſage ? Oui, ſi l'Uſage étoit ſuffiſamment connu. Pour le connoître, nous n'avons que deux moyens : écouter les perſonnes qui parlent bien, & lire les livres bien écrits. Or il eſt difficile que l'oreille la plus attentive diſtingue parfaitement ſi l'on prononce, *rendu*, *rendus*, ou *rendue*, lorſqu'il n'y a point de repos entre le participe & l'adjectif ſuivant ; comme en effet il n'y en peut avoir entre ces deux mots, *rendu maîtres*, ou *rendu puiſſante*. A l'égard de nos lectures, elles ne peuvent que redoubler notre embarras, puiſqu'elles nous offrent, ſouvent dans un même Auteur, le pour & le contre. Il faut cependant avoir le courage de prenᵈ dre une bonne fois fon parti. Car qu'y a-t-il de fi cruel que d'être arrêté , quand on a la plume à la main , par ces miférables doutes , qui renaiffent à chaque inftant ?

Pour moi , tout idolâtre que je fuis de Vaugelas , je donne ici la préférence à Ménage , parce que fon opinion eft conforme à cette Regle générale , qui , dans les ténebres où l'Ufage nous a laiffés , peut feule nous fervir de flambeau. Ainfi je dirai fans héfiter , *Cette ville qui n'étoit rien autrefois, le commerce l'a rendue puiffante ;* & avec Phedre , parlant de l'épée d'Hippolyte :

Je l'ai rendue (2) *horrible à fes yeux inhumains.*

Ailleurs , après avoir fait mention de la Grèce , Racine a écrit :

De foins (3) *plus importants je l'ai* crue *agitée.*

Voilà , dis-je , ce qui me paroîtroit le plus raifonnable. Car puifqu'il eft inconteftablement reçu que le Participe fe décline , quand il eft précédé d'un relatif,

(2) *Phedre,* III. 1. (3) *Androm.* I, 2.

qui fait fon régime feul ; on doit, ce me
femble, pour agir conféquemment, le
décliner auffi, quand, outre le relatif, il
régit encore un nom qui fe rapporte &
fe lie néceffairement au relatif : en forte
que le relatif, le participe, & le nom
fuivant, ont enfemble un rapport d'iden-
tité, qui les foumet tous les trois aux
mêmes loix grammaticales, & par conféquent les oblige tous les trois à s'accorder en genre & en nombre.

J'avoue que le raifonnement eft inutile,
ou même ridicule, quand l'Ufage a décidé.
Mais ici l'Ufage nous abandonne le choix,
& dès-lors pouvons-nous mieux faire que
de confulter l'analogie, dont l'Ufage eft
lui-même l'auteur ? Puifqu'il veut que je
dife, *les lettres que j'ai reçues ;* ne dirai-je
pas également, *les lettres que j'ai reçues,
ouvertes,* fi je ne les ai reçues que décachetées ?

Par cette derniere ligne, que je viens
d'écrire tout uniment & fans deffein, je
m'apperçois que *reçues,* & *décachetées*
s'accordent en genre & en nombre, fans
que mon oreille m'ait averti de rien, &
cela vient de ce que dans cette ligne,
je ne les ai reçues que décachetées, ces deux
participes ou adjeⅽtifs, *reçues, décache-*

tées, font un peu féparés par la particule *que.*

Autres exemples. *Cette ville, qui n'étoit rien autrefois, le commerce l'a rendue,* en moins de trois ans, affez *puiffante pour tenir tête à fes voifins. Les ennemis nous ont rendus,* au bout de vingt-quatre heures, *maîtres de la place.* Il me femble qu'au moyen de quelques mots gliffés entre le Participe & l'adjectif, on fent que le Participe doit être décliné. Or, fi cela eft, il ne refte donc nulle raifon de ne pas décliner, lorfqu'il n'y a rien qui les fépare.

Phrafes, où le Participe & l'Adjectif fe montrent les premiers. *Rendue puiffante par le commerce, la Hollande s'eft fait craindre. Rendus maîtres de nos paffions, nous en vivrons plus heureux.* Quelqu'un fe feroit-il une peine de parler ainfi? Ou plutôt, quelqu'un parleroit-il autrement?

Tout le monde dit, *une fignature* reconnue *fauffe, une Comédie* trouvée *mauvaife.* Pourquoi, lorfqu'on y aura introduit le verbe auxiliaire, voudra-t-on dire, *une fignature que les Juges* ont reconnu *fauffe, une Comédie que le Parterre* a trouvé *mauvaife?* Je défie qu'on puiffe m'en apporter la raifon : & c'eft, comme on dit, chercher de la différence entre deux gouttes d'eau.

Je l'ai faite *religieufe*, je l'ai trouvée *guérie*, je l'ai vue *belle*, je l'ai crue *bonne*, & cent autres phrafes fur lefquelles on a tant difputé, doivent donc être, fi je ne me trompe, affujéties toutes à cette Règle inviolable, qui prefcrit la concordance de l'adjectif avec fon fubftantif.

Il eft bien vrai que deux mots qui ont la même définence, & qui fe touchent, par exemple, *je l'ai trouvée changée, je l'ai vue émue*, font une confonnance peu agréable ; & c'eft ce qui arrive affez fouvent lorfque deux Participes fe trouvent enfemble, l'un comme tel, l'autre comme pur adjectif. Mais la Grammaire ne fe charge que de nous enfeigner à parler correctement. Elle laiffe à notre oreille, & à nos réflexions, le foin de nous apprendre en quoi confiftent les grâces du difcours.

V, & VI.

Je les ai fait peindre. C'eft une fortification que j'ai appris à faire.] On regrette, & avec raifon, beaucoup de termes qu'il a plu à l'Ufage de profcrire. *Icelui* étoit

I iv

d'une commodité infinie. Qu'il me foit permis de le rappeler pour un moment, & de le mettre ici à la place des Pronoms relatifs, qui entrent dans les deux exemples que nous venons de réunir. *J'ai fait peindre iceux. C'eft une fortification, j'ai appris à faire icelle.* On voit déja, fans aller plus loin, que ces deux phrafes n'ont rien de commun avec la Regle, dont nous continuons l'examen. Cette importante Regle dit que le Participe fe déclinera, toutes les fois qu'il fera précédé du Pronom relatif, qui eft fon régime. Or ces Pronoms relatifs, *les* & *que*, font ici le régime, non du Participe, mais de l'Infinitif; car *les* fe rapporte à *peindre*, & *que* fe rapporte à *faire*.

Tant d'autres phrafes entaffées par M. l'Abbé Regnier, *C'eft une chofe que j'ai cru vous devoir dire; la conféquence que j'ai prétendu vous en faire tirer; une claufe qu'on a defiré y ajouter; la maifon que l'on a commencé à bâtir;* toutes ces phrafes, dis-je, font vifiblement dans le même cas, qui n'eft point celui où le Participe doit être décliné, puifque le régime tombe, non fur le Participe, mais fur l'Infinitif.

Auffi nos Grammairiens font-ils tous

d'accord fur ce point. Mais la queftion jufque-là n'eft qu'effleurée. Pour l'appro-fondir , il falloit demander en général quand le Participe doit être décliné , ou non, étant fuivi d'un Infinitif. Diftinguons. Ou le Pronom relatif , qui eft régi, fe rapporte au Participe même , ou il fe rap-porte à l'Infinitif. Dans le premier cas , le Participe fe décline. Dans le fecond cas, il ne fe décline point.

Jufqu'ici donc les phrafes propofées ne regardent qu'une partie de la queftion. Un feul exemple raffemblera le tout , & fera en même temps voir que notre Lan-gue , autant qu'il dépendoit d'elle , a pré-venu les équivoques. *Je l'ai vu peindre* , ou, *je l'ai vue peindre.* On dira l'un & l'autre , mais en des fens très-différents. *Je l'ai* vu *peindre* , c'eft-à-dire , j'ai vu faire fon portrait. *Je l'ai* vue *peindre* , c'eft-à-dire , je lui ai vu le pinceau à la main. Pourquoi *vu* dans le premier fens? Parce que le régime fe rapporte à l'Infi-nitif. *Vidi , cùm eam pingerent.* Pourquoi *vue* dans l'autre fens? Parce que le régi-me fe rapporte au Participe. *Vidi eam , cùm pingeret.*

Racine , dans Britannicus , où il fait dire à Néron , en parlant de Junie ,

I v

Cette nuit (4) *je l'ai* vue *arriver en ces lieux* ;

Racine, dis-je, avoit mis dans sa première édition, *je l'ai* vu *cette nuit*, &c. Il se corrigea. Pourquoi ? Parce que *vue* se rapporte à Junie, & non pas à l'Infinitif qui suit.

Puisqu'il faut dire, *je l'ai* vue *arriver*, on dira par conséquent, *je l'ai* vue *partir*, *je l'ai* vue *passer* ; & ainsi de tous les Infinitifs, qui sont Verbes neutres. Car les neutres n'ayant point de régime, c'est une nécessité que le régime se rapporte au Participe, qui précede ces Infinitifs, & que le Participe s'accorde avec le régime.

On dira, *je l'ai* entendue *chanter*, si l'on parle d'une Musicienne ; & alors *chanter* est pris neutralement. On dira, *je l'ai* entendu *chanter*, si c'est d'une Cantate qu'on veut parler ; & alors *chanter* est actif.

Ajoutons que l'Infinitif est quelquefois sous-entendu, & que le Participe doit alors demeurer indéclinable, comme dans ces phrases, *je lui ai fait toutes les caresses que j'ai dû, il a eu de la Cour toutes*

____

(4) *Britannicus*, Acte II, Scene II.

les grâces qu'il a voulu. On fous-entend
faire & *avoir*; & c'eft à ces verbes, que
le régime doit fe rapporter. Ainf. *dûes* &
voulues feroient des fautes groffieres.

Je dois encore avertir qu'on ne décline
point le Participe de *faire*, devant un
Infinitif, quand *faire* eft pris dans le fens
d'ordonner, *être caufe que.* Par exemple,
ces troupes que le Général a fait *marcher.*
Et la raifon de cela, eft que *faire mar-*
cher n'eft regardé que comme un feul
mot; ou du moins ce font deux mots
inféparables, & qui ne préfentent qu'une
feule idée à l'efprit. Car fi le Participe
étoit féparé de l'Infinitif, la phrafe ne
diroit plus ce qu'on a voulu dire. Ainfi
le féminin *que*, dans l'exemple allégué,
ne fe rapporte pas uniquement au Participe *fait*, & ne peut pas non plus être
régi par *marcher*, verbe neutre; mais il
fe rapporte à tous les deux conjointement,
parce que *fait* ne faifant qu'un avec *mar-*
cher, lui communique la faculté qu'il a
de régir.

VII.

Les peines que m'a donné cette affaire.]
Tous nos Grammairiens font d'accord fur
cette phrafe, ils l'approuvent, & cepen-

dant j'oferai n'être pas de leur avis. Ou plutôt, étant, comme je le fuis, perfuadé que le mien n'eft d'aucun poids, je me bornerai à dire que l'Académie, depuis fi long-temps que je fuis à portée d'entendre fes leçons, m'a paru, toutes les fois que cette queftion a été agitée, fe décider pour le parti que j'embraffe.

Une légere tranfpofition de mots caufe ici toute la difficulté. Il s'agit du Participe mis avant fon nominatif, au lieu d'être après. Faut-il alors le décliner, ou non ?

Vaugelas, dans fa premiere remarque fur les Participes, admet notre principe, Que tout Participe qui eft précédé de fon régime, doit fe décliner : & dans une feconde remarque intitulée, *Belle & curieufe exception à la regle*, il prétend que ce principe ceffe d'être vrai, quand le Participe précede fon nominatif. Ainfi, felon lui, nous dirions : *les peines que cette affaire m'a données :* & au contraire, *les peines que m'a donné cette affaire.*

Véritablement, fi je convenois de l'exception, je la trouverois *belle & curieufe.* Mais pour donner atteinte à une Regle générale, il faudroit que l'Ufage nous eût parlé de maniere à ne laiffer aucun doute. Or je vois que nos meilleurs écri-

vains ont été les plus fideles obſervateurs
de la Regle générale, & n'ont point eu
d'égard à cette prétendue exception.

Tout le monde ſait une jolie Epigram-
me, traduite du Latin :

> *Pauvre Didon, où t'a réduite*
> *De deux amans le triſte ſort ?*
> *L'un en mourant, cauſe ta fuite ;*
> *L'autre en fuyant, cauſe ta mort.*

Et pour s'aſſurer que ce n'eſt point la rime
qui amene *réduite*, ne lit-on pas dans
Racine, au milieu du Vers,

> *Ces yeux* (5) *que n'ont* émus *ni ſoupirs*
> *ni terreur ?*

On lit dans la ſeptieme Réflexion ſur
Longin, *la Langue qu'ont écrite Cicéron*
& Virgile. On lit dans le Tite-Live de
Malherbe, *la Légion qu'avoit eue Fabius,*
&c.

A quoi bon un plus grand nombre d'autorités ? Car j'avoue qu'il eſt aiſé d'en
produire de toutes contraires. Ainſi,
l'Uſage étant partagé, nous ne pouvons
mieux faire que d'en revenir toujours à
notre Regle générale, contre laquelle il
n'y a rien ici à nous objecter, pour

(5) *Britannicus,* Acte V, Scene I.

acquérir le droit de la reftreindre, fi ce n'eft que nous prononçons , *les peines que m'a données cette affaire*, fans faire fentir les deux lettres finales du mot *don-nées*. Hé combien d'autres lettres fuppri-mées par la prononciation , mais dont la fuppreffion, dans l'écriture , feroit un fo-lécifme ?

VIII.

Plus d'exploits que les autres n'en ont lu.] Voici la phrafe entiere , tirée du Re-merciment de M. Defpréaux à l'Acadé-mie. *Quand ils diront de Louis le Grand, à meilleur titre qu'on ne l'a dit d'un fa-meux Capitaine de l'Antiquité , qu'il a fait lui feul plus d'exploits , que les au-tres n'en ont lu*, c'eft-à-dire, qu'ils n'ont lu d'exploits. Affurément, *lus* auroit été une faute ; mais de ces fautes, qui, lorf-qu'on n'eft pas averti , échappent aifé-ment, puifqu'un de nos Maîtres en l'art d'écrire, traduifant le paffage Latin, au-quel M. Defpréaux fait allufion, dit, *qui a plus achevé de guerres , que les au-tres n'en ont lues*, c'eft-à-dire , qu'ils n'ont lu de guerres.

Pour fentir en quoi la faute confifte, il ne faut que fe rappeler notre Regle générale, qui rend le Participe déclinable, quand il eſt précédé, non de ſon régime *particulé*, mais de ſon régime *ſimple*. Or le régime, c'eſt *en*, particule relative & partitive, laquelle ſuppoſe toujours dans ſon corrélatif la prépoſition *de*, & par conſéquent ne répond jamais à un régime ſimple. Ainſi la phraſe de M. Deſpréaux, qui ne décline pas, eſt correcte ; & celle de M. d'Ablancourt, qui décline, eſt irréguliere.

I X.

Les chaleurs qu'il a fait.] Perſonne n'a jamais ſongé à dire, *les chaleurs qu'il a* faites *pendant l'été*, *les grandes pluies qu'il a* faites *en automne, la diſette qu'il y a* eue *pendant l'hiver dernier.* Perſonne, dis-je n'ignore que le Participe eſt indéclinable dans ces ſortes de phraſes, & tel eſt le privilége des Verbes qu'on appelle imperſonnels. Une exception de cette nature étant ſeule, & ſi connue de tout le monde, n'eſt propre qu'à confirmer notre Regle, & qu'à lui aſſurer de plus en plus le titre de Regle générale, toujours la même dans tous les cas imaginables, où le Participe des Verbes actifs peut ſe placer.

SECONDE SECTION.

Verbes Réciproques.

REGLE unique. *Quand le Participé des Verbes réciproques eft précédé de fon régime particulé, il ne fe décline jamais; & au contraire quand il l'eft de fon régime fimple, il fe décline toujours.*

Je renferme dans la claffe des Verbes réciproques, tout Verbe qui forme avec l'Auxiliaire *être* fes temps compofés, & dont le régime, ou l'un des régimes, quand il y en a deux, eft néceffairement un Pronom, fignifiant la même perfonne, ou la même chofe que fon Nominatif. Ainfi, *fe louer*, *s'admirer*, *fe repentir*, font également regardés comme Verbes réciproques, au Participe defquels la Grammaire impofe les mêmes loix; & ce n'eft pas ici le lieu d'expliquer plus au long la nature (6) de ces Verbes,

(6) On pourroit être curieux de favoir leur origine. Je l'ai trouvée dans un livre affez rare. *Multæ funt reciprocæ locutiones in veteri Anglo-Saxonum idiomate. Hoc loquendi genus à Gothis deduxere majores noftri. Talia funt multa in hodierna Gallorum linguâ, ut, je me repens, il fe trompe, je me réjouis, vous vous égarez, ils*

qui dans le fond ne different point, les uns de l'actif, les autres du neutre, si ce n'est par le Pronom qui les précede, & par leur conjugaison.

Jamais leur Participe ne peut donc manquier d'être précédé d'un régime ; & c'est d'abord par-là qu'il ne ressemble point à celui du Verbe actif. On dit, *j'ai reçu des lettres ;* mais avec le Participe du Verbe réciproque, on ne sauroit faire une phrase semblable, où il ne paroisse aucun régime qu'après le Verbe. Ajoutons que ce Participe ne peut entrer dans aucune phrase où le Verbe soit pris impersonnellement. A cela près, tout ce que nous avons dit sur le Participe du Verbe actif, convient à celui du Verbe réciproque, comme on va le voir dans l'examen des phrases suivantes.

I. *Nous nous sommes rendus maîtres.*

II. *Nous nous sommes rendus puissants.*

se promenent. *Unde Græcorum & Latinorum verba passiva, & neutro-passiva reciprocis phrasibus verti possunt quandoque apud Gallos, haud secus ac apud Gothos. Ex quibus constat reciprocas locutiones linguæ Gallicæ esse planè Gothicismos, vel Theoticismos ;* &c. Voyez page 91 des *Institutiones grammaticæ Anglo-Saxonicæ, & Mæso-Gothicæ.* Auctore Georgio Hickesio.

III. *La déſobéïſſance s'eſt trouvée mon-*
tée au plus haut point.

IV. *Elle s'eſt fait peindre , ils ſe ſont*
fait peindre.

V. *Elle s'eſt mis des chimeres dans*
l'eſprit.

VI. *Les Loix que s'étoient preſcrites les*
Romains.

Un mot ſur chacune de ces phraſes,
dont les trois premieres , propoſées par
Vaugelas , ne forment , à mon avis ,
qu'une même difficulté.

I, II, & III.

Nous nous ſommes rendus maîtres. Nous
nous ſommes rendus puiſſants. La déſo-
béïſſance s'eſt trouvée montée au plus haut
point.] Vaugelas décline dans les deux
premiers exemples, & non dans le troiſieme. Au contraire, M. l'Abbé Regnier
décline dans le troiſieme, & non dans
les deux premiers. Quant à Ménage , il
décline dans tous les trois ; & ſon opinion eſt celle qui paroît avoir entiérement prévalu.

Tout le raiſonnement de M. l'Abbé
Regnier porte ſur ce principe , dont la
Grammaire de Port-royal avoit déja fait
ſentir la ſolidité, Que dans les temps des

Verbes réciproques, où *Etre* prend la place d'*Avoir*, il fignifie précifément la même chofe qu'*Avoir*, & donne au Participe un fens actif. C'eft ce qui deviendra très-clair, fi nous rapprochons les deux exemples que voici. *Cette femme s'eft reconnue coupable. Cette autre s'eft trouvée innocente.* Dans le premier, c'eft comme fi l'on difoit, *elle a reconnu qu'elle étoit coupable.* Dans le fecond, c'eft comme fi l'on difoit, *elle a été trouvée innocente.* Ainfi le fens du Participe eft actif dans le premier, & paffif dans le fecond.

Autres phrafes qui rendront cette diftinction de l'actif & du paffif, encore plus marquée. *Ces femmes fe font louées avec malignité,* c'eft-à-dire, *ont loué elles. Ces maifons fe font louées trop cher,* c'eftà-dire, *ont été louées.*

Je renvoie à la Grammaire même de M. l'Abbé Regnier, ceux qui feront curieux de voir comment, de ce principe qu'on ne lui contefte pas, il prétend conclure que le Participe, lorfqu'il eft actif, ne fe décline point, & que par conféquent il faut dire, *Ces femmes fe font* loué, *elle s'eft* reconnu *coupable.*

Vaugelas croit le contraire, puifqu'il approuve, *nous nous fommes* rendus *puif-*

fants. Mais je ne trouve pas qu'il agiſſe conſéquemment, de vouloir qu'on diſe, *la déſobliſſance s'eſt* trouvé *montée.* Il nous aſſûre que ce n'eſt point à cauſe de la cacophonie, puiſqu'il faudroit dire de même, ſelon lui, *elle s'eſt* trouvé *guérie.* Pour moi, juſqu'à ce qu'on m'ait fait ſentir la différence qu'il y a entre les deux, je croirai que celui qui dit *rendus* dans la premiere phraſe, doit auſſi dire *trouvée* dans la ſeconde.

Revenons-en donc à Ménage, puiſqu'il eſt ici le ſeul d'accord avec lui-même, & ne craignons point de reconnoître pour Regle invariable, que le Participe du Verbe réciproque ſe décline toujours, quand c'eſt ſon régime ſimple qui le précede : ſans que nous ayons à diſtinguer ſi ce Participe eſt actif ou paſſif; ni s'il eſt ſuivi, ou non, d'un Adjectif. Car ſuppoſé que l'obſervation de cette Regle nous faſſe tomber dans quelque équivoque, ou dans quelque cacophonie ; ce ne ſera point la faute de la Regle ; ce ſera la faute de celui qui ne connoîtra point d'autres tours, ou qui ne ſe donnera pas la peine d'en chercher.

I V.

Elle s'eſt fait peindre, ils ſe ſont fait peindre.] Voilà le Participe ſuivi d'un Infinitif. Pour appliquer ici notre Regle générale, il ne faut que conſidérer auquel des deux le régime ſe rapporte. Car à moins qu'il ne tombe ſur le Participe, celui-ci ne ſe décline point. Or le régime ſe rapporte à *peindre*, puiſqu'il eſt clair qu'on n'a pas voulu dire qu'elles ſe ſont faites, qu'ils ſe ſont faits.

En changeant le Pronom, & mettant le verbe réciproque à l'actif, on diroit, *elle a fait peindre elle, ils ont fait peindre eux*, ſi l'Uſage l'avoit permis.

Quand l'Infinitif eſt précédé d'une particule, il eſt encore moins facile de s'y tromper. *C'eſt un procès qu'ils ſe ſont déterminés à finir. C'eſt un honneur qu'elle s'eſt vantée d'obtenir.* Il y a deux régimes, *que* & *ſe*, dont le premier tombe ſur l'Infinitif, & l'autre ſur le Participe. Plus on relira notre Regle, générale & unique, plus on ſe convaincra qu'elle dit tout.

V.

Elle s'eſt mis des chimeres dans l'eſprit.] C'eſt ici qu'on péche le plus ſouvent; & il ne faudroit cependant, pour être impeccable, que ſe mettre notre Regle devant les yeux. *Quand le Participe eſt précédé de ſon régime particulé, il ne ſe décline jamais.* Or, dans la phraſe propoſée, le Pronom *ſe*, qui précede le Participe, eſt un régime particulé ; car il eſt mis là pour *à ſoi. Elle a mis à ſoi.*

Au contraire on diroit, *Cette femme s'eſt* miſe *à la tête des Cabaleurs* ; & il y faudroit *miſe*, parce que le Pronom *ſe*, qui précede ce Participe, eſt un régime ſimple, *elle a mis elle.*

Parcourons d'autres phraſes. *Elle s'eſt* propoſé *de vous aller voir. Elle s'eſt* propoſée *pour modele à ſes compagnes.* Dans la premiere le régime eſt particulé ; car c'eſt comme ſi l'on diſoit, *elle a propoſé à elle.* Dans l'autre, le régime eſt ſimple ; car c'eſt comme ſi l'on diſoit, *elle a propoſé elle.*

Régime particulé. *Quelques-uns de nos Modernes ſe ſont* imaginé *qu'ils ſurpaſſoient les Anciens.*

Régime ſimple, *Il y a des Anciens qui ſe ſont* dévoués *pour la Patrie.*

On voit conſtamment que ce qui décide du Participe, c'eſt toujours le régime, en tant qu'il eſt, ou ſimple, ou particulé.

V I.

*Les loix que s'étoient prescrites les Ro-
mains.*] Il y a ici deux régimes, le simple, & le particulé. *Que*, pronom relatif,
est le simple : & *se*, pronom personnel,
est le particulé. A l'égard de celui-ci,
nous venons de voir sous le numéro précédent, qu'il ne fait point décliner le Participe. Quant au régime simple, nous
avons déja vu qu'il oblige à décliner ; &
qu'ainsi on diroit sans difficulté, *Les loix
que les Romains s'étoient prescrites.* Tout
ce qu'il y a de nouveau dans ce dernier
exemple, c'est d'y trouver le Nominatif
après le Verbe. Or là-dessus je n'ai rien à
dire qui n'ait été dit, *Article* I, *numéro* VII.
Pourquoi une simple transposition de
mots, usitée de tous les temps, change-
roit-elle la syntaxe du Participe ? *Ainsi se
sont* perdues *celles qui l'ont cru. Comment
s'est* aigrie *votre querelle, pour durer si
long-temps ? Les pénitences que se sont*
imposées *les Solitaires de la Thébaïde.*
Je sais que la prononciation ne fait guère
sentir ces féminins, ni ces pluriels. Mais
autre chose est de parler, ou d'écrire. Car
si l'on veut s'arrêter aux licences de la conversation, c'est le vrai moyen d'estropier

la Langue à tout moment. J'abrège, pour
en venir à la troisieme espèce de nos
Verbes, qui ne nous tiendra pas long-
temps.

TROISIEME SECTION.

Verbes Neutres.

REGLE unique. *Quand le Participe
des Verbes Neutres se construit avec l'Auxiliaire* avoir, *il ne se décline jamais ; &
au contraire quand il se construit avec
l'Auxiliaire* être, *il se décline toujours.*

A l'égard des Verbes actifs, & des
réciproques, c'est le régime qui, comme
nous l'avons vu, décide de leur déclinai-
son ; mais pour les Verbes neutres, c'est
le Nominatif.

Une partie (7) des Verbes neutres se
conjugue avec l'Auxiliaire *avoir :* une
autre partie (8) avec l'Auxiliaire *être :*

(7) La plus grande partie, & de beaucoup.
Car d'environ 600, à quoi se monte le nombre
de nos Verbes neutres, il y en a plus de 550,
dont *Avoir* est le seul auxiliaire.

(8) *Accoucher, aller, arriver, choir & déchoir,
entrer, mourir, naître, partir, retourner, sortir,
tomber, venir,* &c.

quelques-uns

quelques-uns (9) se conjuguent des deux façons.

Tous, conformément à la maniere dont ils se conjuguent, sont assujétis à la Regle que je viens de rapporter ; en sorte qu'il seroit inutile d'en citer des exemples, puisqu'il n'y a point d'exception.

Quand ils se conjuguent avec l'Auxiliaire *être*, leur Participe n'est regardé que comme un pur Adjectif ; & il a cela de commun avec les Participes des Verbes actifs, qui sont employés dans un sens passif. On dit, *elle est arrivée*, comme on dit, *elle est aimée* ; & l'un & l'autre, comme on diroit, *elle est grande*, *elle est petite*.

Finissons par une idée un peu singuliere de M. l'Abbé Regnier sur ces deux Participes, *allé* & *venu*. Il veut qu'on dise, *elle est allée se plaindre*, *elle est venue nous voir* : mais que si le régime vient à être transporté, on dise, *elle s'est allé plaindre*, *elle nous est venu voir*. En vérité, si cela étoit, l'Usage auroit bien mérité le reproche qu'on lui fait souvent, & peut-être injustement, d'être plein de caprices.

(9) *Accourir, apparoître, disparoître, cesser, croître, déborder, demeurer, descendre, monter, passer, périr, rester*, &c.

K

Quoi qu'il en foit, moins la Grammaire autorifera d'exceptions, moins elle aura d'épines : & rien ne me paroît fi capable que des Regles générales, de faire honneur à une Langue favante & polie.

Pour obtenir que ces *Effais* puiffent être parcourus fans dégoût, je prie les perfonnes judicieufes de fe rappeler ce paffage de Quintilien *.

» Il me vient, difoit-il, à l'efprit, qu'il » y aura des gens qui méprieront tout » ce que je viens de dire, comme des » minuties, & qui le regarderont même » comme un obftacle aux grands deffeins » que nous avons. Je leur répondrai que » je ne prétends pas non plus qu'on épluche ces difficultés avec un foin qui aille » jufqu'à l'anxiété & au fcrupule. Je fuis » perfuadé auffi-bien qu'eux, que ces petites fubtilités rétréciffent l'efprit, & le » tiennent comme en braffiere. Mais de » toute la Grammaire, rien ne nuit que » ce qui eft inutile... Ces connoiffances ne » nuifent pas à qui s'en fert comme d'un » degré pour s'élever à d'autres; mais à » qui s'y arrête, & s'y borne uniquement.

* *Livre* I, *chap.* 7. *Traduction de M. l'Abbé Gidoyn.*

REMARQUES
SUR
RACINE.

POUR annoncer d'abord mon deſſein, il me ſuffira de rappeler ici une idée de M. Deſpréaux, que j'ai déja expoſée dans l'Hiſtoire de l'Académie Françoiſe.

» Je voudrois, diſoit-il, que la France
» pût avoir ſes Auteurs claſſiques, auſſi-
» bien que l'Italie. Pour cela, il nous
» faudroit un certain nombre de livres,
» qui fuſſent déclarés exempts de fautes,
» quant au ſtyle. Quel eſt le Tribunal qui
» aura droit de prononcer là-deſſus, ſi ce
» n'eſt l'Académie ? Je voudrois qu'elle
» prît d'abord le peu que nous avons de
» bonnes traductions; qu'elle invitât ceux
» qui le peuvent, à en faire de nouvel-
» les ; & que ſi elle ne jugeoit pas à pro-
» pos de corriger tout ce qu'elle y trou-
» veroit d'équivoque, de haſardé, de

K ij

» négligé, elle fût au moins exacte à le
» marquer au bas des pages, dans une
» espèce de commentaire, qui ne fût que
» grammatical. Mais pourquoi veux-je
» que cela se fasse sur des traductions?
» Parce que des traductions avouées par
» l'Académie, en même-temps qu'elles
» seroient lues comme des modeles pour
» bien écrire, serviroient aussi de mo-
» deles pour bien penser, & rendroient le
» goût de la bonne Antiquité familier à
» ceux qui ne sont pas en état de lire les
» Originaux.

Voilà, certainement, une idée solide ;
& je ne doute pas que l'Académie ne se
fasse une loi de rendre cet important ser-
vice au Public, lorsqu'elle aura satisfait à
d'autres engagements, qui ne sont pas
moins dignes de son zéle. Je doute seulement qu'il convienne de préférer des
traductions, comme le prétendoit M.
Despréaux, à ceux de nos ouvrages
François, dont le mérite, depuis cinquante ou soixante ans, est avoué de tout
le monde. Car enfin, toute prévention à
part, il me semble que la langue Françoise a des Auteurs, qui peuvent également servir de modeles, & pour bien
penser, & pour bien écrire. Je ne sais

même fi le nombre de nos excellents Originaux , quelque borné qu'il foit , ne l'eft pas encore moins que celui de nos bonnes traductions.

Quoi qu'il en foit , je crois ne pouvoir mieux feconder les vues de M. Defpréaux , qu'en m'attachant à quelques Pieces de fon ami Racine : perfuadé comme je le fuis avec toute la France , qu'ils mérite-roient inconteftablement tous les deux d'être mis à la tête de nos Auteurs claffi-ques , fi l'on avoit marqué le très-petit nombre de fautes où ils font tombés.

Qu'on ne s'étonne pas , au refte ; qu'ayant pour but d'être utile à quiconque veut cultiver l'art d'écrire , je cherche des modeles parmi les Poëtes , plutôt que parmi ceux qui ont écrit en profe. Car notre langue ne reffemble pas à quelques autres , où la Poéfie & la Profe font , pour ainfi dire , deux langages différents. Ce n'eft pourtant pas que le François ne connoiffe qu'un même ftyle pour ces deux genres d'écrire. Mais les différences qui doivent les caractérifer , ne font pas gram-maticales pour la plupart : & dès-lors , puifque ma Critique fe borne aux fautes de Grammaire , il étoit affez indifférent qu'elle tombât fur des Poëtes , ou fur des Orateurs. K iij

J'ai préféré un Poëte, parce qu'il me semble que d'excellents vers se font lire & relire plus volontiers, qu'une prose également bonne en son genre. Ainsi la sécheresse de mes Remarques sera un peu corrigée par le charme des vers, dont elles rappelleront le souvenir.

Une autre raison encore, qui seule auroit emporté la balance, c'est qu'en vérité, si nous y regardons de bien près, il y a moins à reprendre dans Racine ou dans Despréaux, que dans nos Ouvrages de prose les plus estimés. Cela ne doit pas nous surprendre. On travaille les vers avec plus de soin que la prose : & cependant la prose, pour être portée à sa perfection, ne coûteroit guère moins que les vers.

J'avois, dans la premiere édition de ces Remarques, suivi Racine pas à pas : c'est-à-dire, j'avois observé ses fautes, ou négligences, à mesure qu'elles me frappoient dans une lecture non interrompue. Je relevois dans chaque Piece, acte par acte, scêne par scêne, tout ce qui m'arrêtoit, pour ainsi dire, malgré moi. On m'a représenté que souvent une Remarque servoit à éclaircir, ou à confirmer l'autre : qu'ainsi le mieux étoit de

rapprocher celles qui ont quelque liaiſon
enſemble. C'eſt le plan que je vais ſuivre.
Réuniſſons d'abord tout ce qui paroît avoir
vieilli. De là nous paſſerons aux phraſes
où j'aurai cru entrevoir quelque ſorte
d'irrégularité.

I.

(1) . . . . *Ses ſacriléges mains*
Deſſous un même joug rangent tous les
humains.

Autrefois *deſſous*, *deſſus*, *dedans*,
étoient prépoſitions, auſſi-bien qu'adverbes. Vaugelas les ſouffre encore dans le
vers, comme prépoſitions. Mais aujour-
d'hui la Poéſie ſe pique d'être à cet égard
auſſi exacte que la proſe.

Racan, comme nous apprenons de
Ménage, diſoit que Malherbe ſe blâmoit
d'avoir écrit, *deſſus mes volontés*, au-lieu
de, *ſur mes volontés*. Ainſi la différence
qu'aujourd'hui nous mettons tous ici, a
été ſentie depuis long-temps : & Racine
n'a manqué à l'obſerver que dans ce ſeul
endroit.

(1) *Alexandre*, I, 1, 13. De ces trois chif-
fres, *le premier déſigne* quel eſt l'Acte de la Pièce :
le ſecond, quelle eſt la Scène de ce même Acte :
& le troiſieme, quel eſt le Vers de cette même
Scène.

K iv

Je renvoie au Dictionnaire de l'Académie, où l'on trouvera en quels cas *deſſous,
deſſus, dedans,* ſont adverbes, ou ſubſtantifs, ou même prépoſitions, mais
ſeulement lorſqu'une autre prépoſition
les précede, *au deſſous de, par deſſus le,*
&c. Rien qui donne au diſcours plus de
juſteſſe, plus de préciſion, que ces acceptions différentes, établies dans la Langue peu à peu, & aujourd'hui fixées invariablement.

I I.

(2) . . . . . *Ah ! devant qu'il expire.*

Vaugelas (3) permettoit encore de
mettre ces deux prépoſitions, *Avant,* &
Devant, l'une pour l'autre. Aujourd'hui
l'uſage eſt qu'on les diſtingue, ſoit en
vers, ſoit en proſe. *Avant* eſt relatif au
temps : *avant votre départ, avant que
vous partiez.* Mais *devant* eſt relatif au
lieu : *j'ai paru devant le Roi, vous paſ-
ſerez devant ma porte.* Ajoûtons que *devant* ne ſauroit être ſuivi d'un *que.* Par

(2) *Andromaque,* V, 1, 37.
(3) *Remarque* CCLXXIV, ſuivant l'Edition
faite à Paris, en 1738, la ſeule où les Remarques ſoient numérotées, & que, par cette raiſon, je citerai toujours.

conféquent il y a, felon l'ufage préfent, double faute dans *Devant qu'il*. Je dis, felon l'ufage préfent ; car il ne faut pas faire un crime à Racine d'avoir quelquefois ufé d'expreffions, qui n'étoient pas encore vieilles de fon temps.

I I I.

(4) *Mais avant que partir, je me ferai juftice.*

On doit toujours dire en profe, *avant que de*. Mais en vers on fe permet de fupprimer ou *que*, ou *de*, quand la mefure y oblige. Racine & Defpréaux ont toujours dit, *avant que*, comme plus conforme à l'étymologie, qui eft l'*antequàm* du Latin. Aujourd'hui la plupart de nos Poëtes préferent *avant de*. Rien n'eft plus arbitraire, à mon gré. Mais plufieurs de ceux qui écrivent aujourd'hui en profe, & qui fe piquent de bien écrire, veulent, à la maniere des Poëtes, dire, *avant de*. Je fuis perfuadé qu'en cela ils fe preffent un peu trop, & fans raifon. Pourquoi toucher à des manieres de parler, qui fc auffi anciennes que la Langue ? Trouvent-ils quelque rudeffe dans *avant que de*?

(4) *Mithridate*, III, 1. 233.

K v

Vaugelas leur répondra, qu'*Il n'y a ni cacophonie, ni répétition, ni quoi que ce puisse être, qui blesse l'oreille, lorsqu'un long usage l'a établi, & que l'oreille y est accoutumée.* Il m'arrivera souvent de citer Vaugelas, *le plus sage des écrivains de notre Langue*, dit en propres termes (5) M. Despréaux. Et dans quelle bouche l'éloge de Vaugelas auroit-il plus de force que dans celle de M. Despréaux ?

I V.

(6) *Et m'acquitter vers vous de mes respects profonds.*

Je doute qu'aujourd'hui les Poëtes aient encore le privilége d'employer *ve. s* pour *envers :* ces deux prépositions ayant des sens tout-à-fait différents. Et quoique *respects* & *devoirs* soient presque synonymes, on ne dit pas *S'acquitter de ses respects*, comme on dit, *S'acquitter de ses devoirs.*

V.

(7) *Pour vous régler sur eux, que sont-ils près de vous?*

Voilà encore une préposition, qui, dans

(5) *Premiere Réflexion sur Longin.*
(6) *Bajazet,* III, 2., 37.
(7) *Esther,* II, 5, 19.

le fens où elle eſt ici employée, pourroit bien avoir vieilli. *Près de vous*, pour dire, à votre égard, en comparaiſon, au prix de ce que vous êtes. Je ne crois pas que l'uſage actuel ſouffre cette maniere de parler.

V I.

(8) *J'écrivis en Argos.* . . . .

Argos étant un nom de Ville, il fal-loit, *à Argos*, quoique cette Ville donne ſon nom à un Royaume. On diroit, *J'écrivis à Maroc*, & non *en Maroc*. Au-trefois on mettoit *en*, devant les noms de Villes qui commencent par une voyelle, *en Avignon*, *en Orléans*. Mais *en*, depuis long-temps, ne va plus qu'avec des noms de grands pays, *en Angleterre*, *en Italie*, &c.

V I I.

(9) . . . . *D'où vient que d'un ſoin ſi cruel*
L'injuſte Agamemnon m'arrache de l'autel?

Rien n'eſt ſi familier à Racine & à Deſpréaux, que l'emploi de la prépoſi-tion *de*, dans le ſens d'*avec*, ou de *par*. Il y a cependant des endroits où cela paroît, aujourd'hui du moins, avoir quel-

(8) *Iphigénie*, I, 1, 94.
(9) *Iphigénie*, III, 2, 1.

que chofe de fauvage. Par exemple, dans
Alexandre, II, 1, 64.

..... *Vaincu du pouvoir de vos charmes.*
Dans Athalie, IV, 3, 90.
Et d'un fceptre de fer veut être gouverné.

Mais à propos de cette prépofition *de*,
ne brave-t-elle pas la Grammaire dans
certaines phrafes du ftyle familier ? *Un
honnête homme* de *pere*, dit Moliere dans
l'Avare. *Un fripon* d'enfant, *un faint
homme* de *chat*, dit la Fontaine dans fes
Fables. Je m'imagine que c'eft un latinif-
me, car il y en a des exemples dans (1)
Plaute & ailleurs.

Phrafe non moins extraordinaire, *On
eût dit d'un Démoniaque quand il récitoit
fes vers*, dans une lettre à moi écrite par
M. Defpréaux, où il étoit queftion du
fameux Santeul : & je la retrouve cette
phrafe dans une Comédie affez récente,
dont j'aurois du plaifir à nommer l'auteur, fi je ne m'étois impofé la loi de
ne parler, ni en bien, ni en mal, d'aucun écrivain vivant.

.... *Quelle main, quand il s'agit de
prendre ?*

(1) *Scelus viri.* Truculent. II, 7, 60.
Monftrum mulieris. Pœnul. I, 2, 61.

Vous diriez d'un reſſort qui vient à ſe détendre.

Autre phraſe encore, à peu près dans le même goût, & qui eſt ancienne, *Si j'étois que de vous.* Moliere, dans ſes Femmes Savantes, IV, 2.

Je ne ſouffrirois pas, ſi j'étois que de vous ;
Que jamais d'Henriette il pût être l'époux.

Toutes ces phraſes, au moyen de l'El-lipſe, rentreront dans les regles de la Syntaxe ordinaire.

VIII.

(2) *M'entretenir moi ſeule avecque mes douleurs.*

Avecque, de trois ſyllabes, n'eſt plus que dans ce ſeul endroit de Racine ; car il l'a corrigé par-tout ailleurs où ſes premiè-res éditions nous apprennent qu'il l'avoit employé.

Vaugelas (3) avertit qu'il faut toujours prononcer le *c* d'*avec* devant quelque lettre qu'il ſe rencontre, & ſe garder bien de dire, *avè moi, avè un de mes amis.* On ne ſauroit, dit-il encore, prononcer *avec vous*, que de la même façon que

(2) *Alexandre*, IV, 1, 4.
(3) *Remarque* CCLXVIII.

l'on prononce *avecque vous.* Puifque cela eft certain, & que perfonne n'en doute, je demande qu'eft-ce que gagnoit l'oreille aux trois dernieres lettres d'*avecque*, lefquelles forment une fyllabe, qui n'a de réalité que pour les yeux ? Auffi l'Académie, dans fes Obfervations fur Vaugelas, difoit-elle aux Poëtes, il y a plus de foixante ans, qu'il eft bon de ne conferver qu'*avec.*

I X.

(4) . . . . *Ho, Monfieur, je vous tien.*

Autrefois, comme on le peut voir dans la Grammaire de R. Eftienne, les premieres perfonnes des verbes, au fingulier, ne prenoient point d's à la fin. On réfervoit cette lettre pour les fecondes perfonnes, & on mettoit un *T* aux troifiemes. Par là, chaque perfonne ayant fa lettre caractériftique, nos conjugaifons étoient plus régulieres. Car ne croyons pas que notre Langue foit l'ouvrage de l'ignorance, ou du hafard. Elle a fes principes, & qui font très - uniformes, dès le temps de François I. A la vérité, l'Ufage depuis deux fiecles a introduit divers changements, dont plufieurs ne

(4) *Plaideurs*, I, 3, 5.

valent peut-être pas ce qu'ils nous ont fait perdre. Mais, que la raison ou le caprice les ait dictés, ils n'en sont pas moins une loi pour nous, du moment que l'Usage nous condamne à les recevoir.

Tel est le changement (5) d'orthographe aux premieres personnes des verbes. D'abord les Poëtes s'enhardirent à y mettre une *s*, afin d'éviter la fréquente cacophonie qu'elles auroient faite sans cela devant les mots qui commencent par une voyelle. Comme ils n'avoient rien de semblable à craindre des verbes qui finissent par un *e* muet, parce que ceux-là s'élident, ce sont les seuls qu'ils ont laissés sans *s*, & insensiblement l'usage des Poëtes est devenu si général, qu'enfin l'omission de l'*s* aux premieres personnes des verbes qui finissent par une consonne, ou par toute autre voyelle que l'*e* muet, a été regardée comme une négligence dans la prose, & comme une licence dans le vers. Racine en fournit plusieurs exemples. Vous trouvez dans Bajazet, *Je vous en averti*, qui rime avec *parti*. Ailleurs, *je reçoi*, *je croi*, *je voi*, riment avec *emploi*, avec *moi*.

(5) Vaugelas, *Rem.* CXXXVI.

Au reste, les Commentateurs de Vaugelas auroient dû faire observer que le
verbe *Avoir* est le seul de son espèce,
qui n'ait pas subi la loi commune. On
écrit toujours *j'ai*, & point autrement,
quoiqu'on écrive *je sais*, &c.

X.

(6) *Comment ! c'est un exploit que ma*
fille lisoit.

Pour la rime, il faut prononcer *lisoit*,
comme *exploit*, par où finit le vers précédent. Vaugelas (7) nous apprend que
les gens de Palais prononçoient encore
de son temps, *à pleine bouche*, la diphtongue *oi* : & cette coutume, sans doute,
s'étoit conservée jusqu'au temps de Racine, du moins parmi les vieux Procureurs.
Ainsi c'est à dessein, & avec grâce, qu'il
fait parler de cette sorte Chicaneau, plai-
deur de profession.

Jusqu'à l'arrivée de Catherine de Médi-
cis en France, jamais cette diphtongue
ne s'étoit prononcée autrement que comme nous faisons dans *Roi*, dans *exploit*.

(6) *Plaideurs*, II, 3, 15.
(7) *Remarque* CX, où il examine *Quand la*
diphtongue oi *doit être prononcée comme elle est*
écrite, ou bien en ai.

Mais les Italiens, dont la Cour fut alors
inondée, n'ayant pas ce fon dans leur
idiôme, voulûrent y fubftituer le fon de
l'*E* ouvert : & bien-tôt leur prononciation,
affectée par le Courtifan pour plaire à la
Reine, fut adoptée par le Bourgeois. On
n'ofa plus, felon un Auteur (8) contemporain, dont voici les termes, *dire*
François, & Françoife, *fur peine d'être*
appelé pédant : mais faut dire Francès,
& Francèfes, *comme* Anglès, & Anglè-
fes. *Pareillement*, j'étès, je faifès, je
difès, j'allès, je venès : *non pas* j'étois,
je faifois, je difois, j'allois, je venois :
& ainfi ès autres il faut ufer du même
changement.

(8) Henri Eftienne ; *Du nouveau langage*
François, italianifé, page 22. Théodore de
Bèze, mérite fort qu'on l'écoute là-deffus.
Hujus diphthongi pinguiorem & latiorem fonum
nonnulli vitantes, expungunt o, *& folam diph-*
thongum ai, *id eft, e apertum, retinuerunt, ut*
Normanni, qui pro foi, fides, fcribunt & pronun-
tiant, fai : *& vulgus Parifienfium,* parlet, allet,
venet, *pro* parloit, alloit, venoit : *& Italo-*
Franci pro Anglois, François, *pronuntiant* Anglès, Francès, *per e apertum, ab Italis nomini-*
bus, Inglefe, Francefe. *Nam ab hac diphthongo*
fic abhorret Italica lingua, ut toi, moi, *& fimilia*
per dialyfin, producto etiam o, *pronuntiant* to-i,
& mo-i, *diffyllaba.* De recta Francicæ linguæ
pronuntiatione, *pag.* 48.

Un tel changement ne se fait pas tout
d'un coup, & d'une maniere uniforme:
Aujourd'hui encore c'est une pierre d'a-
choppement que notre diphtongue *oi*,
sur la prononciation de laquelle on peut
consulter Vaugelas & Ménage, qui en
ont traité bien au long.

X I.

(9) *Va, je t'acheterai le Praticien François.*
Mais diantre, il ne faut pas déchirer les
 exploits.

Je ne sais si *Praticien* ne seroit pas
mieux de quatre syllabes. A cet égard,
les Poëtes doivent être juges en leur propre cause. Mais examinons s'il est juste
de les troubler dans la possession où ils
sont de rimer, comme fait ici Racine,
François, avec *exploits.*

Une chose assez singuliere, & qui,
peut-être, ne se trouve que dans notre
Langue, c'est que nous avons deux manieres de prononcer; l'une pour la conversation, l'autre pour la déclamation.
Celle-ci donne de la force & du poids aux
paroles, & laisse à chaque syllabe l'étendue qu'elle peut comporter : au-lieu que
celle-là, pour être coulante & légere,

(9) *Plaideurs*, II, 3, 18.

adoucit certaines diphtongues, & fupprime des lettres finales. Voilà, dit l'Abbé (1) Tallemant, ce qui eft caufe que peu de perfonnes favent bien lire des vers, faute de favoir cette différence de prononciation. Car les vers doivent toujours être prononcés comme en déclamant. » Ainfi
» la profe, continue cet Auteur, adoucit
» la prononciation à beaucoup de mots :
» comme *croire*, qu'elle prononce *craire* ;
» les *François*, qu'elle prononce *Français*.
» Mais la Poéfie, quand elle veut rimer,
» rétablit la véritable prononciation, &
» dit *croire*, de même que *gloire* ; *Fran-
» çois*, comme *loix*.

Qu'on n'aille pas cependant conclure de là que *François*, en vers, fe prononce toujours comme *loix*, & jamais comme *fuccès*. Tous les deux font autorifés par l'Ufage, ce maître bizarre, à qui les Poëtes & les Orateurs ne font pas mal d'obéir le plus tard qu'ils peuvent, lorfqu'il tend à efféminer le difcours. On peut feulement confeiller aux Poëtes d'avoir une petite attention, qui eft de placer la rime non douteufe avant l'autre. Je m'ex-

(1) Remarques & Décifions de l'Académie Françoife, recueillies par M. L. T. & imprimées en 1698, *page* 108.

plique. Quand je lirai qu'un jour Apollon

(2) *Voulant pousser à tout tous les rimeurs
François,*

Inventa du Sonnet les rigoureuses loix,

j'héfiterai au mot *François*, je ne faurai
comment le prononcer, n'ayant pas encore vu quelle rime fuivra. Au-lieu que
fi je lis,

(3) *C'eft lui dont les Dieux ont fait choix
Pour combler le bonheur de l'Empire François,*

je n'héfite plus : la rime qui s'eft préfen-
tée au premier vers, m'avertit que *François* fera prononcé *à pleine bouche*, comme parle Vaugelas.

X I I.

(4) *Ma colere revient, & je me reconnois;
Immolons en partant trois ingrats à la fois;*

Il n'en eft pas de, *je reconnois*, comme de *François*, dont j'ai parlé ci-deffus.
L'ufage, dès le temps de Racine, avoit
décidé qu'il falloit toujours prononcer,
je reconnais ; & par conféquent l'autre
prononciation ne doit être regardée dans

(2) *Art Poëtique, Chant* II.
(3) *Prologue de l'Opéra d'Ifis.*
(4) *Mithridate,* IV, 5, 7.

Racine, que comme on regarde les ar-
chaïfmes dans Virgile.

On demandera comment il faut écrire,
je reconnois, lorfqu'on veut aujourd'hui
le mettre en rime avec un mot qui fe
termine en *ais?*

Racine avoit mis dans la premiere édition de fon Andromaque, III, 1, 43.

. . . . Laffé de fes trompeurs attraits,
Au-lieu de l'enlever, Seigneur, je la fuirais.

Apparemment il fe fit fcrupule d'avoir
défiguré notre orthographe pour rimer aux
yeux, & il corrigea dans les éditions
fuivantes :

, . . . Laffé de fes trompeurs attraits,
Au-lieu de l'enlever, fuyez-la pour jamais;

Racine n'avoit point à fe corriger,
puifqu'on permet aux Poëtes ce petit
changement d'orthographe, fondé fur ce
que l'agrément de la rime eft double,
lorfqu'elle frappe en même temps & l'œuil
& l'oreille.

Autre queftion. Hors de la rime, &
même en profe, faut-il écrire *ils chan-*
taient, je chantais, & ainfi des autres
mots femblables ?

Un nommé *Bérain*, qui fe dit Avocat
au Parlement de Paris, fit imprimer en

1675, à Rouen, des Remarques fur notre Langue, dans la premiere defquelles il tient pour l'affirmative. On doit, felon lui, écrire, je *dînais*, je *voudrais*, &c. quoi qu'il en *fait*, il fait *fraid*, je le *crais*, un homme *drait*. » Pour moi, dit- » il, je ne vois rien qui s'oppofe à cette » orthographe, qu'un ancien ufage, qui » doit bleffer la vue & la raifon.

O ! que la raifon eft bien placée là ! Mais combien de mots qui fe prononçoient en 1675, autrement que nous ne les prononçons ? Ménage, dont les *Obfervations* parûrent vers ce temps-là, veut qu'on dife *courtais*, *courtaifie*, &c. Tant il eft vrai que notre prononçiation étant fi variable, on peut bien appliquer aux Novateurs en orthographe, ce qu'a dit Térence (5) fur un tout autre fujet.

Pourquoi toucher à notre orthographe ? Pour faciliter, difent-ils, la lecture de nos livres aux étrangers. Comme fi les voyelles portoient toujours à l'oreille d'un Anglois, d'un Polonois, le même fon qu'elles portent à la mienne. Qui ne fait que des Savants de nations différentes, s'ils

---

(5) . . . . . . *Incerta hæc fi poftulas Ratione certa facere, nihilo plus agas, Quàm fi des operam, ut cum ratione infanias.*

veulent fe parler en Latin, ont peine à s'entendre, ou même ne s'entendent point du tout, quoique l'orthographe du Latin foit précifément & invariablement la même pour toutes les nations ?

Plufieurs de nos jeunes Auteurs fe plaifent depuis un certain temps à écrire, *ils chantaient, je chantais :* & il n'eft pas difficile d'en deviner la raifon. Ainfi les courtifans d'Alexandre fe croyoient parvenus à être des héros, lorfqu'à l'exemple de leur maître ils penchoient la tête d'un côté.

XIII.

(6) *Ont vu bénir le cours de leurs deftins profperes.*

Profpere ne fe dit prefque plus en profe: Mais en vers il eft toujours beau. Et ce mot n'eft pas le feul qui, à mefure qu'il vieillit pour la profe, n'en devient que plus poétique. *Jadis, ennui,* pour fignifier en général toute forte d'affliction, *'naguères, menfonger, un penfer,* & quelques autres que je ne me rappelle pas préfentement, fe trouvent dans Racine. Mais il ne s'y trouve pas un mot nouveau, c'eft-à-dire, pas un de ces mots qui fe

(6) *Efther,* III, 4, 34.

faiſoient de ſon temps ; comme il s'en eſt
toujours fait , & comme il s'en fera toujours. Un écrivain judicieux , & qui ne
veut pas riſquer de ſurvivre à ſes propres expreſſions, donne aux mots le temps
de s'établir aſſez bien pour n'avoir plus
rien à craindre de la fortune. Ce n'eſt
point à nous à employer ceux que nous
voyons naître. S'ils peuvent vivre , ce
fera une richeſſe pour nos neveux : mais
à condition que nos neveux, s'ils ſont
ſages , ne feront pas comme nous, qui
avons perdu par caprice une infinité d'anciens mots, pour les remplacer par d'autres moins propres & moins ſignificatifs.
On a voulu épurer notre langue depuis
François I. Peut-être a-t-on fait comme
ces Médecins , qui , à force de ſaigner
& de purger , précipitent leur malade
dans un état de foibleſſe, d'où il a bien
de la peine à revenir.

X I V.

(7) *Sais-je pas que Taxile eſt une âme
incertaine ?*

Au-lieu de , *Ne ſais-je pas*, &c. De même, dans les Plaideurs, I, 5, 39.

; . . . . *Suis-je pas fils de maître ?*

(7) *Alexandre*, I, 3, 33.

Au-lieu

Au-lieu de, *Ne suis-je pas fils de maître ?*
Vaugelas (8) dit que ces deux manieres
de parler font bonnes. Mais l'Académie,
dans ſes Obſervations ſur Vaugelas, traite
de négligence & même de faute la ſuppreſſion de l'une des négatives. Pour la
proſe, cela eſt inconteſtable. Pour les vers,
c'eſt une licence, dont aujourd'hui les
oreilles délicates ſont bleſſées, & que
Racine, dans toutes ſes Tragédies, ne
s'eſt permiſe que trois ou quatre fois.

Thomas Corneille faiſoit des vers :
nous avons ſes Notes ſur Vaugelas : écou-
tons-le. *D'ôter ici la négative, ce peut,
dit-il, être une commodité pour les Poëtes :
mais ils doivent donner un tour aiſé à leurs
vers, ſans que ce ſoit aux dépens de la véritable conſtruction.*

X V.

(9) *Sur qui ſera d'abord ſa vengeance
exercée ?*

Remarquons ici le verbe auxiliaire,
ſera, mis avant ſon nominatif : & le nominatif, mis avant le Participe, *exercée*,
qui répond au verbe auxiliaire. Il s'en

(8) Remarque CCII, qui a pour titre : *N'ont-
ils pas fait, & Ont-ils pas fait ?*
(9) *Bajazet*, V, 5, 18.

L

trouve un autre exemple dans Efther, II;
8, 34.

. . . . . *Quand fera le voile arraché,*
Qui fur tout l'Univers jette une nuit fi
   fombre ?

Aujourd'hui nos Poëtes n'ofent prefque
plus employer ces tranfpofitions, qui cependant ne peuvent faire qu'un bon effet.
Pour peu qu'ils continuent à ne vouloir
que des tours profaïques, à la fin nous
n'aurons plus de vers : c'eft-à-dire, nous
ne conferverons, entre la profe & le vers,
aucune différence qui foit purement grammaticale. Car la Grammaire n'embraffe
que les mots, & l'arrangement des mots.
Or, à l'exception d'un très-petit nombre de
mots, qui ont vieilli dans la profe, mais
dont la Poéfie fait encore un excellent ufage, nos Poëtes & nos Orateurs n'ont abfolument que les mêmes mots à employer. Il
feroit donc à fouhaiter que, du moins en
ce qui regarde l'arrangement des mots,
notre Poéfie fût attentive à maintenir fes
priviléges. Elle en a perdu quelques-uns
depuis moins d'un fiecle, puifqu'autrefois
on fe permettoit l'inverfion du participe,
non-feulement avec l'auxiliaire *Être*, mais
encore avec l'auxiliaire *Avoir.*

O Dieu, dont les bontés de nos larmes
   touchées,
Ont aux vaines fureurs les armes arra-
   chées !

pour dire, *ont arraché les armes.* Et cette
inverfion étoit d'une grande commodité pour la rime, parce qu'elle rend le
participe déclinable ; au-lieu qu'étant mis
avant fon régime, il ne fe décline jamais.
Pourquoi nos Poëtes fe privent-ils d'une
douceur, que l'ufage leur accordoit ? Car
l'Académie, dans l'examen qu'elle fit des
Stances de Malherbe, qui commencent
par les deux vers que je viens de citer, ne
cenfura (1) nullement cette inverfion.

Joignons à l'exemple de Malherbe celui de la Fontaine, Fable 8, Liv. V.

. . . . . Un certain Loup, dans la faifon
Où les tiedes zéphirs ont l'herbe rajeunie.

X V I.

(9) *Je ne prends point plaifir à croître ma*
   mifere.

Aujourd'hui *Croître* n'eft que verbe
neutre, foit en profe, foit en vers. Mais
il a été long-temps permis aux Poëtes de

---

(1) *Voyez Pellisson*, Hift. de l'Académie.
(2) *Bajazet*, III, 3, 25.

L ij

le faire actif. Racine en fournit deux autres exemples.

(3) *Tu verras que les Dieux n'ont dicté
cet Oracle,*

*Que pour croître à la fois sa gloire & mon
tourment.*

Et dans Esther, III, 3, 13.

*Que ce nouvel honneur va croître son
audace !*

X V I I.

(4) *Attaquons dans leurs murs ces Con-
quérants si fiers ;*
*Qu'ils tremblent à leur tour pour leurs
propres foyers.*

Dans *foyer,* c'est un *é* fermé, après
lequel on ne fait point sentir l'*r*, ou du
moins on ne la fait sonner que bien peu.
Mais dans *fier,* c'est un *è* ouvert, après
lequel on fait entendre l'*r* à plein. Ces
deux sons (5) étant si différents, ne peu-

(3) *Iphigénie*, IV, 1, 16.
(4) *Mithridate*, III, 1, 79.
(5) On retrouve la même rime dans cette
même Tragédie, IV, 6, 5. On l'avoit déjà vue
dans Bajazet, II, 1, 47. Et l'adjectif *Cher,* dont
l'*è* s'ouvre, est mis en rime avec *chercher,* dans
Bérénice, V, 6, 63; avec *approcher,* dans
Phèdre, III, 5; 51; & avec *marcher,* là-même,

vent donc pas rimer enfemble. Car la rime eft faite, non pour les yeux, mais pour l'oreille. On appelle ces fortes de rimes, *des rimes Normandes*, que nos Verfificateurs les plus exacts fe permettoient autrefois, & que l'ufage préfent ne fouffre plus.

XVIII.

(6) *L'offre de mon hymen l'eût-il tant effrayé ?*

Quelques-uns de nos fubftantifs ont été fujets à changer de genre, mais particuliérement ceux qui commencent par une voyelle : l'élifion de l'article étant caufe que l'oreille ne peut pas diftinguer fi l'on dit *le*, ou *la* ; *un*, ou *une*. Quelques-uns ont même confervé les deux genres tout à la fois. Tel eft ce mot, *équivoque*, plaifamment appelé par Defpréaux, *du langage François bizarre Hermaphrodite.* Aujourd'hui, *Offre*, que Racine fait ici mafculin, n'eft plus que féminin. On ne fera point mal de confulter la premiere partie des Obfervations de Ménage, Cha-V, 1, 47. Cependant l'é, dans tous les infinitifs, eft fermé, lorfque l'r ne s'y fait point fentir, c'eft-à-dire, lorfqu'il n'y a point de voyelle qui fuive.

(6) *Bajazet*, III, 7, 28.

pitre LXXIV, où fe trouve une très-lon-
gue lifte des *Noms de genre douteux.*

X I X.

(8) *Je demeurai fans voix, & fans reffen-
timent.*

On vient de lire dans les Commentaires de M. de Voltaire fur le Théâtre
du grand Corneille : *Ce mot,* reffenti-
ment, *eft le feul employé par Racine, qui
ait été hors d'ufage depuis lui.* Reffenti-
ment *n'eft plus employé que pour exprimer
le fouvenir des outrages, & non celui des
bienfaits.*

Préfentement je demande fi un feul
mot dont la fignification a été reftreinte,
& quelques particules dont l'ufage a varié, comme on l'a vu dans les Remarques
précédentes : je demande s'il y a là de
quoi accufer la langue Françoife d'aimer
le changement ? Car enfin, à remonter
du jour où j'écris ceci jufqu'au temps où
parûrent (8) les premieres Tragédies de
Racine, nous avons un fiecle révolu.

Voit-on ailleurs cette pureté inaltérable,

(7) *Bérénice,* II , 4, 6.
(8) Les Freres ennemis furent joués en 1664;
Alexandre en 1666. Les Plaideurs en 1667. Or
ceci s'imprime en 1767.

&, si j'osois parler ainsi, cette fraîcheur de style, toujours la même au bout de tant d'années ? Je l'attribue sur-tout à ce que Racine suivoit exactement le conseil que donnoit César, de fuir comme (9) un écœuil toute expression qui ne seroit pas marquée au coin de l'usage le plus certain & le plus connu. Racine, peut-être, n'a pas employé un terme qui ne soit dans Amyot. Mais des termes les plus communs, il avoit le secret d'en faire un langage qui lui appartient, & n'appartient qu'à lui.

Après avoir exposé le peu qui a vieilli dans ses ouvrages, passons aux expressions qui pourroient être, ou mal assorties, ou mal construites.

X X.

(1) *Pourquoi détournois-tu mon funeste dessein ?*

(2) *Tout ce qui convaincra leurs perfides amours.*

(3) *Détrompez son erreur.*

(9) *Tanquam scopulum, sic fugias insolens verbum.* Aulu-Gelle, I, 10.
(1) *Phèdre,* II, 1, 11.
(2) *Bajazet,* IV, 3, 34.
(3) *Phèdre,* I, 5, 21.

L iv

On diroit en profe, *Pourquoi* me *dé-tournois-tu* de *mon funefle deſſein ?*

On ne peut *convaincre* que les perfon-nes. Mais pour les chofes, il faut les faire connoître, les prouver.

On diroit en profe, *Détrompez*-le de *ſon erreur.*

Je ne fais remarquer que comme des hardieſſes, *Détromper une erreur, Convain-cre des amours , Détourner un deſſein.* Oui, les Poëtes ont le droit de perfon-nifier tout ce qu'ils veulent. Mais encore faut-il qu'on fache à quel ſtyle appartien-nent ces manieres de parler, ſi l'on veut difcerner en quoi l'exemple de nos bons Auteurs peut faire loi , ou n'être pas ſuivi aveuglément.

X X I.

(4) *Vous les verriez plantés juſque ſur vos tranchées,*
Et de ſang & de morts vos campagnes jonchées.

J'ai deux doutes à propofer ſur ce der-nier vers. Premiérement, *des campagnes jonchées de ſang,* eſt-ce une métaphore qu'on puiſſe recevoir ? On doit dire, ce me ſemble, *des campagnes* arrofées de

(4) *Alexandre ,* II, 2, 9.

fang, & jonchées *de morts*. Une métaphore doit être fuivie, & ne point rapprocher dans la même phrafe deux idées,
dont l'une exclut l'autre. Voilà ce qui fit
condamner ce vers de Chimene :

Malgré des feux fi beaux qui rompent ma
colere.

Corneille *paffe mal d'une métaphore à*
une autre, dit l'Académie dans fes Sentiments fur le Cid, *& ce verbe*, rompre,
ne s'accommode pas avec feux.

Revenons aux vers de Racine, où je
trouve une feconde faute, qui regarde la
conftruction. Quand le nominatif & le
verbe fe trouvent féparés par un relatif,
comme ici, *Vous* les *verriez*, ce même
verbe ne doit pas avoir encore un autre
régime, amené par la conjonction &.
Je fuppofe qu'après avoir dit de la vertu,
Vous la verrez honorée par-tout, j'ajoûte,
& le vice détefté ; ma phrafe ne vaudra
rien. Il faut que je répete mon verbe,
& vous verrez le vice détefté : à moins que
je ne prenne un autre tour, qui me fauve
une répétition peu agréable.

L v

XXII.

(5) *Quand je me fais justice, il faut qu'on se la fasse.*

Tout nom qui n'a point d'article, ne peut avoir après soi un pronom relatif, qui se rapporte à ce nom-là. Vaugelas (6) établit ce principe solidement : & c'est là-dessus que le P. Bouhours condamne les deux phrases suivantes. *Vous avez droit de chasse, & je le trouve bien fondé. Le Roi lui a fait grâce, & il l'a reçue allant au supplice.* Mais il excepte celle-ci de la regle générale : *Si vous ne me faites pas justice, je me la ferai moi-même.* Par-là il sauve le vers de Racine, que j'attaque ici. Pour moi, je confens que cette phrase, à force de revenir souvent dans la conversation, ait acquis le droit de ne paroître pas irréguliere ; mais elle ne laisse pas de l'être, sur-tout dans le style soutenu. *Faire grâce*, suivant le P. Bouhours lui-même, ne sauroit être suivi d'un Pronom. *Faire justice,* n'est-il donc pas de même nature ?

Au reste, cette fameuse regle de Vau-gelas, pour ne tromper personne, de-

(5) *Mithridate,* III, 5, 18.
(6) *Remarque* CCCLXIX.

mande une petite addition, qui dévelop-
peroit fa penfée. Au-lieu de, *Tout nom
employé fans article*, je dirois, *Tout
nom employé fans article, ou fans quelque équivalent de l'article*, &c.

J'entends par équivalent de l'article,
non-feulement divers pronoms adjectifs,
& les noms de nombre; mais encore
des phrafes elliptiques, ou qui font na-
turellement convertibles en d'autres phrafes, dans lefquelles l'article vient fe placer de lui-même.

Pour éclaircir ma penfée, j'ai recours
à des exemples, qui feront ceux-là-mê-
mes que l'Auteur de la Grammaire (7)
générale avoit choifis: & quoique les folu-
tions que nous donnons lui & moi, paroif-
fent d'abord un peu différentes, on verra
qu'au fond elles partent des mêmes principes, & arrivent au même but.

1. *Il n'y a point d'injuftice qu'il ne
commette. Il n'y a homme qui fache cela.
Eft-il ville dans le Royaume qui foit plus
obéiffante? Je fuis homme qui parle fran-
chement.* Pour moi, dans ces quatre phrafes, je ne vois qu'une Ellipfe des plus
fimples. *Il n'y a pas* une *injuftice*, &c.
Il n'y a pas un *homme*, &c. *Eft-il* une

(7) *Seconde Partie, chap. 10.*

L vj

ville, &c. *Je suis* un *homme qui*, &c. Il n'est pas douteux que l'adjectif numérique, *un*, ne tienne lieu de l'article ; & par conséquent aucune de ces quatre phrases n'est contraire à la Regle de Vaugelas.

2. *Une sorte de fruit qui est mûr en hiver. Une espèce de bois qui est fort dur.* Tournez ainsi ces deux phrases : *Un fruit de telle sorte est mûr*, &c. *Un bois de telle sorte est dur.* On voit par là pourquoi le pronom relatif & l'adjectif suivant, qui est masculin, ne se rapportent ni à *sorte*, ni à *espèce.* Voilà donc la Regle de Vaugelas toujours suivie.

3. *Il agit en Roi qui fait régner. Il parle en homme qui entend ses affaires.* Peut-on ne pas voir que ces phrases-là reviennent à celles-ci ? *Il agit comme doit agir un Roi, qui*, &c. *Il parle comme doit parler un homme, qui*, &c. Toujours l'adjectif numérique, *un*, équivalent de l'article.

4. *Il est accablé de maux qui lui font perdre patience. Il est chargé de dettes qui vont au-delà de son bien.* Puisque *maux* & *dettes* sont au pluriel, on sous-entend *plusieurs*, qui est un autre équivalent de l'article. N'est-ce pas encore une Ellipse des plus simples ?

5. *C'eſt grêle qui tombe*, pour dire, *Ce qui tombe*, *eſt grêle :* pure inverſion.

6. *Ce ſont gens habiles qui m'ont dit cela.* Quel embarras peut cauſer ici l'omiſſion de l'article ? Pour le remplacer, il n'y a qu'à dire, *Ce ſont* des *gens habiles qui m'ont dit cela :* & même c'eſt ainſi qu'on parle aujourd'hui le plus communément. Je ſoupçonne que l'autre maniere de parler eſt un reſte de notre ancien langage, qui ſupprimoit volontiers l'article, ſur-tout dans les phraſes où il étoit ſi aiſé de le ſous-entendre. Témoin une infinité de ces vieux proverbes, que nous conſervons encore tels qu'ils étoient.

XXIII.

(8) *Nulle paix pour l'Impie: il la cherche, elle fuit.*

Je doute que les pronoms relatifs, *la*, & *elle*, puiſſent être mis après *nulle paix*, deux mots inſéparables, & qui ne ſont, ni ne peuvent être précédés d'un article.

Tout pronom rapelle ſon antécédent. Or l'antécédent eſt, *nulle paix.* Ainſi ce vers, à l'éplucher grammaticalement, ſignifieroit que l'Impie cherche *nulle paix*, & que *nulle paix* le fuit.

(8) *Eſther*, II, 8, 101.

Aucun, & *Nul*, selon l'Auteur de la Grammaire générale, *déterminent auffi-bien que les articles*; & peuvent par conséquent être suivis d'un relatif. Cela est-il vrai ? Oui, cela l'est à l'égard du relatif *qui*; mais ne l'est pas à l'égard du relatif *le*.

On dira donc très-bien, *Nulle paix, qui soit durable. Je n'en reçois aucune nouvelle, dont je sois content. Il n'y a personne, qui ne vous honore.* Mais on ne dira pas, *Personne n'est venu à ma campagne; s'il vient, je le recevrai de mon mieux. Aucun écrivain n'est exempt de fautes, je ne laisse pas de l'estimer. Nulle récompense pour les poltrons, & vous la demandez.* Voilà pourtant la phrase de Racine, *Nulle paix pour l'Impie : il la cherche.*

Je crois qu'on pourroit rendre raison de ces différences; & il y en auroit même encore d'autres à remarquer, par rapport aux pronoms relatifs. Mais ceux qui liront sur cette question la *Grammaire générale*, où cependant il s'en faut beaucoup qu'elle ne soit épuisée, jugeront combien il y entre de Métaphysique. J'ai tâché de me mettre à la portée du commun des Lecteurs, dans la Remarque précédente.

J'ajoûterai seulement ici, qu'*aucun* &
nul, quand on les met dans la signification négative de *personne*, n'ont jamais
de pluriel, soit qu'on les emploie comme pronoms, en sous-entendant *homme*;
soit qu'on les emploie comme adjectifs,
nulle paix, *aucun mal*. Et cette observation est d'autant plus nécessaire, que
d'habiles écrivains ne l'ont pas toujours
suivie. Ce qui les a trompés, c'est que
ces mêmes mots ont un pluriel, mais
dans une autre signification. Car quelquefois *nul* signifie, qui n'est d'aucune
valeur; & alors on lui peut donner un
pluriel, *Vos procédures sont nulles.* Pour
ce qui est d'*Aucun*, il signifioit autrefois
l'*aliquis* des Latins, comme on le voit
dans le Dictionnaire de R. Estienne, qui
cite cet exemple : *Aucuns hommes sont
venus.* Mais en ce sens il n'est plus usité
que dans quelques phrases du Palais.

Un docte Grammairien, feu M. du
Marsais, examinant après moi ce même
vers de Racine, dans l'Encyclopédie,
au mot ARTICLE : *Je crois*, dit-il, *que
la vivacité, le feu, l'enthousiasme, que
le style poétique demande, ont pu auto-
riser Racine à dire*, nulle paix pour l'Impie : il la cherche, elle fuit. *Mais*, ajoûte-

il, *cette expreſſion ne ſeroit pas réguliere en proſe, parce que la premiere propoſition étant univerſelle négative, & où nulle emporte toute paix pour l'Impie, les pronoms la & elle, des propoſitions qui ſuivent, ne doivent pas rappeler dans un ſens affirmatif & individuel un mot qui a d'abord été pris dans un ſens négatif univerſel.* Voilà préciſément ma penſée, miſe dans un jour philoſophique.

X X I V.

(9) *Jamais tant de beauté fut-elle couronnée ?*

Puiſqu'un nom ſans *article* ne doit point, ſelon Vaugelas, être ſuivi d'un pronom relatif, il ne devroit pas non plus être ſuivi d'un adjectif, qui ſe rapporte à ce nom-là : & cependant *beauté* qui eſt ſans article, régit *couronnée.*

Ainſi raiſonnoit un Critique, dont j'oſerai combattre l'opinion. Car nous avons déja (1) reconnu qu'il y avoit divers équivalents de l'Article ; & ne vóit-on pas que *Tant de beauté*, c'eſt abſolument comme ſi l'on diſoit, *une ſi grande beauté ?* Or, quelle phraſe plus réguliere que celle-

(9) *Eſther*, III, 9, 32.
(1) Voyez ci-deſſus, *pag.* 288.

ci , *Jamais une ſi grande beauté fut-elle couronnée ?*

Perſonne n'ignore qu'un adverbe eſt incapable de régir. Ce n'eſt donc pas l'adverbe *tant*, qui régit ici le verbe *fut*, & le participe *couronnée*. Mais l'adverbe de quantité a cela de remarquable, qu'é-tant uni à un ſubſtantif par la particule *de*, il n'eſt à l'égard de ce ſubſtantif que com-me un ſimple adjectif, puiſque l'un & l'autre enſemble ne préſentent qu'une idée totale & indiviſible. Auſſi eſt-ce une Rè-gle ſans exception , que dans toutes les phraſes où l'adverbe de quantité fait partie du nominatif, la ſyntaxe eſt fondée ſur le nombre & le genre du ſubſtantif. *Tant de Philoſophes ſe ſont égarés,* voilà le plu-riel & le maſculin. *Tant de beauté fut cou-ronnée,* voilà le ſingulier & le féminin.

X X V.

(2) *Aucuns monſtres par moi domptés juſqu'aujourd'hui.*

Voilà *aucuns* dans le ſens négatif, au pluriel. On ne lui en donne un, que dans le ſtyle Marotique, ou dans le ſtyle du Palais ; & alors il ſignifie *quelques-uns.* Je n'ajoûte rien à ce que j'en ai dit, *pag.*

(2) *Phèdre* ; I, 1, 99.

255, fi ce n'eft que ceux qui voudroient douter de ce que j'y avance, n'auront qu'à ouvrir le Dictionnaire de l'Académie, aux mots *aucun*, & *nul*.

On pourra en même temps le confulter fur *aujourd'hui*. On y verra qu'en profe il faudroit dire *jufqu'à aujourd'hui*, comme on dit *jufqu'à hier*, *jufqu'à demain*. Mais il eft bien jufte de permettre aux Poëtes, *jufqu'aujourd'hui* : fans quoi, à caufe de l'*hiatus*, ils ne pourroient jamais ufer de cette expreffion.

X X V I.

(3) . . . . . . *On va donner en fpeclacle funefte*
De fon corps tout fanglant le miférable refte.

On dit abfolument, *donner en fpecta-cle*, comme *regarder en pitié*, & beaucoup de phrafes femblables, où le fub-ftantif joint au verbe par la prépofition *en*, ne peut être accompagné d'un adjectif. *Donner en fpeclacle funefte*, eft un *barbarifme*. Pourquoi adoucir les termes, comme fi deux ou trois brins de mauvaife herbe gâtoient un parterre émaillé des plus belles fleurs ?

(3) *Efther*, III, 8, 3.

(4) . . . . *Mon ame inquiétée*
D'une crainte si juste est sans cesse agitée.

Et dans Andromaque, I, 2, 31.

La Grèce en ma faveur est trop inquiétée.

Inquiet, adjectif, & *inquiété*, participe, ne préfentent pas le même fens. Il
falloit dans le premier exemple, *mon ame
inquiete :* & dans le fecond, *la Grèce en
ma faveur est trop inquiete*, ou mieux encore, *s'inquiete trop.* Ainfi ne confondons
point, *être inquiet*, *être inquiétée*, & *s'inquiéter.* Ce font trois fens différens. *Etre
inquiet*, ne fignifie qu'une certaine fituation de l'âme, fans qu'on ait égard à la
caufe d'où cette fituation peut venir. *Etre
inquiété*, renferme tout à la fois, & l'idée
de cette fituation, & l'idée d'une caufe
étrangere d'où elle vient. Par *s'inquiéter*,
non-feulement nous entendons quelle eft
la fituation d'une âme, mais auffi nous
entendons que cette âme eft la caufe qui
agit fur elle-même.

Je n'irai pas plus loin fans déclarer que
cette Remarque, & un grand nombre,

(4) *Alexandre*, II, 1, 77.

d'autres, ont été contredites (5) par M. Racine, de l'Académie des Belles-Lettres, digne fils d'un illuftre pere ; mais contredites fans amertume, & fur le feul ton qui convienne à l'honnête homme, tel qu'il étoit. Je lui paroîs avoir porté fouvent la févérité au delà des bornes : & il me paroît, à moi, avoir quelquefois donné trop au refpect filial. Tous les deux nous avons eu le même but, qui eft d'inftruire, & nous y allons par des chemins différents

XXVIII.

(6) . . . . . . *Ma langue embarraffée Dans ma bouche vingt fois a demeuré glacée.*

J'ai demeuré, & *Je fuis demeuré*, préfentent des fens différents. *J'ai demeuré à Rome*, c'eft-à-dire, j'y ai fait quelque féjour. *Je fuis demeuré muet*, c'eft-à-dire, je fuis refté bouche clofe. Or, dans le vers que j'examine, *demeurer* ne fauroit être pris que dans le fens de *refter*. Ainfi, *ma langue* eft demeurée *glacée dans ma*

.

(5) On peut voir l'Ouvrage intitulé *Remarques fur les Tragédies de Jean Racine, &c. Par Louis Racine.* Paris, 1752.

(6) *Bérénice*, II, 2, 138.

bouche, étoit la seule bonne maniere de parler.

Un moment d'inattention suffit pour faire qu'on se trompe à ces verbes neutres, qui se conjuguent avec nos deux auxiliaires, mais toujours en des sens différents. Despréaux, parlant à des Nobles entêtés de leurs aïeux, *Savez-vous*, dit-il,

> . . . . *Si leur sang tout pur, ainsi que leur noblesse,*
> *Est passé jusqu'à vous de Lucrèce en Lucrèce.*

Je crois qu'*a passé* valoit mieux.

XXIX.

(7) . . . . *A ce mot, ce Héros expiré*
N'a laissé dans mes bras qu'un corps défiguré.

On ne doute point que le verbe *expirer* ne soit du nombre des verbes neutres, qui admettent les deux auxiliaires, *être*, & *avoir*. Mais distinguons dans *expirer*, le sens propre, & le figuré. Dans le propre, il convient aux personnes, & se conjugue avec l'auxiliaire *avoir*. Dans le figuré, il convient aux choses, & se con-

(7) *Phèdre*, V, 6, 89.

jugue avec l'auxiliaire *être*. On dira donc très-bien , *Je n'en ai plus que pour six mois , & mon bail* expiré , *il faut que je me retire :* ou , *la trêve expirée , on reprendra les armes ;* parce que , devant *expiré* , il y a de sous-entendu *étant* , dont la suppression est souvent permise. Mais , *ayant* , ne se supprime jamais : & par conséquent , *ce Héros expiré* , n'est pas plus François , que *ce Héros parlé* , pour , *ayant parlé*.

Je ne voudrois cependant pas qu'un Poëte écoutât les remontrances de la Grammaire , dans les précieux moments où sa verve le favorise. Racine dans son récit de Théramene , jouissoit d'un de ces moments heureux. Mais son ami Despréaux nous donne en pareil cas un sage conseil : *Vingt fois sur le métier remettez votre ouvrage.*

X X X.

(8) *Il en étoit sorti lorsque j'y suis couru.*

Je doute fort qu'il en soit du simple ; *Courir* , comme de son composé , *Accourir*. On dit indifféremment , *J'ai accouru , je suis accouru.* Mais , *je suis couru* , me paroît une de ces distractions , dont les meilleurs écrivains ne font pas toujours

(8) *Bérénice* , II , 1 , 4.

exempts. Perfonne n'ignore que ce vers
de l'Art Poétique ,

Que votre ame & vos mœurs peints dans
tous vos ouvrages ,

fut imprimé , & plus d'une fois, fans que
l'Auteur s'apperçût qu'un adjectif mafculin fuivoit deux fubftantifs féminins. Par-
lerai-je de ce qui s'eft paffé fous mes
yeux ? Feu M. de Fontenelle apporta à
l'Académie un de fes ouvrages, qu'il venoit de publier. Quelqu'un des préfents,
à l'ouverture du livre, ayant lu ces mots,
la pluie avoit tombé , feignit que des femmes l'avoient prié de mettre en queftion,
fi, *j'ai tombé* , ne pouvoit pas auffi bien
fe dire que, *je fuis tombé.* On alla aux
voix : & M. de Fontenelle prenant la parole , fronda merveilleufement ces fortes
d'innovations. A peine finiffoit-il , qu'on
lui fit voir la page & la ligne où étoit la
phrafe que j'ai rapportée. Point de réponfe
à cela , fi ce n'eft celle d'un galant homme , qui reconnoît fes fautes fans biaifer.

X X X I.

(9) *Il y feroit couché fans manger & fans*
   boire.

(9) *Plaideurs*, I, 1, 24.

Il y seroit couché, n'est pas François; pour signifier, *Il y auroit passé la nuit.* On dit en des sens très-différents, *coucher*, & *se coucher*. Le premier est tantôt actif, tantôt employé neutralement, & il prend toujours l'auxiliaire *avoir*. Le second est réciproque, & prend l'auxiliaire *être*. Cela étant marqué dans tous les Dictionnaires, je ne m'y arrête pas.

M. Racine le fils prétend que c'est ici une faute d'impression, & qu'on doit lire, *Il s'y seroit couché*, &c. Mais il n'a donc pas fait réflexion que *se coucher* signifie simplement, se mettre au lit, ou s'étendre tout de son long sur quelque chose. Or ce n'est assurément point là ce que l'Auteur a voulu dire. Pourquoi ne pas avouer qu'étant jeune alors, son pere pourroit s'être mépris : ou (ce qui est plus vrai-semblable) que dans une Comédie où il met tant d'autres barbarismes dans la bouche de ce Suisse venu d'Amiens, la faute que nous relevons avoit été faite exprès ? Quoi qu'il en soit, je puis assûrer que l'édition faite en 1668, porte, *Il y seroit couché :* & je trouve que la correction de M. Racine le fils a été fort mal à propos suivie dans l'édition faite en 1760.

XXXII.

XXXII.

(1) *Tu prétends faire ici de moi ce qui te plaît.*

Il y a de la différence entre *ce qui te plaît*, & *ce qu'il te plaît*. Car le premier signifie, *ce qui t'est agréable*: mais le second, *ce que tu veux*. Or il est visible qu'ici ce n'est pas le premier, c'est le second qu'il eût fallu.

Vaugelas a fait sentir parfaitement cette différence. Mais il ne parle pas d'une autre, qui n'est pas moins importante, & qui regarde le régime de *plaire*. Quand ce verbe signifie *vouloir*, il ne s'emploie qu'impersonnellement, & il régit la particule *de*. *Il me plaît d'aller là*. Quand il est verbe réciproque, *se plaire*, il régit la particule *à*. *Je me plais à être seul*. Ainsi, dans le dernier Chœur d'Esther,

. . . . *Relevez les superbes portiques Du Temple où notre Dieu* se plaît d'être adoré,

on auroit dit, se *plaît à être adoré*, si l'*hiatus* l'avoit permis.

(1) *Plaideurs*, II, 13, 6.

M

XXXIII.

(2) *Peut-être avant la nuit l'heureuse*
Bérénice
Change le nom de Reine au nom d'Impé-
ratrice.

On ne dit point, *changer une chose à*
une autre, mais, *en une autre.* Il eſt vrai
que la prépoſition *en*, ne ſe met pas devant un article maſculin, *en le nom :* ſi
ce n'eſt devant quelques mots, dont
l'article s'élide, *en l'honneur.* Ici donc il
faudroit chercher un mot, qui n'eût pas
beſoin d'article : par exemple, ſi le vers
l'avoit permis, *change le nom de Reine en*
celui d'Impératrice.

Je ne dois pas omettre que le Dictionnaire de l'Académie, au mot *changer*,
cite un exemple qui paroît autoriſer Racine. *Dans le Sacrement de l'Euchariſtie,*
le pain eſt changé au Corps de Notre-Sei-
gneur. Mais n'eſt-ce point une phraſe con-
ſacrée, qui ne fait pas loi pour le langage
commun ?

Malherbe a été repris par Ménage,
d'avoir dit *Faire échange à*, dans une de
ſes Odes. Il eſt, je l'avoue, plus aiſé de
blâmer, ou plutôt de plaindre un Poëte

(2) *Bérénice*, I, 3, 9.

en pareil cas, que de lui fuggérer un tour plus heureux.

XXXIV.

(3) *C'eſt pour un mariage, & vous ſaurez d'abord*

Qu'il ne tient plus qu'à vous, & que tout eſt d'accord.

La fille le veut bien. Son amant le reſpire.

Reſpirer, pris figurément, ſignifie, déſirer avec ardeur. *Vous ne reſpirez que les plaiſirs, vous ne reſpirez que la guerre.* Mais, ce qui paroît une bizarrerie dans notre Langue, il ne ſe dit guère qu'avec (4) la négative. Car on ne diroit pas, à beaucoup près, auſſi correctement, *Vous reſpirez les plaiſirs, vous reſpirez la guerre.*

Peut-être cela vient-il de ce que *reſpirer*, employé fans négative, a communément un autre ſens. *Tout reſpire ici la piété*, ſignifie, non pas que *tout déſire ici la piété*, mais que *tout donne ici des marques de piété.*

Par cette raiſon il eſt évident que l'expreſſion de Racine, *Son amant reſpire ce mariage*, n'eſt ni aſſez claire, ni tout-à-fait correcte.

(3) *Plaideurs*, III, 4, 22.
(4) Voyez le Dictionnaire de l'Académie.

J'ai dit , que de reſtreindre ce verbe ,
pris en ſon premier ſens , à la négative ,
Ne reſpirer que , cela paroiſſoit une eſpèce
de bizarrerie dans notre langue. J'aurois
dû bien plutôt l'appeler une délicateſſe ,
une fineſſe , qui eſt de nature à ne pouvoir ſe trouver que dans une langue extrêmement cultivée. Or c'eſt un point eſſenciel , que de bien connoître non ſeulement la propriété des termes , mais , ſi
j'oſois parler ainſi , leurs nuances.

X X X V.

(5) *Prêt à ſuivre par-tout le déplorable
Oreſte.*

On dit bien , *Mon ſort eſt déplorable :*
mais on ne dira pas , *je ſuis déplorable.*
C'eſt un mot qui ne s'applique qu'aux
choſes ; & le Dictionnaire de l'Académie en avertit expreſſément. Il y a cependant d'autres endroits où Racine l'applique à des perſonnes , & même dans ſes
dernieres (6) Tragédies. Quand une faute
ne ſe trouve qu'une ſeule fois dans un
Auteur , il eſt naturel de la croire l'effet
d'une ſimple inadvertence , qui ne prouve
rien. Mais , ſi l'expreſſion eſt répétée dans

(5) *Andromaque* , I , 1 , 46.
(6) *Phèdre* , II , 2 , 67. *Athalie* , I , 1 , 149.

des ouvrages différents, & qui ont été faits à dix ou douze ans l'un de l'autre, cela prouve que c'étoit une expreſſion avouée par l'Auteur : & dès-lors quand il s'agit d'un Auteur tel que Racine, il eſt toujours à propos d'obſerver quelles ſont les manieres de parler qui ont pu ne lui pas déplaire, quoique l'uſage ne les eût pas autoriſées.

Pardonnable eſt dans le même cas que *déplorable ;* il ne ſe dit que des choſes, & non des perſonnes.

X X X V I.

(7) *Et ne le forçons pas par ce cruel mépris,*
D'achever un deſſein qu'il peut n'avoir pas
pris.

On dit, *exécuter un deſſein,* & non, *achever un deſſein,* à moins qu'on n'entende par-là l'ouvrage d'un homme qui deſſine. Pourquoi *achever,* joint à *deſſein,* me paroît-il un terme impropre ? Parce qu'*achever* ne ſe dit que de ce qui eſt commencé. Or ce qui eſt un *deſſein,* n'eſt pas quelque choſe de commencé : ou ſi c'eſt quelque choſe de commencé, ce n'eſt plus un *deſſein,* c'eſt une entre-priſe.

(7) *Alexandre,* I, 3, 15.

XXXVII.

(8) *Mais admire avec moi le sort, dont la
poursuite
Me fait courir alors au piège que j'évite.*

Peut-on dire, *la poursuite du sort ?* Un
exemple fera entendre ma difficulté.
Quand on dit, *la poursuite des ennemis,
la poursuite des voleurs*, cela signifie
l'action par laquelle les ennemis ou les
voleurs sont poursuivis. Mais si, par la
poursuite des ennemis, on vouloit signifier
les mouvements que les ennemis font eux-
mêmes pour atteindre ceux qui les atta-
quent, je crois que l'expression seroit
obscure.

Il y a des mots équivoques par eux-
mêmes, en ce qu'ils peuvent également
se prendre dans le sens actif, & dans le
passif. Témoin le mot qui frappe le plus
agréablement l'oreille, le mot *d'ami.*
Quand j'entendrai dire, *un tel est l'ami
d'un tel*, pourrai-je, supposé que leur amitié ne soit pas mutuelle, comprendre lequel des deux est aimé de l'autre ? Tout
ce qu'un écrivain peut & doit en pareil
cas, c'est de recourir à quelque circon-
stance, dont il accompagne le mot équivoque, pour en fixer le sens.

(8) *Andromaque*, I, 1, 65.

XXXVIII.

(9) *Mais parmi ce plaisir, quel chagrin me dévore ?*

Parmi se met devant un pluriel, ou devant un mot collectif, qui renferme équivalemment plusieurs choses particulieres. *Vous avez mis de faux argent parmi du bon. Parmi les plaisirs de la campagne, il y en a de préférables à ceux de la Cour.* Mais lorsqu'on dit *ce plaisir*, cela exclut tout sens composé : *ce plaisir* est réduit à l'unité : & par conséquent je doute si, *parmi ce plaisir*, est bien exact.

XXXIX.

(1) *Aux affronts d'un refus craignant de vous commettre.*

On dit bien commettre quelqu'un, & se commettre, pour signifier *exposer* quelqu'un, & *s'exposer* soi-même à recevoir un déplaisir. Mais ce verbe ne s'emploie qu'absolument, & l'on ne dit point, *Se commettre à quelque chose.* Ainsi, *Craignant de vous commettre aux affronts d'un refus*, n'est pas François. Outre qu'il faudroit, *l'affront d'un refus*, plutôt que

(9) *Britannicus,* II, 6, 3.
(1) *Iphigénie,* II, 4, 5.

les affronts d'un refus. Et même , si je ne me faisois une peine de tant insister sur cette phrase , j'ajoûterois que l'affront de quelque chose , n'est guère bon. *Affront* va tout seul : à moins qu'il ne soit suivi d'un verbe avec la préposition *de.* Car on dira , *l'affront d'être refusé* , bien mieux qu'on ne diroit *l'affront d'un refus.*

X L.

(2) . . . . *Savez-vous si demain Sa liberté , ses jours seront en votre main ?*

On dit bien , *sa vie est entre vos mains,* pour dire , dépend de vous. Mais , *sa vie est en votre main* , est-ce une phrase à recevoir ? J'en douterois , d'autant plus que ces manieres de parler , qui revien-nent dans la conversation à tout moment , ne veulent point être changées. Il ne faut que parcourir les Dictionnaires , au mot , *main* , pour voir combien il y a de phra-ses qui n'admettent que l'un des deux , ou le singulier , ou le pluriel ; & qui même font des sens tout différents , selon que l'un ou l'autre s'y trouve. Par exemple, *donner la main* , & , *donner les mains.*

(2) *Bazajet,* I , 3 , 7.

X L I.

(3) *Grâce aux Dieux ! mon malheur paſſe mon eſpérance.*

Racine avoit ſans doute en vue ces paroles de Didon dans Virgile : *Hunc ego ſi potui tantum ſperare dolorem.* Quintilien (4) n'eſt pas content de cette expreſſion, qui pourtant ſe lit encore dans un autre endroit de l'Enéide. Il ne l'a condamnée, vraiſemblablement que comme trop forte pour convenir à un Orateur. Quoi qu'il en ſoit, permettons aux Philoſophes de la trouver impropre, puiſque l'eſpérance ne peut réellement avoir que le bien pour objet. Mais prions-les en même temps d'avoir un peu d'indulgence pour nous, qui croyons ſentir que ces ſortes de hardieſſes font un merveilleux effet dans la Poéſie, lorſqu'elles ſont placées à propos, & de loin à loin.

X L I I.

(5) . . . . . *Me cherchiez-vous, Madame ? Un eſpoir ſi charmant me ſeroit-il permis ?*

Pyrrhus veut dire : *Me ſeroit-il permis de croire que vous me cherchiez ?* Ainſi c'eſt

(3) *Andromaque*, V, 5, 31.
(4) Livre VIII, chap. 2.
(5) *Andromaque*, I, 4, 2.

M v

fur le préfent que tombe ce mot, *efpoir*, dont cependant le fens propre ne regarde que des chofes qui font à venir.

J'adreffe cette Remarque & la précédente, à ceux qui écrivent en profe. On ne peut trop leur redire qu'ils font obligés d'avoir une attention infinie à la propriété des termes. Quant aux Poëtes, fachons-leur gré de leurs hardieffes, lorfqu'elles font dictées par le goût, & avouées par le bon fens.

X L I I I.

(6) *Je ne vous ferai point des reproches frivoles.*

Voilà ce que portent les anciennes & bonnes éditions de Racine ; & voici la Note de fon fils. *La négation*, dit-il, *ôtant le nom du général*, de *n'eft plus article, mais interjection : ainfi il faut* de *reproches*, *& non pas* des *reproches.*

Une négation, qui *ôte le nom du général !* Un *de*, qui n'eft *plus article, mais interjection !* Je n'entends pas ce langage. Venons au fait.

Roxane veut-elle dire à Bazajet, qu'elle ne lui fera nul reproche, de quelque efpèce que ce puiffe être ? Point du tout. Au contraire, elle lui en fait d'un bout à l'autre de cette Scène , mais qui ne font pas *frivoles.*

Obfervons la différence qu'il y a entre *de*, fimple prépofition, & *des*, article *particulé*, c'eft-à-dire, qui renferme une particule, & ici par conféquent fignifie *de les*, comme fi l'on difoit *de ceux qui*, &c. Roxane a donc très-bien dit, *Je ne vous ferai point* des *reproches frivoles :* parce qu'elle a voulu dire, *de ces reproches qui ne feroient que frivoles.*

Au refte, mon deffein n'étant nullement de cenfurer M. Racine le fils, je ne releve ici fa prétendue correction, que pour empêcher qu'elle ne foit perpétuée dans les éditions fuivantes. Elle s'eft déja gliffée dans la fuperbe édition *in-4°*, faite à Paris en 1760.

Quand il s'agit d'un Auteur tel que Racine, fon vrai texte doit être fcrupuleufement repréfenté, fans la moindre altération.

XLIV.

(7) *Qui fait* . . . . *fi ce Roi* . . . . .
N'accufe point le Ciel qui le laiffe outrager,
Et des indignes fils qui n'ofent le venger ?

(7) *Mithridate*, I, 3, 76.

On vient de voir *des* où il devoit être,
dans le vers qui donnne lieu à la Remarque précédente. Mais il eſt ici, où il ne
devroit pas être.

Vaugelas (8) a expliqué cette Regle
non conteſtée, qu'en toutes phraſes ſemblables à celles-ci, *Il y a d'excellents
hommes*, &, *Il y a des hommes excellents*,
on mettra *des*, article particulé, quand le
ſubſtantif précéde l'adjectif, *Il y a des
hommes excellents;* & au contraire ſi l'adjectif précéde le ſubſtantif, on mettra *de*,
prépoſition ſimple, qui s'élide devant une
voyelle, *Il y a d'excellents hommes.*

Préſentement il eſt clair, que dans l'endroit dont il s'agit, il falloit de toute néceſſité, non pas *des indignes fils*, mais
d'indignes fils qui n'oſent, &c.

Auſſi la faute que nous reprenons, ne
vient-elle que de l'Imprimeur, ſi l'on en
croit M. Racine le fils, qui convient
qu'elle s'eſt conſervée dans toutes les
éditions, mais qui ſoupçonne (ſur quel
fondement ?) que ſon pere avoit écrit,
deux indignes fils.

(8) *Remarque* CCXCII.

XLV.

(9) *Le Ciel s'eſt fait ſans doute une joie
inhumaine
A raſſembler ſur moi tous les traits de ſa
haine.*

Aprés *ſe faire une joie* , il étoit plus
naturel & plus régulier de mettre *de* qu'*à*.
On dit, *J'ai de la joie à vous voir* ; &,
Je me fais une joie de *vous voir*. Voyez
ci-deſſus, *Rem.* XXXII.

J'avoue que c'eſt-là une obſervation bien
légere. Mais je m'y arrête exprés pour
faire ſentir à ceux qui connoiſſent le mérite
de l'exactitude, que toute négligence qui
n'eſt pas raiſonnée, fait peine au Lecteur,
ſur-tout quand l'Auteur pouvoit l'éviter à
ſi peu de frais. J'appelle négligence raiſonnée, celle qu'on ſe permettroit avec
mûre réflexion, & pour donner une ſorte
de grâce au diſcours. *Quædam etiam* (1)
negligentia eſt diligens, nous dit le grand
Maître en l'art d'écrire.

XLVI.

(2) . . . . *Vos bontés à leur tour
Dans les cœurs les plus durs inſpireront
l'amour.*

(9) *Iphigénie*, II, 4, 5.
(1) *Cic. Orator*, cap. 23.
(2) *Alexandre*, III, 6, 25.

Infpirer dans, ne me paroît pas Fran:
çois. On dit, *Infpirer à*. Pour conferver
dans, il faudroit, *Dans les cœurs les plus*
durs feront naître l'amour, ou *feront en-*
trer l'amour, ou quelque autre verbe de
cette efpèce. Non que je prétende fubftituer ici un vers à celui de l'Auteur : mais
je veux feulement, faire fentir qu'avec
infpirer, notre langue ne fouffre pas *dans*.
On diroit en profe : *Infpireroit de l'amour*
aux cœurs les plus durs. L'emploi des
prépofitions demande une attention infinie.

X L V I I.

(3) . . . . . . *Ces mêmes dignités*
Ont rendu Bérénice ingrate à vos bontés.

Vaugelas, dans une (4) de fes Remarques, a écrit : *Ingrat à la fortune ;* &
Patru fait là-deffus une Note, où il témoi-
gne qu'*Ingrat à*, pour *Ingrat envers*, lui
paroît hardi.

On lit dans Britannicus, *Impuiffant à*
trahir ; & dans Iphigénie, *Complaifant à*
vos defirs. Peut-être qu'à l'égard de ces
deux expreffions, le fcrupule de Patru
n'auroit pas été moins fondé.

(3) *Bérénice*, I, 3, 39.
(4) *Remarque* CLXVII.

Il y a des adjectifs, qui ne peuvent guère aller seuls. *Digne, incapable*, il faut dire, de quoi. *Propre, comparable*, il faut dire à quoi.

Il y en a qui ne gouvernent jamais rien, & c'est le plus grand nombre.

Il y en a enfin qui se mettent indifféremment, ou avec un régime, *Je vis content de ma fortune;* ou sans régime, *Je vis content.*

On n'a de conseil à prendre que de l'usage, dans une matiere où le raisonnement n'entre pour rien.

XLVIII.

(5) *Mais c'est pousser trop loin ses droits injurieux,*
Qu'y joindre le tourment que je souffre en ces lieux.

On diroit en prose, *Que d'y joindre :* & c'est assez l'ordinaire des infinitifs qui suivent la conjonction *que*, d'être précédés de la particule *de*. Mais ne concluons pas de là qu'il soit indifférent, ou de supprimer, ou d'employer cette particule avant les infinitifs. Personne n'ignore que ces deux phrases, *Il ne fait que sortir*, & *Il ne fait que de sortir*, pré-

fentent des fens qui ne font pas les mêmes.
J'en apporterai un autre exemple, qui
me paroît digne d'attention. *Aimer mieux*,
fignifie tantôt, Préférer la chofe qui flatte
le plus notre goût, & tantôt, Préférer
celle qui eft la plus conforme à notre
volonté. Or le premier de ces deux fens
exige la fuppreffion de la particule *de*, &
l'autre exige qu'on l'emploie. Préférence
de goût, *J'aime mieux dîner, que fouper.*
J'aime mieux lire, que jouer. Préférence
de volonté, *J'aime mieux ne rien avoir,*
que d'avoir le bien d'autrui. J'aime mieux
mourir, que de me déshonorer.

Plus on étudiera notre langue, plus on
admirera l'ufage qu'elle fait faire de fes
prépofitions, ou particules : entre lefquelles diftinguons-en deux, *à* & *de*,
qui foutiennent prefque tout l'édifice du
langage François.

X L I X.

(6) *On ne veut pas rien faire ici qui vous*
déplaife.

Voilà précifément le cas pour lequel
ces deux Savantes de Moliere vouloient
que leur fervante fût chaffée.

(6) *Plaideurs*, II, 6, 23.

De pas, mis avec rien, tu fais la récidive,
Et c'eſt, comme on l'a dit, trop d'une
négative.

Racine n'a uſé de ce barbariſme que
pour faire rire : & peut-être auroit-il
encore mieux fait de s'en paſſer. Un barbariſme que Moliere, l'incomparable
Moliere, n'emploie ici qu'à propos, &
pour mieux peindre ces ridicules Savantes, Racine l'emploie gratuitement. Pourquoi chercher dans un langage corrompu
le germe de la bonne plaiſanterie ? Peut-
être l'introduction du patois ſur la Scêne
Françoiſe n'eſt-elle qu'un reſte de ce
miſérable goût que nos peres ont eu pendant un temps pour le burleſque.

L.

(7) *Je puis l'inſtruire au moins, combien*
ſa confidence, &c.

On ne peut donner ici à *inſtruire*,
que l'un de ces deux ſens, ou *enſeigner*,
ou *informer*. Or la phraſe de Racine n'eſt
Françoiſe, à ce qu'il me ſemble, ni dans
l'un, ni dans l'autre cas : puiſqu'il faudroit,
comme la Remarque ſuivante le mor-
trera, qu'on pût dire, *Je puis l'inſtruire*
telle choſe, Je puis l'inſtruire que, pous

(7) *Britannicus,* I, 2, 40.

pouvoir dire, *Je puis l'inſtruire combien,*
&c.

Mais il ne faut pas toujours conclure
de l'actif au paſſif. Je fais cette remarque une fois pour toutes. Quoiqu'on ne
diſe pas, *inſtruire que,* je crois que cette
même conſtruction, après le participe,
ne bleſſera perſonne dans les deux exemples ſuivants. Bérénice, acte I, ſcêne 3,
vers 13.

. . . . *Bérénice eſt inſtruite*
Que vous voulez ici la voir ſeule & ſans
     ſuite.
     Athalie, IV, 3, 24.
Bientôt de Jézabel la fille meurtriere,
Inſtruite que Joas voit encor la lumiere.

L I.

(8) *Ne vous informez point ce que je*
     deviendrai.

Il faudroit, *Ne vous informez point de*
ce que je deviendrai. Et pourquoi le faudroit-il ? Parce qu'aucun verbe ne peut
avoir deux régimes *ſimples,* quoique pluſieurs verbes puiſſent avoir deux régimes,
l'un ſimple, l'autre *particulé.* J'explique
ailleurs ces termes, dont je vais faire
l'application.

(8) *Bajazet,* II, 5, 39.

Racine dit, *Ne vous informez point ce*, c'est-à-dire, la chose, *que je deviendrai.* Alors *vous*, & *ce*, sont deux régimes simples, ou deux Accusatifs, comme on parleroit en Latin. Or, nous posons pour principe qu'il n'y a point de verbes qui puissent avoir tout à la fois deux régimes simples.

Mais si je dis, *Ne me demandez point ce que je deviendrai*, ma phrase est correcte, parce qu'il y a plusieurs verbes, du nombre desquels est *demander*, qui souffrent le régime simple, & le particulé. Or, *me*, est ici pour *à moi*, & par conséquent régime particulé : de sorte que *demander* n'a qu'un régime simple, qui est *ce*.

Je ne doute point que l'anatomie de ces phrases ne déplaise au plus grand nombre des Lecteurs. Mais je leur dirai en style figuré, il faut passer au travers des épines, pour arriver aux riantes prairies de l'Éloquence, ou sur les monts escarpés de la Poésie.

L I I.

(9) *Déja sur un vaisseau dans le port préparé*,

(9) *Bajazet*, III, 2, 30.

*Chargeant de mon débris les reliques plus
  cheres,*
Je méditois ma fuite, &c.

Quand *plus* est mis absolument, c'est-
à-dire, sans article, il fait que l'adjectif
qu'il précéde, est comparatif : mais alors
le second terme de la comparaison doit
toujours être exprimé, ou clairement
sous-entendu. *Votre santé m'est plus chere
que la mienne. Racine est plus élégant que
Corneille.*

Quand le second terme de la comparaison n'est pas exprimé, alors *plus* est précédé de l'article, & il forme une espèce
de superlatif. *Les plus cheres reliques,* ou
les reliques les plus cheres de mon débris.
Et c'est ainsi qu'il falloit dire en cette
occasion.

Vaugelas (1) établit les mêmes principes ; mais nous les tournons chacun
à notre maniere. Thomas Corneille ajoûte
qu'il est d'une indispensable nécessité de
s'assujettir à la regle de Vaugelas : & je
suis bien persuadé qu'elle fait loi pour les
Poëtes, comme pour les autres. Voyez
ci-dessus, *pag.* 148.

(1) Dans sa Remarque LXXXV, où cette
Regle est mise dans un grand jour.

LIII,

(2) *Amurat eſt content, ſi nous le voulons*
croire,
Et ſembloit ſe promettre une heureuſe
victoire.

Je doute, s'il eſt bien de paſſer ſi bruſ-
quement du préſent *eſt*, à l'imparfait,
ſembloit. Mais du moins il eſt certain, que
le changement de temps au ſecond verbe
demandoit le Pronom, qui répéte le nominatif. *Amurat eſt content, & il ſem-*
bloit, &c.

LIV.

(3) *Comme vous je me perds d'autant plus*
que j'y penſe.

Par les exemples accumulés dans le
Dictionnaire de l'Académie, on verra
qu'ici *d'autant plus* ne répond point à
l'idée de Racine, qui vouloit dire, *Plus*
j'y penſe, plus je me perds.
O vous ! qui briguez les faveurs des
Muſes, ne prenez point pour vos ennemis ceux qui vous diſent : *Qu'en vos*
écrits la langue révérée, Dans vos plus
grands excès vous ſoit toujours ſacrée.
Vos ennemis ſont ceux qui, ſous prétexte

(2) *Bajazet*, I, 1, 33.
(3) *Bérénice*, II, 5, 4.

de vous rendre votre art moins difficile;
voudroient mettre les barbarifmes au rang
de vos priviléges. Racine & Defpréaux
font-ils jamais plus Poëtes que dans les
endroits où il ne fe trouve pas une expreffion, qui puiffe effaroucher le plus
timide Grammairien ?

Toujours de grandes & de belles idées;
toujours vérité, & variété dans les images; hardieffe, ou plutôt audace dans les
figures ; propriété, naïveté, nobleffe,
énergie dans la diction; vivacité, nouveauté dans les tours ; continuité d'harmonie ; il y auroit bien là de quoi faire
un *Auteur divin.* Oui : mais *fans la Langue,* fans la pureté du ftyle, ce fera, *quoi
qu'il faffe, un méchant Ecrivain.*

L V.

(4) *Oui, les Grecs fur le fils perfécutent
le pere.*

Rien de fi clair que *perfécuter quelqu'un:*
Mais perfécuter quelqu'un *fur un autre,*
ne feroit-ce point là de ces mots, qui,
comme on parle quelquefois en riant,
doivent être bien étonnés de fe trouver
enfemble ?

(4) *Andromaque*, I, 2, 83.

L V I.

(5) *Jufqu'ici la Fortune & la Victoire mêmes*
Cachoient mes cheveux blancs fous trente Diadêmes.

Tantôt *même* eft adverbe, & fignifie *mêmement*, qui fe difoit autrefois. Tantôt il eft adjectif, & répond à des idées un peu différentes, felon qu'il précéde, ou qu'il fuit fon fubftantif. *Vous êtes la bonté même. J'ai toujours les mêmes amis.* Pour mieux entendre ces différences, il ne faut que confulter le Dictionnaire de l'Académie.

Autre obfervation à faire ici, c'eft que *même*, adverbe, pouvoit autrefois s'écrire, ou *même*, ou *mêmes :* d'où Vaugelas (6) concluoit que pour empêcher *même* adverbe d'être confondu avec *même* adjectif, il falloit écrire *même* après un fubftantif pluriel, *les chofes* même *que je vous ai dites;* & au contraire, *mêmes,* après un fubftantif fingulier, *la chofe* mêmes *que je vous ai dite.*

Aujourd'hui & depuis long-temps, on ne met plus d'*s* à la fin de *même* adverbe : en forte que l'expédient fuggéré

(5) *Mithridate*, III, 5, 5.
(6) *Remarque* XX.

par Vaugelas n'eſt plus d'aucune utilité pour nous. Je n'en ai fait mention que parce qu'il nous aide à connoître ce qu'eſt *mêmes* dans cette phraſe, *la Fortune & la Victoire mêmes*, &c. Veut-on qu'il ſoit adjectif, régi par les deux ſubſtantifs précédents ? Pour cela il eût fallu les rappeler par un pronom, qui leur ſoit commun, & dire, *la Fortune & la Victoire elles-mêmes*. Je ſuis donc perſuadé que *mêmes* eſt ici adverbe, comme s'il y avoit, *& même la Victoire*. Racine a écrit *mêmes*, parce que la rime le demandoit, & que l'orthographe de ſon temps ne s'y oppoſoit pas. Autrement ce ſeroit un ſoléciſme, dont il n'étoit pas capable.

L V I I.

(7) *Va. Mais nous-même, allons, précipitons nos pas.*

Je conviens avec M. Racine le fils, que le ſens de ce vers n'eſt pas, *allons y auſſi*, mais *allons y nous-mêmes* : & que par conſéquent *même* n'eſt pas ici adverbe, mais adjectif. Reſte à ſavoir pourquoi cet adjectif n'eſt pas au pluriel, puiſqu'il ſe rapporte à *Nous ?*

(7) *Bajazet*, IV, 5, 71.

Pourquoi ?

Pourquoi ? Parce qu'en notre Langue
nous & *vous* ne font pas toujours des pluriels. A l'égard de *vous*, y a-t-il rien de
plus commun, & de plus ordonné par
l'usage, que de l'employer au lieu du
singulier *toi*, en parlant au plus simple
particulier ? Quant à *nous*, il n'est guère
permis qu'à des personnes d'un certain
rang d'écrire, *Nous soussigné*, & non pas,
*soussignés : Nous Evêque, Nous Maréchal
de France*, &c. Voilà des exemples de
nous reconnu pour l'équivalent d'un singulier. Peut-être me trompé-je, mais il
me semble qu'un homme qui voudroit,
dans une crise s'exhorter tacitement lui-
même, se diroit, *soyons brave*, *soyons
patient*, l'adjectif demeurant au singulier.
Roxane, si cela est, a donc pu dire,
Mais nous-même, allons. Ou il faut recourir
à ce subterfuge, ou il faut reconnoître que
l'Auteur s'est bien mépris, quand il a dit
nous-même, au lieu de *nous-mêmes*. Mais
du moins cette Remarque & la précédente font voir que je ne cherche pas
toujours à le critiquer.

N

LVIII.

(8) *Il l'aime. Mais enfin cette veuve inhu-*
maine
N'a payé jusqu'ici son amour que de haine;
Et chaque jour encore, on lui voit tout
tenter,
Pour fléchir sa Captive, &c.

Ici le sens & le Grammaire ne s'accordent point; car le sens veut que ce *lui* du
troisieme vers soit rapporté à Pyrrhus : &
la Grammaire, qu'il le soit, à cette *veuve*
inhumaine.

Parmi les équivoques qui naissent de
pronoms mal placés, je ne releverai que
celle-là. Un exemple suffit. Rien, je l'a-
voue, ne coûte tant que d'éviter toujours
les équivoques de cette sorte. Mais, où
la nécessité se trouve, la difficulté n'ex-
cuse pas.

LIX.

(9) *Elle voit dissiper sa jeunesse en regrets;*
Mon amour en fumée, & son bien en procès.

Voyons si *dissiper* peut également convenir à ces trois substantifs. Qu'un pere
dissipe en procès le bien de sa fille, cela est
clair. Mais, qu'il *dissipe sa jeunesse en*

(8) *Andromaque*, I, 1, 109.
(9) *Plaideurs*, I, 1, 25.

regrets, je ne l'entends pas ſi bien. A l'égard du troiſieme : pour mieux comprendre qu'il ne fait pas un ſens juſte, mettons-le à la ſeconde perſonne, & ſuppoſons que Léandre diſe au Pere d'Iſabelle, *Vous diſſipez mon amour en fumée.* Aſſurément Léandre n'auroit pu tenir ce langage. Car il aime toujours, & un autre n'a pas le pouvoir de faire que ſon amour *ſe diſſipe* en fumée. Je me ſers du réciproque, *ſe diſſipe*, parce qu'en effet l'actif n'eſt pas ici ce qu'il faut.

L. X.

(1) *Je vois mes honneurs croître, & tomber mon crédit.*

Pardonnons cette inverſion à un Poëte; car la contrainte du vers a ſes priviléges. Mais en proſe, comme rien n'empêche d'être régulier, auſſi rien ne permet de ne l'être pas. On diroit, *Je vois croître mes honneurs, & tomber mon crédit ;* ou, *Je vois mes honneurs croître, & mon crédit tomber.*

Vaugelas a repris quantité de phraſes ſemblables. Toutes ſes Remarques ſont remplies d'importantes loix ſur le ſtyle. Je veux qu'il y en ait d'abrogées par

(1) *Britannicus*, I, 1, 89.

N ij

l'ufage : mais cela ne tombe guère que fur certaines façons de parler. A l'égard de notre Syntaxe, elle ne varie plus; & c'eft principalement à Vaugelas, le premier de nos Grammairiens, que nous devons le plus bel attribut de notre Langue, une clarté infinie.

Rapportons une de fes décifions, qui mettra dans un plus grand jour la faute que j'ai voulu reprendre. Malherbe avoit écrit : *Si le Prince donne le droit de Bourgeoifie à toute la Gaule, & à toute l'Efpagne quelque immunité.* » Qui ne voit, » dit Vaugelas, l'équivoque en ces mots, » *& à toute l'Efpagne*, qui femblent fe » rapporter *au droit de Bourgeoifie*, auffi- » bien que ceux-ci, *à toute la Gaule :* » ce qui toutefois eft faux, puifqu'ils fe » rapportent aux fuivants, *quelque immu-* » *nité.* Telle eft la faute de Racine.

L X I.

(2) . . . . . *Cruel, pouvez-vous croire ; Que je fois moins que vous jaloufe de ma gloire ?*

Voici encore une équivoque, ou plutôt un contre-fens. Par ces mots, *ma gloire*, l'objet de la jaloufie eft déterminé,

(2) *Bajazet,* I, 4, 105,

& c'eſt la gloire d'Atalide, puiſque c'eſt Atalide qui parle. Ainſi cette phraſe ſigni-fie, *Pouvez-vous croire que ma gloire me touche moins qu'elle ne vous touche ?* Mais ce n'eſt point là ce qu'Atalide entend. *Pouvez-vous croire*, veut-elle dire, *que je ſois moins jalouſe de ma gloire, que vous n'êtes jaloux de la vôtre ?* Revenons-en toujours à ce grand principe de Quin-tilien, & de Vaugelas, ou plutôt du ſens commun : Qu'il faut ſacrifier tout à la juſteſſe & à la clarté.

L X I I.

(3) *Il prend l'humble ſous ſa déſenſe.*

On dit, *prendre la déſenſe de quelqu'un.* On dit auſſi, *prendre quelqu'un ſous ſa protection.* Mais *prendre ſous ſa déſenſe*, a-t-il été reçu par l'uſage ? Rien de plus commun que des termes qui paroiſſent ſynonymes, & qui ne peuvent cependant être mis l'un pour l'autre, ſoit avec les mêmes prépoſitions, ſoit avec les mêmes verbes.

Puiſque ce vers eſt tiré des Chœurs d'Eſther, je ne puis me refuſer ici une courte digreſſion. Racine me paroît in-comparable dans le Lyrique. Une diction

(3) *Eſther*, I, 5, 57.

précife & ferrée ; de la douceur, mais
avec de l'énergie ; des figures variées ;
de riches & nobles images ; une mefure
libre, mais qui pourtant ne marche pas
au hafard. Pourquoi nos paroles d'Opéra
ne fe font-elles pas toujours d'après ce
grand modèle ? Quinault eft fans doute
un homme rare, & très-rare en fon genre :
mais, il faut l'avouer, Racine eft plus
Poëte que lui. Je m'étois imaginé autrefois, que des vers, pour être bons à mettre en chant, ne devoient avoir, ni une
grande force, ni une *grande élévation*.
J'étois tombé dans cette erreur, parce
que je m'en étois rapporté à Defpréaux.
Mais, s'il eft bien vrai, comme des
connoiffeurs me l'ont affuré, que la
Mufique des Chœurs d'Efther & d'A-
thalie foit parfaitement belle ; il eft donc
faux que la Mufique demande des vers,
qui manquent de *force* & *d'élévation*.
Racine & fon Muficien ont penfé, ont
exécuté le contraire.

L X I I I.

(4) *Par un indigne obftacle il n'eft point*
   retenu ;
Et fixant de fes vœux l'inconftance fatale ;

   (4) *Phèdre*, I, 1, 24.

Phèdre depuis long-temps ne craint plus de rivale.

Pendant qu'on lit le fecond vers, on fe perfuade, & avec raifon, qu'il fe rapporte au nominatif énoncé dans le premier. On n'eft détrompé que par le troifieme vers, qui prouve que tout ce qui eft dit dans le fecond, fe rapporte à *Phèdre.* Il faudroit, pour parler clairement, dire : *Et depuis long-temps Phèdre, fixant l'inconftance de fes vœux, ne craint plus de rivale.*

J'avoue, & je devrois être las de le répéter, que beaucoup de tranfpofitions, qui feroient de vraies fautes dans la profe, font de grands ornements dans la Poéfie. Mais ni l'une ni l'autre ne connoiffent aucune forte de beauté, en faveur de laquelle il puiffe être permis de donner la plus légere atteinte à la clarté du difcours.

L X I V.

(5) *Et voyant de fon bras voler par-tout l'effroi,*
L'Inde fembla m'ouvrir un champ digne de moi.

Premiérement on pourroit demander

(5) *Alexandre*, IV, 2, 27.

fi *l'effroi de fon bras*, fignifie, *l'effroi que causе fon bras* ; ou *l'effroi qu'éprouve fon bras*. Eſt-il aĉtif, ou paſſif?

Autre choſe à remarquer, & plus importante encore , dans les vers dont il s'agit. *Voyant* ſe rapporte , non pas à l'Inde, qui eſt le nominatif ſuivant ; mais à la perſonne qui parle. Il ſe rapporteroit au nominatif ſuivant, ſi la phraſe étoit conçue ainſi :

Et voyant de fon bras voler par-tout
    l'effroi ,
Je crus alors m'ouvrir, &c.

Voyant ne ſeroit en ce cas-là qu'une forte d'*appoſition*, très-permiſe. Mais de la maniere dont il eſt placé, on diroit que c'eſt l'Inde qui voyoit, &c.

L X V.

(6) *C'eſt ce qui l'arrachant du ſein de ſes*
    Etats ,
Au trône de Cyrus lui fit porter ſes pas ;
Et du plus ferme Empire ébranlant les
    colonnes ,
Attaquer, conquérir, & rendre les Cou-
    ronnes ,

On eſt d'abord tenté de croire que ces

_____
(6) *Alexandre*, II, 2, 143.

deux gérondifs , *arrachant* , *ébranlant* , se rapportent au même substantif. Et cela, effectivement, devroit être ainsi pour la netteté du discours. Cependant il est certain que le premier se rapporte à la Gloire, qui *arrache* Alexandre du sein de ses Etats : au-lieu que le second est dit d'Alexandre lui-même, qui *ébranle* les colonnes, &c. Il est bien vrai que la force du sens empêche qu'on ne s'y puisse méprendre, si l'on veut y donner attention : mais pour ne point être à la merci de nos Lecteurs, suivons l'avis de Quintilien, & faisons en sorte, non-seulement qu'on nous entende, mais qu'on ne puisse pas même, le voulût-on, ne pas nous entendre.

Quand on a la plume à la main, il ne faut point dans la chaleur de la composition, amortir son feu par des chicanes grammaticales. Mais l'ouvrage étant sur le papier, il faut, quand nous venons à l'éplucher de sang froid, nous figurer que nous avons à nos côtés un Despréaux, qui nous diroit, comme il n'y auroit pas manqué , sur le voisinage de ces deux gérondifs que j'attaque : *Votre construction semble un peu s'obscurcir. Ce terme est équivoque, il le faut éclaircir.*

N v

L X V I.

(7) . . . . *Ou lassés, ou soumis,*
Ma funeste amitié pese à tous mes amis.

Voilà encore une inversion vicieuse,
parce que ces deux participes, *lassés* &
soumis, sont coupés par un nominatif,
auquel ils n'appartiennent pas ; & que
d'ailleurs la particule *à*, qui vient après,
fait qu'ils ne peuvent pas être immédiatement unis avec leur substantif. Je tâcherai
de m'expliquer.

Tout participe est adjectif, mais tout
adjectif n'est pas participe. Distinction,
qui va éclaircir ce qu'a dit M. Pellisson
dans son Histoire de l'Académie : *Que*
Malherbe & Gombauld se promenant un
jour ensemble, & parlant de certains vers
où il y avoit,

Quoi faut-il que Henri, ce redouté Monarque,

Malherbe assura plusieurs fois, que cette
fin lui déplaisoit, sans qu'il pût dire pour-
quoi : que cela engagea Gombauld d'y pen-
ser avec attention ; & que sur l'heure même
en ayant découvert la raison, il la dit à
Malherbe, qui en fut aussi aise que s'il
eût trouvé un trésor, & qui forma depuis

(7) *Mithridate*, III, 1, 27.

une Regle générale. Quelle est cette Regle ? *Que ces adjectifs qui ont la terminaison en é masculin, ne doivent jamais être mis devant le substantif, mais après.*

Or il me semble que cette Regle est trop générale, & qu'en même temps elle ne l'est point assez. Trop générale si elle s'étend sur toute sorte d'adjectifs, non participes, terminés en *é* masculin. Quelqu'un a-t-il jamais critiqué dans le fameux Sonnet de Malleville, *Sacrés flambeaux du jour n'en soyez point jaloux ?* J'ai lu dans un Poëte moderne, *Ce fortuné séjour qu'embellissent vos yeux.* J'ai lu dans un autre, *L'effronté plagiaire,* &c. Ainsi ne confondons pas avec les participes, vrais participes, ces purs adjectifs non dérivés de verbes qui aient été, ou du moins qui soient en usage.

Mais d'autre côté, la Regle ne sera point assez générale, si elle n'embrasse que les participes terminés en *é* masculin. *Un entendu concert, un soumis valet,* révolteroient autant & plus qu'un *redouté Monarque.* Ainsi, quelle que soit la terminaison d'un participe, il ne peut jamais être mis entre l'article & le substantif. Que s'il précéde l'article, c'est une inversion aussi permise en prose qu'en vers,

pourvu qu'elle ne péche point par quelque autre endroit.

L X V I I.

(8) *Mes foins en apparence épargnant fés*
   douleurs ,
De fon fils en mourant , lui cacherent les
   pleurs.

A qui fe rapporte ce Gérondif, *en mou-*
rant ? Eft-ce au fils de Claudius, ou à
Claudius lui-même ? C'eft fans doute à
l'un des deux. Et quand il n'y auroit que
cette équivoque, ne feroit-ce pas déja
beaucoup ? Mais il y a plus.

Telle eft la nature de notre Gérondif,
qu'il fert à défigner une circonftance liée
avec le verbe qui le régit, *Vous me ré-*
pondez en riant ; & par conféquent il ne
péut fe rapporter qu'au fubftantif, qui eft
le nominatif de ce verbe , ou qui lui tient
lieu de nominatif. J'ajoute , *qui lui en*
tient lieu , parce qu'en effet il y a des
phrafes , comme celle-ci, *On ne voit guère*
les hommes plaifanter en mourant , où
d'abord il femble que le gérondif ne fe
rapporte pas à un nominatif. Mais c'eft
comme fi l'on difoit , *On ne voit guère*
que les hommes plaifantent en mourant.

(8) *Britannicus,* IV , 2, 67.

Ainſi la Regle ſubſiſte toujours, *Que le gérondif doit ſe rapporter au ſubſtantif, qui ſert de nominatif au verbe, dont il exprime une circonſtance.*

Pour en revenir donc à la phraſe de Racine, mettons-la dans ſon ordre naturel : *Mes ſoins, en mourant, lui cachèrent les pleurs de ſon fils.* Or, peut-on dire que des ſoins *meurent*, & qu'ils faſſent quelque choſe *en mourant?* Auſſi n'eſt-ce pas là ce que l'Auteur nous a voulu dire : mais la conſtruction de ſa phraſe le dit malgré lui.

LXVIII.

(9) *Du fruit de tant de ſoins à peine jouiſſant,*
En avez-vous ſix mois paru reconnoiſſant.

Qui ne croiroit qu'*à peine* doit ſe lier avec *jouiſſant :* comme s'il y avoit, *Du fruit de tant de ſoins jouiſſant à peine,* pour dire, ne faiſant que commencer à jouir? Et cependant *à peine* doit néceſſairement ſe lier avec le vers ſuivant : *A peine en avez-vous,* &c. Rien n'excuſe cette inverſion.

(9) *Britannicus,* IV, 2, 83.

L X I X.

(1) *Je fais que votre cœur fe fait quel-*
ques plaifirs,
De me prouver fa foi dans fes derniers
foupirs.

On ne doutera pas que ce ne foit uniquement la rime qui amene ici ce pluriel,
quelques plaifirs. Mais notre Langue étoit
affez abondante pour fournir un autre
tour, & Racine affez ingénieux pour le
trouver.

Je répondrai à ceux qui m'accuferoient
de m'arrêter fur des bagatelles, que l'A-
cadémie, dans fes Sentiments fur le Cid,
s'arrêta pareillement fur ces deux vers de
Corneille :

Quelle douce nouvelle à ces jeunes amants !
Et que tout fe difpofe à leurs contentements !

Il eût été mieux, *à leur contentement,*
dit l'Académie. Et moi, dans un cas encore moins favorable, que dis - je autre
chofe ?

L X X.

(2) *De mille autres fecrets j'aurois compte*
à vous rendre.

(1) *Bajazet,* II, 5, 31.
(2) *Britannicus,* III, 7, 63. Voyez ce qui
a été dit ci-deffus, *pag.* 155.

Quand nos verbes régiſſent un ſubſtantif, qui n'a point d'article, ils doivent
être ſuivis immédiatement de ce ſubſtantif, comme ſi l'un & l'autre ne compo-
ſoient qu'un ſeul mot. *Avoir faim, avoir
pitié, donner parole, rendre raiſon, rendre compte, &c.* Jamais ces verbes, dis-je,
ne ſouffrent la tranſpoſition de leur régime : & l'on ne peut jamais rien mettre
entre le verbe & le régime, ſi ce n'eſt un
pronom, *Donnez*-moi *parole ;* ou une
particule, *Ayez*-en *pitié ;* ou enfin un
adverbe, *donnez* hardiment *parole.* Je ne
crois donc pas qu'on puiſſe excuſer cette
tranſpoſition, *J'aurois* compte *à vous rendre.* Il faut néceſſairement ; *J'aurois à vous
rendre compte.*

Je ne ſais même, ſi, entre ces ſortes
de verbes & leur régime, la voix peut
ſe repoſer autant que le demande la cé-
ſure. On en jugera par le vers ſuivant,
tiré de cette même Tragédie, Acte IV,
Scene 1, vers 104.

Je vous ai demandé raiſon de tant d'injures.

Quel repos pratiquer entre *demandé,*
& *raiſon ?* Auſſi eſt-ce là le ſeul exemple que tout Racine m'en ait fourni.

L X X I.

(3) *Viens, suis-moi, la Sultane en ce lieu se doit rendre.*

On ne verra rien à reprendre en cette phrase. Aussi ne m'y arrêté-je que pour faire observer la situation du pronom *se*. Presque tous nos écrivains aujourd'hui, se font un loi de placer immédiatement ces pronoms avant l'Infinitif, qui les régit. Ainsi, dans la phrase présente, ils diroient, *la Sultane en ce lieu doit se rendre*, & non pas, *se doit rendre.* Je conviens que l'un (4) est aussi bon que l'autre, pour l'ordinaire. Mais quelques-uns (5) de nos Maîtres, dont l'autorité pourroit être séduisante, jugent l'un des deux meilleur de beaucoup : & c'est, par conséquent, ne laisser que l'un des deux en usage ; puisqu'en Grammaire, comme en tout le reste, il faut toujours choisir le meilleur.

Pour moi, que j'étudie Amyot & Vaugelas, les deux hommes qui sont le plus entrés dans le génie de notre Langue,

(3) *Bajazet*, I, 1, 1.
(4) Voyez la Remarque CCCLVII de Vaugelas, intitulée, *Il se vient justifier, il vient se justifier.*
(5) Feu M. de la Motte, car je puis aujourd'hui le désigner nommément.

je vois qu'ils n'ont point connu cette prétendue régularité. Racine pouvoit aifément dire ici, *en ce lieu doit fe rendre :*
& même par-là il auroit plus éloigné
ces deux monofyllabes, *ce*, *fe*, dont le
fon ne differe en rien. Racine a cependant préféré l'autre maniere, parce qu'il
l'a trouvée, apparemment, plus naïve.

Que ce foient là des minuties, à la
bonne heure. Vaugelas, comme on vient
de voir, n'a pourtant pas dédaigné de
s'y arrêter : & fi j'y reviens, c'eft parce
que notre Langue étant déja fi gênée dans
l'arrangement des mots, je ne vois pas à
quel propos on lui chercheroit de nouvelles entraves.

L X X I I.

(6) *Ils regrettent le temps à leur grand*
cœur fi doux ,
Lorfqu'affurés de vaincre ils combattoient
fous vous.

On eft d'abord tenté de condamner
cette conftruction, *Ils regrettent le temps*
lorfque. Car nous fommes accoutumés à
dire en profe ; *Je regrette le temps* que
j'étois jeune, Je regrette le temps où *j'étois*
jeune. Et c'eft ainfi que parle Defpréaux :

(6) *Bajazet*, I, 1, 47.

*Hélas ! qu'est devenu ce temps , cet heu-
reux temps ,*
*Où les Rois s'honoroient du nom de fai-
néants ?*

Véritablement , la phrase de Racine
ine paroîtroit blâmable, si *lorsque* suivoit
immédiatement *le temps.* Mais, comme il
y a quelque chose entre deux , cela fait à
l'œuil & à l'oreille un effet tout différent.

L X X I I I.

(7) *Craignez-vous que mes yeux versent
trop peu de larmes ?*

Toutes les fois que *craindre* est suivi
de la conjonction *que* , la particule *ne*
doit se trouver , ou dans le premier , ou
dans le second membre de la phrase.
Dans le premier, *Je ne crains pas qu'il
verse trop de larmes :* & ici cette particule est négative. Dans le second, *Je
crains qu'il ne verse trop de larmes :* &
ici la même particule (je dis la même, si
l'on n'a égard qu'au son) est prohibitive.

Racine lui-même nous donne un bel
exemple de l'un & de l'autre en deux vers
qui se suivent, & qui sont dits par Andromaque parlant de son fils à Pyrrhus, Acte
I , Scene 4.

(7) *Bérénice,* V , 5 , 46.

Hélas ! on ne craint point qu'il venge un
jour son pere ;
On craint qu'il n'essuyât les larmes de sa
mere.

Quintilien , *Liv.* I , *Chap.* 5 , fait affez
fentir la différence qu'il y a entre ces
deux particules dans fa Langue, d'où elles
ont paffé dans la nôtre, qui emploie la
prohibitive dans les mêmes cas que le
Latin, c'eft-à-dire, après *craindre , empê-*
cher , prendre garde , de peur que , & au;
tres mots femblables.

On diftinguera bien aifément ces deux
particules , fi l'on veut confidérer que la
prohibitive n'eft jamais fuivie de *pas* , ou
de *point*, comme la négative l'eft ordinairement ; & que fi l'on mettoit *pas* , 'ou
point après la prohibitive , il en réfulte-
roit un contrefens. Par exemple , fi dans
ce dernier vers de Racine , nous difions,
On craint qu'il n'essuyât pas *les larmes de*
fa mere , nous dirions précifément le contraire de ce que Racine a dit.

J'avoue que cette particule prohibitive
paroît rédondante en notre Langue ; mais
elle y eft de temps immémorial. Pourquoi ne refpecterions-nous pas des ufages
fi anciens ?

L X X I V.

(8) *Condamnez-le à l'amende, ou s'il le casse, au fouet.*

Voilà le seul exemple qui reste dans tout Racine, d'un *le*, pronom relatif, mis après son verbe, & avant un mot qui commence par une voyelle. *Condamnez-le à l'amende.* Encore faut-il observer que cela se trouve dans une Comédie. Mais dans les premieres éditions de sa Thébaïde & de son Alexandre, il y en avoit cinq ou six autres exemples, qu'il a tous réformés dans les éditions suivantes. Il a donc senti que *le*, placé ainsi, blessoit l'oreille. Pourquoi la blesse-t-il ? Parce qu'elle trouvera dans l'hémistiche un syllabe de trop, si l'on appuie sur *le*, sans faire sentir l'élision. Ou s'il est totalement élidé à cause de la voyelle suivante, alors *le à l'amende* font entendre *la, la,* cacophonie.

L X X V.

(9) *Apprenez . . . . qu'il n'est point de Rois . . . . .*
Qui sur le trône assis n'enviassent peut-être
Au-dessus de leur gloire un naufrage élevé,

(8) *Plaideurs,* II, 13, 22.
(9) *Mithridate,* II, 4, 33.

Que Rome & quarante ans ont à peine achevé.

Je suis arrêté par le grand nom de Racine, qui ne me permet point d'appeler ceci du galimatias. On aura beau me dire avec M. Racine le fils, que *Hasarder ces alliances de mots, n'appartient qu'à celui qui a le crédit de les faire approuver.* Je conviendrai qu'en effet, lorsqu'un vers ronfle bien dans la bouche d'un Acteur, quelquefois le Parterre ne demande rien de plus. Mais il n'en est pas moins vrai qu'un Auteur ne doit jamais courir après un bel arrangement de mots, sans avoir égard à la clarté des idées, & à la justesse des métaphores.

Afin qu'on ne m'accuse pas ici de penser singuliérement, je mets ci-dessous (1) ce qu'a dit un écrivain assez connu.

(1) Réflexions sur la Poésie Françoise, par le P. du Cerceau, pag. 254. *J'avoue*, dit-il, *que je n'entends pas trop bien ce que signifie un naufrage élevé au-dessus de la gloire des autres Rois, & encore moins ce que veut dire, achever un naufrage. Ces expressions figurées ont d'abord quelque chose qui éblouït, & l'on ne se donne pas la peine de les examiner, parce qu'on les devine plutôt qu'on ne les entend : mais quand on y regarde de près, on est tout surpris de ne trouver qu'un barbarisme brillant dans ce qu'on avoit admiré.*

L X X V I.

(2) *Qui m'offre ou son hymen, ou la mort*
infaillible.

Infaillible eſt ici très-inutile. Mais de
plus, pour y pouvoir placer une épithete,
il auroit fallu changer l'article, & dire,
Qui m'offre ou son hymen, ou une *mort*
infaillible, une *mort prompte,* une *mort*
violente.

Quand l'adjectif ne dit abſolument rien,
qui ne ſoit néceſſairement renfermé dans
le ſubſtantif, cela fait une épithete inſupportable. L'eſprit veut toujours appren
dre, & par conſéquent paſſer d'une idé
à une autre. Ce mot, *la mort,* renferm
l'idée d'*infaillible.* Ainſi cette épithete
m'apprenant rien, il faut qu'elle me ré
volte.

L X X V I I.

(3) *La Reine permettra que j'ose demander*
Un gage à votre amour, qu'il me d'
accorder.

On diroit en proſe, *La Reine permettra*
que j'ose demander à votre amour un gage,
qu'il me doit accorder. Pourquoi l'inverſion
de Racine nous paroît-elle rude ? Parc

(2) *Bajazet,* II, 5, 57.
(3) *Iphigénie,* III, 4, 5.

que l'amour de la clarté ayant placé le *que* relatif tout près de fon fubftantif ; l'oreille eft accoutumée à ne rien entendre qui les fépare.

LXXVIII.

(4) *Phénix même en répond , qui l'a conduit exprès
Dans un Fort éloigné du Temple & du
   Palais.*

On ne fauroit être trop réfervé à faire des Regles générales : & cela me regarde plus que perfonne. Mais pourtant, notre Syntaxe ne fe fera pas toute feule. Vaugelas ne l'a pas épuifée , à beaucoup près. Quant à Ménage , & au P. Bouhours, ils ne confultent guère que l'ufage , & rarement ils remontent aux principes. Il feroit donc à fouhaiter que chaque particulier, à mefúre qu'il croit avoir découvert une Regle nouvelle , eût le courage de la propofer, afin qu'elle fût examinée à loifir. J'appelle *Regles nouvelles* , celles qui ne fe trouvent pas encore dans nos Grammairiens.

Telle eft la Regle fondamentale, que je propofe en ces termes : *Quand le pronom relatif, qui, eft un nominatif, il ne*

(4) *Andromaque* , V , 2, 26.

*sauroit être séparé du substantif, auquel il
se rapporte.*

Je dis, *quand c'est un nominatif*, parce
qu'il ne l'est pas toujours : car il est régime quelquefois, mais d'une préposition
seulement : comme, *la personne pour qui
je m'intéresse, la personne de qui l'on vous
a dit du bien.*

A l'égard des phrases où *qui* forme une
répétition : par exemple, *Un auteur,
qui est sensé, qui sait bien sa Langue, qui
médite bien son sujet, qui travaille à loisir,
qui consulte ses amis, est presque sûr du
succès.* Tous ces *qui*, par le moyen du
premier, touchent immédiatement leur
substantif, & par conséquent, il n'y a rien
là que de conforme à la Regle générale.

Présentement, on voit en quoi consiste
la faute que je reprends dans ce vers,
Phénix même en répond, qui, &c. Il y a
une séparation totale entre le *qui*, & son
substantif.

Au reste, quoique ce *qui* ne puisse être
séparé de son substantif, cela n'empêche
pas qu'il ne rentre, par rapport au verbe
dont il est suivi, dans tous les droits des
autres nominatifs ; c'est-à-dire, qu'il peut,
& avec grâce, être séparé de son verbe,
non-seulement par de simples appositions,

mais

mais par des phrases entieres, qu'on appelle phrases incidentes. Tous nos bons Auteurs en fournissent des exemples sans fin. Je me borne à celui-ci, tiré d'Athalie, IV, 3, 56.

Ne descendez-vous pas de ces fameux Lé-
*   vites,*
Qui, lorsqu'au Dieu du Nil le volage Israël
Rendit dans le désert un culte criminel,
De leurs plus chers parents saintement ho-
*   micides,*
Consacrèrent leurs mains dans le sang des
*   perfides.*

Tout ce que je viens d'expliquer, se prouve par ce seul exemple. *Qui,* touche immédiatement son substantif, *Lévites :* mais il est séparé de son verbe, *consacrèrent,* par une phrase suspendue, *Lorsqu'au Dieu du Nil le volage Israël rendit dans le désert un culte criminel ;* & par une apposition, *De leurs plus chers parents saintement homicides.* Rien de plus régulier : & la clarté naît de la régularité.

LXXIX.

(5) *On accuse en secret cette jeune Eriphile*
Que lui-même captive amena de Lesbos.

(5) *Iphigénie,* I, 1, 155.

O.

Que lui-même amena captive, seroit l'arrangement de la profe. Mais, *que lui-même captive amena*, eft une inverfion forcée, dont je crois n'avoir vu d'exemple que dans Marot ; encore n'en fuis-je pas fûr. *Andromaque eft une Tragédie de Racine, que lui-même nouvellé fit jouer en* 1668. Une inverfion fi gothique dans la profe, le feroit-elle moins dans les vers ?

L X X X,

(6) *Mais il fe craint, dit-il, foi-même plus que tous.*

Racine, dans Phédre, dit d'Hippolyte,

Charmant, jeune, traînant tous les cœurs après foi ;

& il parle de même en beaucoup d'autres endroits, où il faudroit *lui*, & non pas *foi*. Mais la queftion étant un peu obfcure, tâchons de la débrouiller.

On peut conſidérer le pronom *foi*, comme fe rapportant, 1°. à des perfonnes ; 2°. à des chofes ; 3°. à un fingulier ; 4°. à un pluriel.

Premiérement donc, en parlant des perfonnes, on dit *foi*, & *foi-même*, quand fon antécédent préfente un fens vague &

(6) *Andromaque*, V, 2, 39.

indéfini. *Dans le péril chacun penſe à ſoi.*
On ne doit guère parler de ſoi. On aime à
ſe tromper ſoi-même. Hors de-là , & toutes
les fois que l'antécédent préſente un ſens
déterminé , & individuel , comme dans
les deux vers de Racine, il faut dire *lui,*
elle, lui-même, elle-même. Regle générale,
dont il ſeroit inutile de rechercher les
principes , aujourd'hui qu'elle n'eſt plus
conteſtée.

2°. *Soi,* quand il ſe rapporte aux choſes , peut ſe mettre, non-ſeulement avec
l'indéfini, mais avec le défini, & il convient à tous les genres. *La vertu eſt aima-*
ble de ſoi , porte ſa récompenſe avec ſoi.
Ce remede eſt bon de ſoi , quoiqu'il vous
ait incommodé.

3°. *Soi,* rapporté à un ſingulier, ne
renferme aucune difficulté , qui ne ſoit
réſolue par ce qui vient d'être dit. Car
ſoi eſt un ſingulier.

Remarquons ſeulement qu'il ne s'emploie que de deux manieres. Ou précédé
d'une prépoſition, *chacun penſe à ſoi.* Ou
ſuivi de *même,* autre pronom avec lequel
il s'identifie par un tiret , *On doit être*
ſon Juge ſoi-même.

4o. Peut-il ſe rapporter à un pluriel ?
Tout le monde convient que non, s'il

s'agit des personnes. On ne dit qu'*eux*, ou *elles*. Mais à l'égard des choses, les avis sont partagés. Vaugelas (7) propose trois manieres de l'employer. *Ces choses sont indifférentes de soi. Ces choses de soi sont indifférentes. De soi ces choses sont indifférentes.* Il ne condamne que la premiere de ces trois phrases, n'approuvant pas que l'on mette *de soi* après l'adjectif. Mais l'Académie {dans ses Observations sur Vaugelas, n'admet que la derniere de ces trois phrases, & rejette également les deux autres. Pour moi, si je n'étois retenu par le respect que je dois à l'Académie, je n'en recevrois aucune des trois ; étant bien persuadé que *Soi*, qui est un singulier, ne peut réguliérement se construire avec un pluriel.

LXXXI.

(8) *J'eus soin de vous nommer, par un contraire choix,*

Des Gouverneurs que Rome honoroit de sa voix,

Par un contraire choix, a quelque chose de sauvage. Il faudroit, *Par un choix contraire.* Et pour mieux voir de quelle

(7) *Dans sa Remarque* CLXXI.
(8) *Britannicus*, IV, 2, 47.

conféquence eft la fituation de l'adjeſtif,
rapportons un autre exemple, tiré d'Eſther, II, 7, 53.

Parlez. De vos deſſeins le ſuccès eſt certain;
Si ce ſuccès dépend d'une mortelle main.

Quand *mortel* fignifie, Qui eſt ſujet à
la mort, il ne peut ſe mettre qu'après le
ſubſtantif. *Durant cette vie mortelle.* Quand
il précede le ſubſtantif, il fignifie grand,
exceſſif. *Deſpréaux étoit le mortel ennemi*
du faux. Il y a trois mortelles lieues
d'ici-là.

Vaugelas a fait une longue Remarque,
qui a pour titre, *De l'Adjeſtif devant ou*
après le Subſtantif, où il déclare qu'après
avoir bien cherché, il n'a point trouvé
que l'on puiſſe établir là-deſſus aucune
regle, ni qu'il y ait en cela un plus grand
ſecret que de *conſulter l'oreille.* C'eſt un
excellent avis, pour qui peut en profiter.
Mais combien de gens ont l'oreille fauſſe?
Quand même on l'auroit juſte, ne peut-
on pas quelquefois douter?

Peut-être ne ſeroit-il pas impoſſible de
trouver ces ſortes de Regles. Car enfin,
l'oreille eſt un Juge, mais un Juge qui
ſuit des loix, & qui ne prononce que conformément à ces loix. On peut donc par-

venir à les connoître. On peut donc, fi
cela eſt, les mettre auſſi par écrit.

Pour rédiger ſes jugements à cet égard,
il faudroit faire le dénombrement de tous
nos adjectifs, & les diſtribuer en quatre
claſſes. 1°. Ceux qui doivent toujours précéder le ſubſtantif. 2°. Ceux qui doivent
toujours le ſuivre. 3°. Ceux qui, ſelon
qu'ils précedent ou qu'ils ſuivent, forment un ſens tout différent. 4°. Ceux dont
la ſituation eſt à notre choix, & ſe regle
ſur le beſoin que nous avons de rendre
notre phraſe, ou plus énergique, ou plus
ſonore, ou plus naïve; de rompre un
vers, d'éviter une conſonance, &c. Tout
cela, éclairci par des exemples, ſeroit
un volume : mais qui le liroit ? Quand il
s'agit d'une langue vivante, le chemin
de l'uſage eſt plus court que celui des
préceptes.

L X X X I I.

(9) *Vous me donnez des noms qui doivent*
me ſurprendre,
Et les Dieux, contre moi dès long-temps
indignés,
A mon oreille encor les avoient épargnés.

Tout le monde voit aſſez qu'*encor* fait

(9) *Iphigénie*, II, 5, 45.

ici un contre-fens , parce qu'étant placé
où il eft , il ne peut fignifier que continua-
tion , ou répétition d'une même chofe.

J'aurois eu fouvent de ces riens à obferver dans Racine : mais que m'arrive-t-il ?
Après un moment de réflexion fur l'efpèce
de faute qui m'arrêtoit , je retourne à ma
lecture ; & bientôt cette belle fimplicité ,
cette douce harmonie , cette élégance ,
cette éloquence , qui font le ton dominant , viennent à me frapper de façon que
je finis par être honteux d'avoir eu la ten-
tation de critiquer.

Revenons à *encore*. On laiffe aux Poëtes le choix d'*encore* ou d'*encor*, felon leur
befoin. Mais dans la profe, où l'on n'eft
point gêné par la mefure , nos bons écrivains donnent conftamment la préférence
à *encore*, dont la pénultieme , allongée
par l'*E* muet, foutient la prononciation :
au-lieu que dans les entretiens familiers,
où il n'eft pas permis d'être lent , on ne
dit guère qu'*encor*, dont la derniere eft
breve.

L X X X I I I.

(1) *Faites qu'en ce moment je lui puiffe
annoncer*

(1) *Bérénice*, V, 1, 5.

Un bonheur où peut-être il n'oſe plus penſer.

J'avoue que les Poëtes n'oſeroient dire
auquel, & que ce pronom eſt ordinairement remplacé avec élégance par l'adverbe *où*. Mais pourtant il me ſemble qu'*un
bonheur où je penſe*, ne ſe dit point. Pourquoi ne ſe dit-il point ? Vous le deman-
derez à l'uſage.

L X X X I V.

(2) *J'en rends grâces au Ciel, qui, m'ar-
réſtant ſans ceſſe,*
*Sembloit m'avoir fermé le chemin de la
Grèce.*

Pour la rime, il faudroit prononcer
la Grèce, comme on prononce *la graiſſe.*
Plus bas, dans la même Scène, on trouve, *Que penſes-tu qu'il faſſe*, rimant avec,
Dis-moi ce qui ſe paſſe.

A peine la verſification Françoiſe com-
mençoit-elle à ſe preſcrire des Regles ;
dans un temps où elle ſe permettoit encore les *hiatus* & les enjambements ; dans
un temps où la rime maſculine & la féminine n'étoient pas encore obligées de
ſe ſuccéder l'une à l'autre ; dans ce temps-
là, qui nous paroît barbare, on ſavoit
déja, & mieux que nous, reſpecter les

(2) *Andromaque*, I, 1, 9.

droits de la Profodie, comme nous l'apprenons de Joachim du Bellay dans fa
Défenfe & Illuftration (3) *de la Langue
Françoife*, petit volume, imprimé à Paris
en 1549.

LXXXV.

(4) *Elle trahit mon pere, & rendit aux
Romains
La place & les tréfors confiés en fes mains.*

Je ne fais fi je me trompe, mais il me
femble que *Confiés en fes mains*, n'eft pas
autorifé par l'ufage. *Confier* verbe actif,
& *fe confier* verbe réciproque, ont des
fens & des régimes très-différents. L'actif
fignifie, Commettre quelque chofe au
foin, à la fidélité de quelqu'un, & il
régit la prépofition *à*. *Confier un dépôt à
fon ami*. Le réciproque fignifie, S'affurer,
prendre confiance, & il demande la prépofition *en*. *Se confier en fes forces, en
fes amis*. Peut-on donner à *être confié*,
le régime qui appartient à *fe confier* ?
Voilà ce qui fait mon doute.

(3) Voyez Liv. II, Chap. 7, où il dit : *Que
tu te gardes de rimer les mots manifeftement longs
avec les brefs auffi manifeftement brefs, comme
pâffe & trace ; maître & mettre ; bât & bat*, &c.
(4) *Mithridate*, I, 1, 64.

O v

L X X X V I.

(5) . . . . . *Je ne veux point être lite,*
Je ne la ferai point.

Racine fait peut-être ici à deſſein une
faute que font, diſoit Vaugelas, preſque
toutes les femmes, & de Paris, & de la
Cour. Je dis à une femme, *quand je ſuis*
malade, j'aime à voir compagnie. Elle
me répond, *& moi quand je la ſuis, je*
ſuis bien aiſe de ne voir perſonne. Mais,
ajoûte Vaugelas, il faut dire, *quand je*
le *ſuis*, parce qu'alors *le* ſignifie *cela*, ce
que vous dites, qui eſt *malade.* Je dis à
deux de mes amis, *quand je ſuis malade,*
je fais telle choſe. Ils doivent me répondre,
& nous quand nous le *ſommes*, &c.

Vaugelas, de qui ces principes & ces
exemples ſont empruntés, auroit fait plaiſir aux femmes qui ont du goût, & qui
reſpectent notre langue, de leur apprendre quand elles doivent dire *la*, ou *le.*
Rien de plus aiſé. Il faut toujours *la*,
quand ce pronom ſe rapporte à un ſubſtantif, précédé de ſon article. *Etes-vous*
la Comteſſe de Pimbeſche? *Oui je la ſuis.*
Mais il faut *le*, quand il ſe rapporte à
un adjectif. *Etes-vous plaideuſe? Oui je*

le suis. Par conféquent, puifqu'on lui parle d'être *liée*, elle devoit dire, *je ne le ferai point*, & non, *je ne la ferai point.*

LXXXVII.

(6) *Quelle étoit en fecret ma honte & mes chagrins.*

Il y auroit plus de régularité, mais moins de douceur dans la prononciation, fi l'on avoit dit, *Quels étoient ma honte & mes chagrins*, parce que *chagrins* étant mafculin, & du nombre pluriel, devoit l'emporter fur *honte*, féminin, & du nombre fingulier.

Pour débrouiller cette difficulté, il faudroit la partager en deux, & favoir premiérement, *De quel genre doit être un adjectif, qui fe rapporte à deux fubftantifs de genres différents, & même de nombres différents ?* En fecond lieu, *Quand un verbe a deux nominatifs, doit-il toujours être mis au pluriel ?*

Vaugelas & le P. Bouhours ont traité ces deux queftions, mais de maniere qu'elles reftent indécifes, ou peu s'en faut. Auffi ne font-elles pas oubliées dans la

(6) *Efther*, I, 1, 82.

REMARQUES

Guerre civile (7) *des François sur la Lan-gue*, page 53 : Ouvrage dont le titre pro-mettoit quelque chose d'assez curieux ; mais qui demandoit que l'Auteur eût plus de savoir, & plus de sagacité qu'il n'en a montré.

LXXXVIII.

(8) *Sans espoir de pardon m'avez-vous condamnée ?*

Voilà ce qui s'appelle une phrase lou-che. *Sans espoir de pardon*, regarde An-dromaque : &, *m'avez-vous condamnée*, regarde Pyrrhus. Il falloit, *Sans espoir de pardon me vois-je condamnée* ; afin que la phrase entiere tombât sur Andromaque : ou l'équivalent de ceci, *M'avez-vous con-damnée sans me laisser aucun espoir de pardon*, afin qu'elle ne tombât que sur Pyrrhus.

On me dira qu'il y a ici une Ellipse. Mais, qu'il y ait telle figure qu'on vou-dra, il me suffit que la phrase soit louche,

(7) Imprimée à Paris, en 1688. L'Auteur est un Avocat de Grenoble, nommé *Aleman*, l'Editeur des *Nouvelles Remarques* de Vaugelas, comme on l'a dit, à l'article VAUGELAS, dans l'Histoire de l'Académie Françoise, Tome I.

(8) *Andromaque*, III, 6, 16,

pour être bien convaincu qu'elle mérite d'être blâmée.

LXXXXIX.

(9) . . . . *Ses soupirs embrasés Se font jour à travers de deux camps opposés.*

Vaugelas a fait une Remarque sur *au travers*, & *à travers*, dans laquelle il diſtingue clairement leurs différents régimes, qui ſont *de* pour le premier, & *le* pour le ſecond. Au lieu donc d'*à travers*, il falloit *au travers* dans le vers dont il s'agit.

Pourquoi demandent-ils deux régimes différents? Parce qu'il y a de la différence entre *à*, particule ſimple, & *au*, particule confondue avec l'article. Laiſſons ces ſortes de recherches aux Grammairiens de profeſſion, & ne nous mettons pas trop en peine d'une théorie que l'Uſage ſupplée. Ordinairement l'Uſage fait très-bien ce qu'il fait. Quand même il paroît avoir tort, nous n'en avons que plus de mérite à lui obéir, comme Vaugelas nous le dira (1) dans un moment.

(9) *Alexandre*, I, 1, 50.
(1) Ci-après, Remarque XCVI.

X C.

(9) *Hélas ! je cherche en vain. Rien ne s'offre à ma vue.*

Malheureuse ! comment puis-je l'avoir perdue ?

Trois vers après, on voit qu'il eſt queſtion d'une lettre qui avoit été perdue. Il eſt naturel que dans un ſemblable embarras, Atalide ne déſigne pas autrement que par un pronom, ce qu'elle a perdu. *Comment puis-je l'avoir perdue ?* Rien ne lui paroît exiſter dans le monde que cette lettre. Je ſuis donc bien éloigné de blâmer le tour de Racine. Je voudrois ſeulement que comme, *perdre la vue*, eſt une phraſe très-uſitée, il eût tâché d'en trouver une autre, qui donnât moins de priſe à l'équivoque. Ou même, ſans rien changer à ces deux vers, il n'avoit qu'à mettre le premier, celui qui eſt le ſecond.

Malheureuse ! comment puis-je l'avoir perdue ?

Hélas ! je cherche en vain. Rien ne s'offre à ma vue.

(2) *Bajazet*, V, 2, 2.

X C I.

(3) *J'ai vu de rang en rang cette ardeur*
répandue,
Par des cris généreux éclater à ma vue.

J'ai vu.......à ma vue. Petite négligence de style. Mais la perfection en quelque genre que ce soit, ne consiste pas à
éviter seulement les grandes fautes : &
même, si l'on n'est pas attentif à éviter
les moindres, on est presque sûr d'en
faire de grandes.

X C I I.

(4) *Hé, pourrai-je empêcher, malgré ma*
diligence,
Que Roxane d'un coup n'assûre sa ven-
geance ?

Pour la netteté de la construction, il
falloit, *Pourrai-je empêcher que, malgré*
ma diligence, Roxane, &c. Ou, *Pour-*
rai-je avec toute ma diligence, empêcher
que, &c. Quintilien ne veut pas qu'on
donne au lecteur, ou à l'auditeur la peine
de rien éclaircir. C'est à celui qui parle,
ou qui écrit, de faire qu'on l'entende, &
que même on ne puisse point ne pas l'entendre. Voilà de ces leçons dictées par

(3) *Alexandre,* I, 2, 6.
(4) *Bajazet,* II, 3, 64.

le bon fens, & qui regardent autant les
Poëtes, que ceux qui écrivent en profe.
J'en reviens toujours à la clarté, à une
clarté fans le moindre nuage.

X C I I I.

(5) *Mais, comme vous favez, malgré ma*
diligence,
Un long chemin fépare & le Camp &
Byfance.

Que celui qui parle, fût diligent ou
non, cela pouvoit-il faire que Byfance &
le Camp fuffent plus ou moins éloignés
l'un de l'autre ? On voit affez ce que
l'Auteur vouloit dire : mais il ne le dit pas.
J'évite d'être long, & je deviens obfcur.

X C I V.

(6) *Qu'ai-je fait, pour venir accabler en*
ces lieux
Un héros, fur qui feul j'ai pu tourner les
yeux ?

Qu'ai-je fait, dit Axiane, *pour que vous*
veniez, vous Alexandre, *accabler,* &c.
Il ne s'agit pas de favoir fi *pour que,*
feroit ici un bon effet. Il s'agit feulement
de faire fentir l'équivoque, qui eft dans

(5) *Bajazet,* I, 1, 25.
(6) *Alexandre,* IV, 2, 75.

la phrafe de Racine, où l'on eft tenté de croire que ces mots, *pour venir*, regardent la perfonne qui dit *Qu'ai-je fait.* Elle vient cette équivoque, de ce qu'il y a une ellipfe un peu trop forte.

Par *Ellipfe*, nous entendons le retranchement d'un ou de plufieurs mots, qui feroient néceffaires pour la régularité de la conftruction, mais que l'Ufage permet quelquefois de fupprimer. Or l'Ufage ne permet une ellipfe du genre de celle-ci, que dans la converfation. *Tout ce qui eft bon à écrire*, c'eft une maxime de Vaugelas, *eft bon à dire : mais tout ce qui fe peut dire, ne fe doit pas écrire.*

X C V.

(7) *Je t'aimois inconftant : qu'aurois-je fait fidèle ?*

Voilà, de toutes les ellipfes que Racine s'eft permifes, la plus forte & la moins autorifée par l'Ufage. Mais, avant que d'ofer la condamner, il y a deux réflexions à faire.

1°. Ce qui rend l'Ellipfe, non-feulement excufable, mais digne même de louange, c'eft lorfqu'il s'agit, comme ici, de s'exprimer vivement, & de renfermer

(7) *Andromaque,* IV, 5, 93.

beaucoup de fens en peu de paroles!
fur-tout lorfqu'une violente paffion agite
la perfonne qui parle. Hermione, dans
fon tranfport, voudroit pouvoir dire plus
de chofes, qu'elle n'articule de fyllabes.

2°. Il y a de certaines fautes, que le
meilleur écrivain peut faire par négligence, ou même fans s'en appercevoir : au
lieu qu'une ellipfe, qui eft fi peu dans
les regles ordinaires, quand un grand
maître l'emploie, c'eft de propos déli-
béré, & après y avoir bien penfé.

Je conclus de-là, que de pareilles hardieffes ne tirent point à conféquence pour
des écrivains du commun : mais d'un autre côté auffi j'avoue qu'un Critique, s'il
condamne abfolument ce qu'un grand
maître a écrit avec mûre réflexion, fe
fent plus de courage que je n'en ai.

X C V I.

(8) *Avez-vous pu penfer qu'au fang d'A-*
    gamemnon
Achille préférât une fille fans nom,
Qui de tout fon deftin ce qu'elle a pu com-
    prendre,
C'eft qu'elle fort d'un fang, &c.

Voilà un *qui*, dont le verbe ne paroît

(8) *Iphigénie,* II, 5, 53.

point. Mais l'usage l'autorise, & c'est un de ces Gallicismes, dont je parlerai dans un instant.

Vaugelas dit à ce sujet : *Tant s'en faut que ces phrases extraordinaires soient vicieuses, qu'au contraire elles ont d'autant plus de grâce, qu'elles sont particulieres à chaque Langue. Tellement que lorsqu'une façon de parler est usitée à la Cour & des bons Auteurs, il ne faut pas s'amuser à en faire l'anatomie, ni à pointiller dessus, comme font une infinité de gens : mais il faut se laisser emporter au torrent, & parler comme les autres, sans daigner écouter ces éplucheurs de phrases.* J'aime à entendre Vaugelas parler ainsi. J'aime à voir que ce Grammairien, le plus instruit & le plus judicieux que nous ayons eu, mettoit une différence infinie entre un Puriste, & un homme qui sait sa Langue. Au reste il ne fait en cela que répéter le mot de Quintilien : *Aliud est grammaticè, aliud latinè loqui.*

XCVII.

(9) *Je ne sais qui m'arrête, & retient mon courroux,*
Que par un prompt avis de tout ce qui se passe,

(9) *Iphigénie*, IV, 1, 34.

Je ne courre des Dieux divulguer la menace.

Voilà encore un Gallicifme, c'eft-à-
dire, une conftruction propre & particuliere à la Langue Françoife, contraire
aux regles communes de la Grammaire,
mais autorifée par l'Ufage. *Je ne fais qui
m'arrête que je ne courre.* Ramus, dans fa
Grammaire, appelle *Francifme*, ce que
nous appelons *Gallicifme.* Mais le nom
ne fait rien ici à la chofe. Pour dire donc
un mot de la chofe même, il me paroît
que c'eft avoir une fauffe idée des Gallicifmes, que de les croire phrafes de la
fimple converfation. Les gens de Lettres,
qui veulent rapporter tout à des regles
connues, donnent volontiers dans ce préjugé. Auffi n'avons-nous guère, nous autres gens de cabinet, ces grâces naïves,
& ces tours vraiment François, que nous
admirons dans certains écrits, dont les
Auteurs doivent moins aux préceptes qu'à
l'Ufage. Témoin les Lettres inimitables
de Madame de Sévigné. Il eft vrai que
ces fortes d'Auteurs font des fautes dont
nous fommes exempts, grâce à l'étude :
mais, fans ceffer d'être corrects, ne pour-
rions-nous pas entrer un peu dans le goût
de leur diction aifée, vive, naturelle,
& dont les Gallicifmes font toujours un

des principaux charmes ? On fauroit gré
à un Savant, citoyen de Rome & d'A-
thênes, de vouloir bien quelquefois n'être
que François.

Après l'exemple de Racine, doute-
rons-nous que plufieurs de ces irrégula-
rités ne puiffent avoir place en toute forte
de ftyles, puifqu'elles ne déparent point
le Tragique ?

Un bon Traité des Gallicifines feroit
un ouvrage important pour notre Langue.
On en trouveroit prefque tous les maté-
riaux dans Amyot. Mais comme notre
Langue a emprunté de toutes les autres,
il faudroit favoir celles du Nord, pour
pouvoir bien rendre compte de certaines
conftructions, que nous croyons originairement Françoifes, & qui pourroient
n'être que les dépouilles du Saxon.

Quelquefois auffi nos Gallicifines ne
font autre chofe qu'une Ellipfe, ou plufieurs Ellipfes combinées, qui ont fait
difparoître peu à peu divers mots, diver-
fes liaifons, qu'un long ufage rend faciles
à fous-entendre, quoiqu'il ne fût pas toujours facile de les fuppléer, ni même de
les deviner.

XCVIII.

(1) . . . . *Plus je vous envifage,*
Et moins je reconnois, Monfieur, votre
vifage.

Un peu de Logique fuffit pour concevoir d'où vient que la conjonction *&* fe trouve ici de trop , *&* même pourroit donner lieu à un contrefens, puifqu'elle traveftit des propofitions *corrélatives* en propofitions *copulatives.* J'en dis affez pour ceux à qui les termes de l'Ecole font familiers. Pour d'autres , il leur faut un exemple.

Plus on lit Racine, plus on l'admire. Il y a dans cette phrafe deux propofitions fimples, *On lit Racine, on l'admire,* lefquelles prifes féparément n'ont point encore de rapport enfemble. Pour les unir, & n'en faire qu'une phrafe, je n'ai qu'à dire, *On lit Racine, & on l'admire.* Mais fi je veux faire entendre que l'une eft à l'autre, ce qu'eft la caufe à l'effet, ou l'antécédent au conféquent : alors il ne s'agit plus de les unir ; il faut marquer le rapport qu'elles ont enfemble. Or c'eft à quoi nous fervent ces adverbes comparatifs, *plus, moins, & mieux,* dont

(1) *Plaideurs,* II, 4, 6.

l'un eſt toujours néceſſaire à la tête de chaque piopoſition , ſans pouvoir céder ſa place , ni ſouffrir un autre mot avant lui.

Pour traduire littéralement , *Quandò diutiùs conſidero , tantò mihi res videtur obſcurior ,* nous dirons , *Plus j'y fais réflexion , plus la choſe me paroît obſcure.* Pourquoi la marche du Latin & celle du François ſont-elles ici les mêmes ? Parce que la Logique eſt la même dans toutes les Langues.

Il y a cependant un cas où la conjonction & doit précéder l'adverbe comparatif. C'eſt lorſqu'au-lieu d'une ſeule propoſition ſimple , pluſieurs ſont réunies pour former, ou l'antécédent, ou le conſéquent. Racine en fournit l'exemple ſuivant, qui mettra cette obſervation dans tout ſon jour.

Plus j'ai cherché , Madame , & plus je cherche encor ,
En quelles mains je dois confier ce tréſor,
Plus je vois que Céſar, &c. (2).

Ici la conjonction porte , non ſur la derniere propoſition , qui eſt corrélative, mais ſur les deux premieres , qui ſont copulatives.

(2) *Britannicus ,* II, 3, 51.

Quant à la phrase que nous examinons, il falloit sans conjonction, *Plus je vous envisage, moins je reconnois,* &c. Ou si l'on mettoit une conjonction entre ces deux membres, il en falloit un troisieme; comme si l'on avoit dit, *Plus je vous envisage, & moins je vous reconnois, plus je soupçonne que vous êtes un fourbe.* Ou, *Plus je vous envisage, moins je vous reconnois, & plus je soupçonne,* &c.

J'ai allongé cette Remarque, parce que ni Dictionnaires ni Grammaires, à ce que je crois, n'ont touché la difficulté que je voulois éclaircir.

X C I X.

(3) *Le flot qui l'apporta, recule épouvanté.*

Personne n'ignore que ce vers a causé une espèce de guerre entre M. de la Motte, qui fut l'agresseur, & M. Despréaux, dont la Réponse, qui est sa onzieme Réflexion sur Longin, ne fut imprimée qu'après sa mort.

A cette Réponse de M. Despréaux, M. de la Motte répliqua : & moi, lorsque mes Remarques sur Racine parûrent pour la premiere fois, je crus pouvoir

(3) *Phèdre*, V, 6, 37.

dire

dire auſſi ma penſée ſur la Réplique de
M. de la Motte. Mais le rien que j'écrivis alors ſur ce ſujet, ne reparoît point
ici, parce que ce n'eſt point ici ſa place,
& que d'ailleurs on l'a inſéré dans les dernieres éditions de Deſpréaux.

Tout ce qu'il y a de grammatical à examiner dans ce Vers, ſe réduit au mot,
apporta, qui eſt un aoriſte, c'eſt-à-dire,
celui de nos deux Prétérits, qui n'eſt pas
formé d'un verbe auxiliaire, & qui marque indéfiniment le temps paſſé.

Une phraſe toute ſemblable à celle de
Racine, eſt condamnée dans les Sentiments de l'Académie ſur le Cid. *Quand
je lui fis l'affront*, dit le Comte, parlant
du ſoufflet qu'il venoit de donner à D.
Diégue. *Il n'a pu*, ſelon l'Académie,
dire, Je lui fis ; *car il a fallu dire*, Je lui
ai fait, *puiſqu'il ne s'étoit point paſſé de
nuit entre deux.*

Oſerois-je, après une déciſion for-
melle, ſuſpendre encore mon jugement,
& propoſer mes doutes en faveur de
Théramène ? Pourquoi ne dirions-nous
pas que l'excès de ſa douleur, & d'une
douleur ſi juſte, ne lui permettoit guère
de ſonger aux loix du Langage ; & que
les loix de l'euphonie lui défendoient de

s'énoncer comme on feroit en profe, *le flot qui l'a apporté*, ou, *qui l'avoit apporté?*

Quoi qu'il en foit, nous avons dans le charmant la Fontaine un exemple de cette même licence, fi c'en eft une. J'invite à relire fa Fable *du Lion, & du Moucheron*, ne fût-ce que pour égayer la triftesse de mes Remarques. On y verra comment le Moucheron, infulté par le Lion, attaque fon ennemi, le fatigue, l'abat, le met fur les dents. Après quoi on nous dit:

L'infecte, du combat fe retire avec gloire :
Comme il fonna la charge, il fonne la
   victoire.

Affurément, il ne s'étoit point *paffé de nuit* entre le combat de ces animaux, & la victoire remportée par le Moucheron. Cependant l'aorifte, *il fonna*, n'eft-il pas infiniment mieux que fi l'on eût dit, *Comme il a fonné*, ou, *comme il avoit fonné*, &c. Tout ceci eft affaire de goût. Ainfi le raifonnement y eft peu néceffaire.

Pour moi, je fuis difpofé à croire que la phrafe de Corneille, tirée d'une Scène où il ne falloit que la fimplicité du Dialogue, a été juftement condamnée par l'Académie : mais que cette condamnation ne tombe pas fur les phrafes de Racine & de la Fontaine , parce qu'elles font l'une & l'autre placées où le Poëte pouvoit être hardi , & fe montrer à vifage découvert.

C.

(3) *Vaincu , chargé de fers , de regrets confumé ,*
Brûlé de plus de feux que je n'en allumé.

Puifqu'il n'eft queftion ici que de la Grammaire , on ne s'attend pas que je releve le ridicule du feu réel que Pyrrhus alluma dans Troie , comparé avec les feux de l'amour dont il prétend qu'il eft brûlé. Racine touchoit encore d'affez près au temps où la France produifit des fots imitateurs des Italiens, chez qui les *Concetti* eurent leur mode , comme chez nous le Burlefque.

Mais l'Orthographe faifant partie de la Grammaire , & M. Racine le fils s'étant imaginé que ces rimes, *confumé, allumé ,* pouvoient être critiquées ; il ne fera pas inutile qu'on fache que de faire rimer aux yeux un participe avec un prétérit , ce n'eft pas une invention moderne ; car il

(3) *Andromaque ,* I , 4 , 62.

P ij

s'en trouve de fréquents exemples dans nos vieux Poëtes, &, sans aller plus loin, dans le Plutarque d'Amyot.

Je borne là mes Remarques, dont le but, comme on le voit bien, n'étoit assurément pas celui d'un rigide Censeur. J'ai loué, j'ai excusé, mais j'ai blâmé aussi, quand l'intérêt de notre Langue m'a paru l'exiger.

Or, supposé que les fautes, les vraies fautes de mon Auteur, se réduisent à si peu : tirons de là deux conséquences, dont la premiere est, Que la versification, pour un homme né avec du talent, n'est donc pas une contrainte aussi grande, & aussi nuisible aux beautés essencielles de notre Langue, qu'on l'a soutenu depuis quelques années dans certains écrits, où il semble qu'on ait pris à tâche d'inspirer du dégoût pour la Poésie, & d'anéantir en France un des Arts qui font le plus d'honneur à l'esprit humain.

Autre conséquence, qui ne regarde que moi. Je n'ai donc pas eu tort d'avancer, dès le commencement de ces Remarques, qu'il y avoit peut-être moins à reprendre dans Racine, que dans la plupart des ouvrages de prose les plus estimés.

Qu'on se rappelle, au reste, que mon dessein se renfermoit dans le grammatical. Mais la Grammaire, quoiqu'elle soit d'une indispensable nécessité pour bien écrire, ne sera pas toute seule un bon écrivain. Pour bien écrire, il faut le concours de trois arts différents, la Grammaire, la Logique, & la Rhétorique. A la Grammaire nous devons la pureté du discours : à la Logique, la justesse du discours : à la Rhétorique, l'embellissement du discours. Quand finirois-je, si j'allois m'étendre sur ce sujet ?

FIN.

ADDITION.

Je doutois qu'une Lettre où l'on me donne des louanges si peu méritées, dût paroître ici de mon aveu. Mais des louanges qui ne sont dictées que par l'amitié, ne tromperont personne ; & il ne faut pas qu'un vain scrupule m'empêche de publier d'importantes réflexions, occasionnées par ce volume même, dont elles deviennent le plus riche ornement.

Que je sais bon gré à mon illustre Confrere d'avoir osé dire, la Langue paroît s'altérer tous les jours ; mais le style se corrompt bien davantage... Le déplacé, le faux, le gigantesque, semblent vouloir dominer aujourd'hui. *Triste vérité, qui ne peut manquer de faire impression sur quelques-uns de nos contemporains, s'ils veulent considérer de quelle bouche elle est sortie.*

RÉPONSE

De M. DE VOLTAIRE à M. l'Abbé D'OLIVET, fur la nouvelle édition de la Profodie.

à Ferney, 5 Janvier 1767.

CHER Doyen de l'Académie,
Vous vîtes de plus heureux temps :
Des neuf sœurs la troupe endormie
Laiſſe repoſer les talens :
Notre gloire eſt un peu flétrie.
Ramenez-nous fur vos vieux ans,
Et le bon goût & le bon ſens,
Qu'eut jadis ma chère patrie.

Dites-moi fi jamais vous vîtes dans aucun bon auteur de ce grand fiècle de Louis XIV, le mot de *vis-à-vis* employé une feule fois pour fignifier *envers, avec, à l'égard?* Y en a-t-il un feul qui ait dit *ingrat vis-à-vis de moi,* au lieu d'ingrat envers moi. *Il ſe ménageait vis-à-vis ſes rivaux,* au lieu de dire avec ſes rivaux. *Il était fier vis-à-vis de ſes ſupérieurs,* pour fier avec ſes ſupérieurs, &c. Enfin ce mot de *vis-à-vis* qui eſt très rarement juſte

P iv

& jamais noble , inonde aujourd'hui nos livres , & la cour & le barreau , & la société; car dès qu'une expression vicieuse s'introduit, la foule s'en empare.

Dites-moi si Racine a *persiflé* Boileau ? si Bossuet a *persiflé* Pascal ? & si l'un & l'autre ont *mistifié* La Fontaine en abusant quelquefois de sa simplicité ? Avez-vous jamais dit que Cicéron écrivait *au parfait;* que *la coupe* des tragédies de Racine était heureuse ? On va jusqu'à imprimer que les Princes sont quelquefois mal *éduqués.* Il paraît que ceux qui parlent ainsi ont reçu eux-mêmes une fort mauvaise éducation. Quand Bossuet , Fénelon , Pellisson , voulaient exprimer qu'on suivait ses anciennes idées, ses projets , ses engagemens , qu'on travaillait sur un plan proposé, qu'on remplissait ses promesses , qu'on reprenait une affaire , &c. ils ne disaient point , J'ai suivi mes *erremens* , j'ai travaillé sur mes *erremens.*

Errement a été substitué par les Procureurs au mot *erres* , que le peuple employe au lieu d'*arrhes : arrhes* signifie *gage.* Vous trouvez ce mot dans la tragi-comédie de Pierre Corneille , intitulée *Don Sanche d'Arragon.*

Ce préſent donc renferme un tiſſu de che-
veux
Que reçut Don Fernand pour arrhes de
mes vœux.

Le peuple de Paris a changé *arrhes*
en *erres : Des erres* au coche : Donnez-moi
des *erres.* De là *errements ;* & aujourd'hui,
je vois que , dans les diſcours les plus
graves, le Roi a ſuivi ſes derniers *erre-*
ments vis-à-vis des rentiers.

Le ſtyle barbare des anciennes formu-
les, commence à ſe gliſſer dans les papiers
publics. On imprime que Sa Majeſté
aurait reconnu qu'une telle province *aurait*
été endommagée par des inondations.

En un mot, Monſieur, la langue paraît
s'altérer tous les jours ; mais le ſtyle ſe
corrompt bien davantage : on prodigue
les images, & les tours de la poéſie, en
phyſique ; on parle d'anatomie en ſtyle
ampoulé ; on ſe pique d'employer des
expreſſions, qui étonnent, parce qu'elles
ne conviennent point aux penſées.

C'eſt un grand malheur, il faut l'avouer,
que , dans un livre rempli d'idées profondes, ingénieuſes & neuves, on ait traité
du fondement des loix en épigrammes.
La gravité d'une étude ſi importante ,

P v

devait avertit l'auteur de respecter davantage son sujet ; & combien a-t-il fait de
mauvais imitateurs, qui n'ayant pas son
génie, n'ont pu copier que ses défauts ?

Boileau, il est vrai, a dit après Horace :

*Heureux, qui, dans ses vers, sait, d'une
voix légère,
Passer du grave au doux, du plaisant au
sévère.*

Mais il n'a pas prétendu qu'on mélangeât
tous les styles. Il ne voulait pas qu'on mît
le masque de Thalie sur le visage de Mel-
pomène, ni qu'on prodiguât les grands
mots dans les affaires les plus minces. Il
faut toujours conformer son style à son
sujet.

Il m'est tombé entre les mains l'annonce
imprimée d'un marchand, de ce qu'on
peut envoyer de Paris en Province pour
servir sur table. Il commence par un éloge
magnifique de l'agriculture & du commerce ; il pèse dans ses balances d'épi-
cier, le mérite du Duc de Sully, & du
grand Ministre Colbert ; & ne pensez pas
qu'il s'abaisse à citer le nom du Duc de
Sully, il l'appelle l'*ami d'Henri IV*, & il
s'agit de vendre des saucissons & des ha-
rengs frais ! Cela prouve au moins que

le goût des belles-lettres a pénétré dans tous les états ; il ne s'agit plus que d'en faire un usage raisonnable : mais on veut toujours mieux dire qu'on ne doit dire, & tout sort de sa sphère.

Des hommes , même de beaucoup d'esprit, ont fait des livres ridicules, pour vouloir avoir trop d'esprit. Le Jésuite Castel, par exemple, dans sa mathématique universelle, veut prouver que , si le globe de Saturne était emporté par une comète dans un autre système solaire, ce serait le dernier de ses satellites, que la loi de la gravitation mettrait à la place de Saturne. Il ajoûte à cette bizarre idée, que la raison pour laquelle le satellite le plus éloigné prendrait cette place, c'est que les Souverains éloignent d'eux, autant qu'ils le peuvent , leurs héritiers présomptifs.

Cette idée serait plaisante & convenable dans la bouche d'une femme, qui , pour faire taire des Philosophes, imaginerait une raison comique d'une chose dont ils chercheraient la cause en vain. Mais que le mathématicien fasse ainsi le plaisant quand il doit instruire, cela n'est pas tolérable.

Le déplacé, le faux, le gigantesque,

femblent vouloir dominer aujourd'hui ; c'eft à qui renchérira fur le fiècle paffé. On appelle de tous côtés les paffants pour leur faire admirer des tours de force qu'on fubftitue à la démarche fimple, noble, ailée, décente des Pelliffons, des Fénelons, des Boffuets, des Maffillons. Un Charlatan eft parvenu jufqu'à dire dans je ne fais quelles lettres, en parlant de l'angoiffe & de la paffion de Jesus-Christ, que fi Socrate mourut en fage, Jésus-Christ *mourut en Dieu :* comme s'il y avait des Dieux accoutumés à la mort, comme fi on favait comment ils meurent, comme fi une fueur de fang était le caractère de la mort de Dieu, enfin comme fi c'était Dieu qui fût mort.

On defcend d'un ftyle violent & effréné au familier le plus bas & le plus dégoûtant ; on dit de la mufique du célèbre Rameau l'honneur de notre fiècle, qu'elle *reffemble à la courfe d'une oie graffe, & au galop d'une vache.* On s'exprime enfin auffi ridiculement que l'on penfe : *rem verba fequuntur ;* & à la honte de l'efprit humain, ces impertinences ont eu des partifans.

Je vous citerais cent exemples de ces extravagants abus, fi je n'aimais pas mieux

me livrer au plaifir de vous remercier des
fervices continuels que vous rendez à notre langue, tandis qu'on cherche à la déshonorer. Tous ceux qui parlent en public
doivent étudier votre traité de la profodie, c'eft un livre claffique qui durera autant que la langue Françaife.

Avant d'entrer avec vous dans des dé-
tails fur votre nouvelle édition, je dois
vous dire que j'ai été frappé de la circonf-
pection avec laquelle vous parlez du célèbre, j'ofe prefque dire de l'inimitable
Quinaut, le plus concis peut-être de nos
poëtes dans les belles fcênes de fes opéra,
& l'un de ceux qui s'exprimêrent avec le
plus de pureté comme avec le plus de
grâce. Vous n'affurez point, comme tant
d'autres, que Quinaut ne favait que fa
langue. Nous avons fouvent entendu
dire, Madame Denis & moi, à M. de
Beaufrant fon neveu, que Quinaut favait
affez de Latin pour ne lire jamais Ovide
que dans l'original, & qu'il poffédait
encore mieux l'Italien. Ce fut un Ovide
à la main qu'il compofa ces vers harmonieux & fublimes de la premiere fcêne
de Proferpine.

Les fuperbes géants armés contre les Dieux,
Ne nous caufent plus d'épouvante,

Ils sont ensevelis sous la masse pesante
Des monts qu'ils entassaient pour attaquer
　　les cieux.
Nous avons vu tomber leur chef audacieux
　　　Sous une montagne brûlante.
Jupiter l'a contraint de vomir à nos yeux
Les restes enflammés de sa rage mourante.
　　　Jupiter est victorieux,
Et tout cède à l'effort de sa main fou-
droyante.

S'il n'avait pas été rempli de la lecture du Tasse, il n'aurait pas fait son admirable opéra d'Armide. Une mauvaise traduction ne l'aurait pas inspiré.

Tout ce qui n'est pas dans cette pièce air détaché composé sur les canevas du musicien, doit être regardé comme une tragédie excellente. Ce ne sont pas là de

Ces lieux communs de morale lubrique,
Que Lulli réchauffa des sons de sa musique.

On commence à savoir que Quinaut valait mieux que Lulli. Un jeune homme d'un rare mérite, déja célèbre par les prix qu'il a remportés à notre Académie, & par une tragédie qui a mérité son grand succès, a osé s'exprimer ainsi en parlant de Quinaut & de Lulli :

Aux dépens du poëte on n'entend plus
*　vanter*

De ces airs languiſſants la triſte pſalmodie
Que réchauffa Quinaut du feu de ſon génie.

Je ne ſuis pas entiérement de ſon avis.
Le récitatif de Lulli me parait très bon,
mais les ſcênes de Quinaut ſont encore
meilleures.

Je viens à une autre anecdote. Vous
dites *que les étrangers ont peine à diſtinguer*
quand la conſonne finale a beſoin ou non,
d'être accompagnée d'un e muet, & vous
citez les vers du philoſophe de Sans ſouci.

La nuit compagne du repos,
De ſon crép couvrant la lumière,
Avait jeté ſur ma paupière,
Les plus léthargiques pavots.

Il eſt vrai que dans les commencements
nos *e* muets embarraſſent quelquefois les
étrangers ; le philoſophe de Sans-ſouci
était très jeune quand il fit cette épître :
elle a été imprimée à ſon inſçu par ceux
qui recherchent toutes les pièces manuſ-
crites, & qui, dans leur empreſſement
de les imprimer, les donnent ſouvent au
public toutes défigurées.

Je peux vous aſſurer que le philoſophe
de Sans-ſouci ſait parfaitement notre langue. Un de nos plus illuſtres confrères &
moi, nous avons l'honneur de recevoir

quelquefois de fes lettres, écrites avec autant de pureté que de génie & de force,
eodem animo fcribit quo pugnat : & je
vous dirai en paffant que l'honneur d'être
encore dans fes bonnes grâces, & le plaifir de lire les penfées les plus profondes
exprimées d'un ftyle énergique, font une
des confolations de ma vieilleffe. Je fuis
étonné qu'un Souverain chargé de tout
le détail d'un grand Royaume, écrive
couramment & fans effort ce qui coute-
rait à un autre beaucoup de temps & de
ratures.

M. l'Abbé de Dangeau en qualité de
purifte, en favait fans doute plus que lui
fur la Grammaire Françaife. Je ne puis
toutefois convenir avec ce refpectable
Académicien, qu'un muficien en chantant, *la nuit eft loin encore*, prononce
pour avoir plus de grâces, la nuit eft *loing*
encore. Le philofophe de Sans-fouci, qui
eft auffi grand muficien qu'écrivain fupé-
rieur, fera je crois de mon opinion.

Je fuis fort aife qu'autrefois St. Gelais
ait juftifié le *crép* par fon *Bucéphal.* Puifqu'un aumônier de François I. retranche
un *e* à *Bucéphale*, pourquoi un Prince
Royal de Pruffe n'aurait-il pas retranché
un *e* à *crépe ?* Mais je fuis un peu fâché

que Melin de St. Gelais, en parlant au cheval de François I, lui ait dit,

> *Sans que tu fois un Bucéphal,*
> *Tu portes plus grand qu' Alexandre.*

L'hyperbole eſt trop forte, & j'y aurais voulu plus de fineſſe.

Vous me critiquez, mon cher Doyen, avec autant de politeſſe que vous rendez de juſtice au ſingulier génie du philoſophe de Sans-ſouci. J'ai dit, il eſt vrai, dans le *Siècle de Louis XIV*, à l'article des Muſiciens, que nos rimes féminines terminées toutes par un *e* muet font un effet très déſagréable dans la muſique lorſqu'elles finiſſent un couplet. Le chanteur eſt abſolument obligé de prononcer

> *Si vous aviez la rigueur*
> *De m'ôter votre cœur,*
> *Vous m'ôteriez la* vi-eu.

Arcabone eſt forcée de dire :

> *Tout me parle de ce que j'aim-eu.*

Médor eſt obligé de s'écrier :

> *Ah quel tourment d'aimer fans* eſpéranc-eu.

La gloire & la victoire à la fin d'une tirade, ont preſque toujours la *gloir-eu,* la *victoir-eu.* Notre modulation exige trop

fouvent ces triftes définences. Voilà pourquoi Quinaut a grand foin de finir autant
qu'il le peut, fes couplets par des rimes
mafculines : & c'eft ce que recommandait
le grand muficien Rameau à tous les poëtes qui compofaient pour lui.

Qu'il me foit donc permis, mon cher
maître, de vous repréfenter que je ne puis
être d'accord avec vous quand vous dites
qu'il eft inutile, & peut-être ridicule, de cher-
cher l'origine de cette prononciation *gloir-eu,*
victoir-eu, ailleurs que dans la bouche de nos
villageois. Je n'ai jamais entendu de pay-
fan prononcer ainfi en parlant ; mais ils y
font forcés lorfqu'ils chantent. Ce n'eft
pas non plus une prononciation vicieufe
des acteurs & des actrices de l'opéra. Au
contraire, ils font ce qu'ils peuvent pour
fauver la longue tenue de cette finale
défagréable, & ne peuvent fouvent en
venir à bout. C'eft un petit défaut atta-
ché à notre langue, défaut bien compenfé
par le bel effet que font nos *e* muets dans
la déclamation ordinaire.

Je perfifte encore à vous dire qu'il n'y
a aucune nation en Europe qui faffe fentir les *e* muets, excepté la nôtre. Les Italiens & les Efpagnols n'en ont pas. Les
Allemands & les Anglais en ont quel-

ques-uns ; mais ils ne font jamais fenfibles
ni dans la déclamation, ni dans le chant.

Venons maintenant à l'ufage de la rime,
dont les Italiens & les Anglais fe font
défaits dans la tragédie, & dont nous ne
devons jamais fecouer le joug. Je ne fais
fi c'eft moi que vous accufez d'avoir dit
que la rime eft une invention des fiècles
barbares. Mais fi je ne l'ai pas dit, permettez-moi d'avoir la hardieffe de vous
le dire.

Je tiens en fait de langue, tous les peuples pour barbares en comparaifon des
Grecs & de leurs difciples les Romains,
qui feuls ont connu la vraie profodie. Il faut
furtout que la nature eût donné aux premiers Grecs des organes plus heureufement difpofés que ceux des autres nations, pour former en peu de temps un
langage tout compofé de brèves & de longues, & qui par un mélange harmonieux
de confonnes & de voyelles était une
efpèce de mufique vocale. Vous ne me
condamnerez pas fans doute, quand je
répéterai que le Grec & le Latin font à
toutes les autres langues du monde ce
que le jeu d'échecs eft au jeu de dames,
& ce qu'une belle danfe eft à une démarche ordinaire.

Malgré cet aveu je fuis bien loin de vouloir profcrire la rime comme feu M. de la Motte ; il faut tâcher de fe bien fervir du peu qu'on a , quand on ne peut atteindre à la richeffe des autres. Taillons habilement la pierre , fi le porphire & le granite nous manquent. Confervons la rime ; mais permettez-moi toujours de croire que la rime eft faite pour les oreilles , & non pas pour les yeux.

J'ai encore une autre repréfentation à vous faire. Ne ferais-je point un de ces téméraires que vous accufez de vouloir changer l'ortographe ? J'avoue qu'étant très dévot à *St. François ,* j'ai voulu le diftinguer des *Français.* J'avoue que j'écris *Danois* & *Anglais :* il m'a toujours femblé qu'on doit écrire comme on parle, pourvu qu'on ne choque pas trop l'ufage, pourvu que l'on conferve les lettres qui font fentir l'étymologie & la vraie fignification du mot.

Comme je fuis très tolérant, j'efpere que vous me tolérerez. Vous pardonnerez furtout ce ftyle négligé à un Français ou à un François, qui avait ou qui avoit été élevé à Paris dans le centre du bon goût , mais qui s'eft un peu engourdi depuis treize ans au milieu des montagnes

de glace dont il eſt environné. Je ne ſuis
pas de ces phoſphores qui ſe conſervent
dans l'eau. Il me faudrait la lumiere de
l'Académie pour m'éclairer & m'échauf-
fer ; mais je n'ai beſoin de perſonne pour
ranimer dans mon cœur les ſentiments
d'attachement & de reſpect que j'ai pour
vous, ne vous en déplaiſe, depuis plus
de ſoixante années.

F I N.

TABLE

DES

MATIERES

A

B

C

D

DONNER

Q

G

H

I

Q

T

V

APPROBATION.

J'AI lu par l'ordre de Monseigneur le Vice-Chancelier, les *Remarques de M. l'Abbé d'OLIVET sur la Langue Françoise.* Ouvrage important pour quiconque voudra bien parler, & bien écrire. A Paris, ce 4 Juillet 1767.

MARIN.

PRIVILEGE DU ROI.

LOUIS, par la grace de Dieu, Roi de France & de Navarre : A nos amés & féaux Conseillers, les Gens tenant nos Cours de Parlement, Maîtres des Requêtes ordinaires de notre Hôtel, Grand-Conseil, Prévôt de Paris, Baillifs, Sénéchaux, leurs Lieutenants Civils, & autres nos Justiciers qu'il appartiendra. SALUT : Notre très-cher & bien-amé le Sieur Abbé d'OLIVET, l'un des quarante de notre Académie Françoise, Nous a fait exposer qu'il désireroit faire réimprimer & donner au public des livres qui ont pour titres, *Entretiens de Cicéron sur la Nature des Dieux, Philippiques de Démosthène, & Catilinaires de Cicéron, Tusculanes, & Pensées choisies de Cicéron, Traités & Remarques sur la Langue Françoise, Opuscules sur divers sujets,* s'il Nous plaisoit lui accorder nos

Lettres de Privilege pour ce nécessaires. A
CES CAUSES, voulant favorablement traiter l'Exposant, Nous lui avons permis & permettons par ces Présentes, de faire réimprimer lesdits livres autant de fois que bon lui
semblera, & les faire vendre & débiter
par tout notre Royaume, pendant le temps
de vingt années consécutives, à compter du
jour de la date des Présentes. FAISONS dé-
fenses à tous Imprimeurs, Libraires, & autres
personnes, de quelque qualité & condition
qu'elles soient, d'en introduire de réimpression
étrangere dans aucun lieu de notre obéïssance,
comme aussi d'imprimer, ou faire réimprimer,
vendre, faire vendre, débiter, ni contrefaire
lesdits livres, ni d'en faire aucun extrait,
sous quelque prétexte que ce puisse être, sans
la permission expresse & par écrit dudit Exposant, ou de ceux qui auront droit de lui,
à peine de confiscation des exemplaires contre-
faits, de trois mille livres d'amende contre
chacun des contrevenants, dont un tiers à
Nous, un tiers à l'Hôtel-Dieu de Paris, &
l'autre tiers audit Exposant, ou à celui qui
aura droit de lui, & de tous dépens, dom-
mages, & intérêts : A la charge que ces
Présentes seront enregistrées tout au long sur
le registre de la Communauté des Imprimeurs
& Libraires de Paris, dans trois mois de la
date d'icelles ; que la réimpression desdits
Ouvrages sera faite dans notre Royaume,
& non ailleurs, en bon papier & beaux ca-
racteres, conformément à la feuille imprimée
attachée pour modele sous le contrescel des
Présentes ; que l'Impétrant se conformera en

tout aux Réglements de la Librairie, & notam-
ment à celui du 10 Avril 1725 ; qu'avant de
les expofer en vente, les Manufcrits qui auront
fervi de copies à l'impreffion defdits Ouvrages,
feront remis dans le même état où l'Approba-
bation y aura été donnée, ès mains de notre
très-cher & féal Chevalier, Chancelier de France, le Sieur DE LAMOIGNON, & qu'il en fera
enfuite remis deux Exemplaires dans notre Bi-
bliothéque publique, un dans celle de notre
Château du Louvre, & un dans celle de notre-
dit fieur DE LAMOIGNON, & un dans celle de
notre très-cher & féal Chevalier, Vice-Chancelier & Garde des Sceaux de France, le Sieur
DE MAUPEOU : le tout à peine de nullité des
Préfentes. DU CONTENU defquelles vous MAN-
DONS & enjoignons de faire jouir ledit Expofant
& fes ayant-caufes, pleinement & paifiblement,
fans fouffrir qu'il leur foit fait aucun trouble ou
empêchement. VOULONS que la copie des Préfentes, qui fera imprimée tout au long au commencement ou à la fin defdits Ouvrages, foit
tenue pour duement fignifiée, & qu'aux copies
collationnées par l'un de nos amés & féaux
Confeillers-Secrétaires, foi foit ajoutée comme
à l'Original. COMMANDONS au premier notre
Huiffier ou Sergent fur ce requis, de faire pour
l'exécution d'icelles tous actes requis & néceffaires, fans demander autre permiffion ; & non-
obftant clameur de Haro, Chartre Normande &
lettres à ce contraires ; Car tel eft notre plaifir.
Donné à Paris, le quatorzieme jour du mois de
Mars, l'an de grâce mil fept cent foixante-qua-
tre, & de notre regne le quarante-neuvieme.
PAR LE ROI EN SON CONSEIL.
Signé, LE BEGUE.

Le fuſdit Privilége a été cédé par M. l'Abbé
d'Olivet au Sieur Barbou, ſuivant les conven-
tions faites entr'eux. A Paris le 30 Mai 1764.

*Regiſtré ſur le Regiſtre XVI, de la Chambre
Royale & Syndicale des Libraires & Imprimeurs
de Paris, N°. 167, fol. 90, conformément au
Réglement de 1723. A Paris, ce 24 Mars 1764.*

LE BRETON, Syndic.

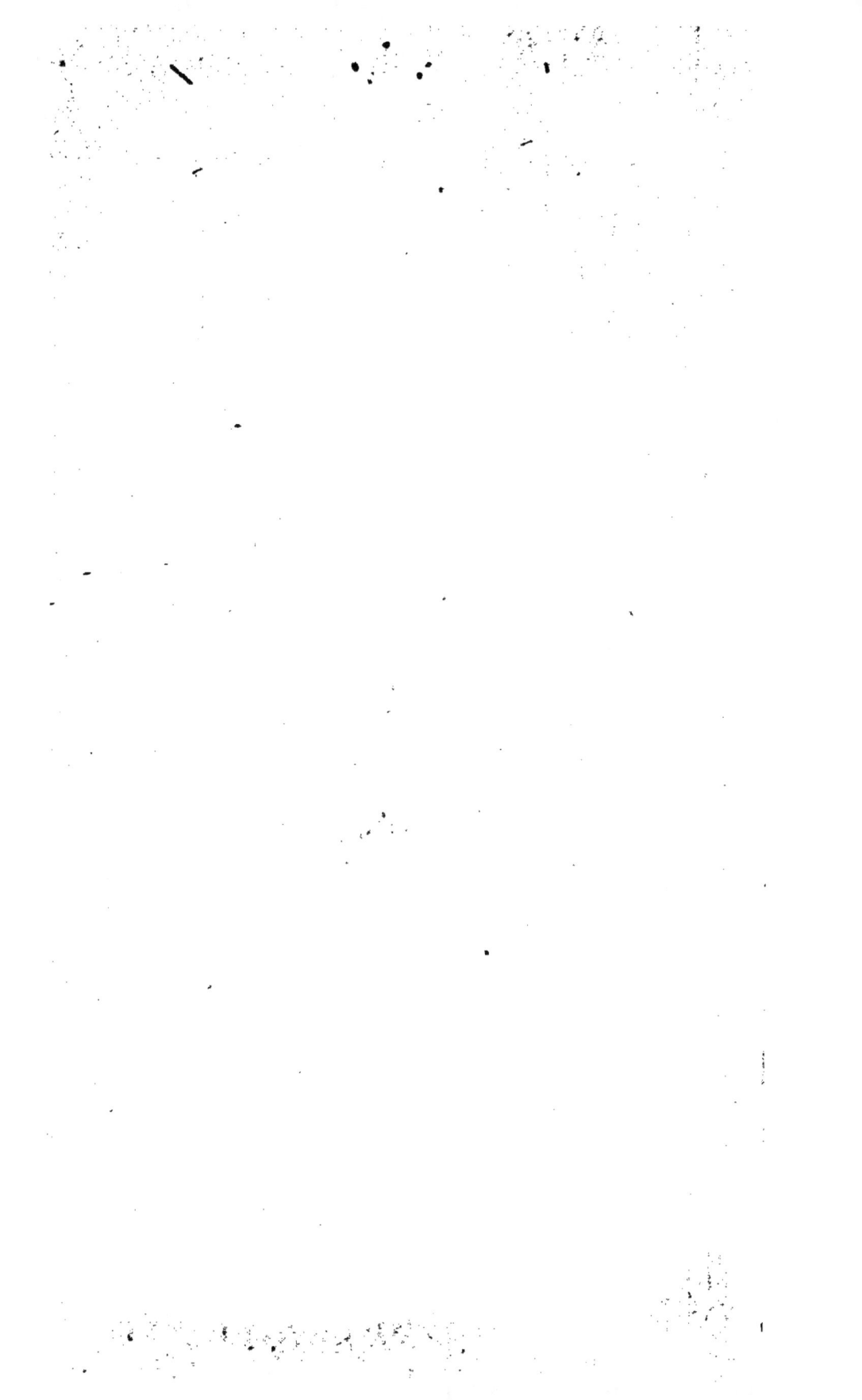

Contraste insuffisant

NF Z 43-120-14

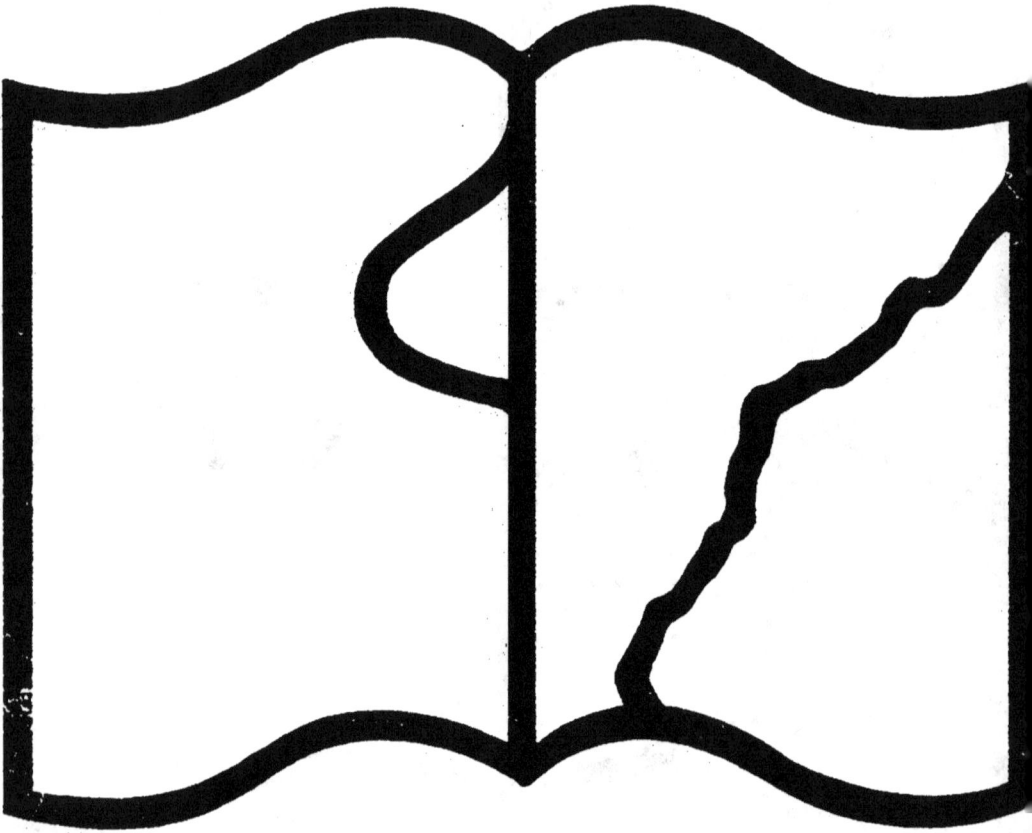

Texte détérioré — reliure défectueuse

NF Z 43-120-11

www.ingramcontent.com/pod-product-compliance
Lightning Source LLC
Chambersburg PA
CBHW071622270326
41928CB00010B/1741